Pierre-Amal Kana

Afghanistan

Le rêve pashtoun et la voie de la paix

Aperçu du livre

Abdullah Moudjahid, un Canadien d'origine afghane, débarqua à Kaboul comme professeur visiteur. La situation de guerre qui prévaut dans ce pays qu'il a quitté depuis plus de 30 ans l'accapare aussitôt et l'amène à proposer un Plan de paix aux résultats surprenants. Ce même Plan de paix attire à Kaboul la journaliste montréalaise Marie-Anne, amoureuse de l'aventure et attirée par ce pays où son mari passionné de cinéma, a été tué dans un attentat à la bombe.

Entraîné malgré lui au cœur de l'action aux côtés du général Sayyed Zazaï, le professeur Moudjahid découvre le plan secret qui se cache derrière la guerre qui dure depuis dix ans. De Kaboul à Kandahar, d'Islamabad à Karachi, le Professeur croise sur son chemin le redoutable général pashtoun Gulam Shamshat. Ce dernier est né dans la vallée de Swat. Il est le chef des opérations de l'insurrection qui rêve d'une terre pashtoune.

Abdullah Moudjahid dont dépendent le succès de la guerre et le retrait des troupes étrangères, survivra-t-il aux chasseurs du mouvement insurrectionnel dont il provoque de plus en plus la défaite ?

La journaliste montréalaise partie au bout du monde pour ramener à la maison le chien de son mari, et qui a trouvé un nouvel amour, reviendra-t-elle vivante de la rencontre secrète et nocturne avec le commandant de l'insurrection organisée par un homme inconnu dans les montagnes du Paktia ?

Afghanistan - Le rêve pashtoun et la voie de la paix entraîne le lecteur au cœur de cette mystérieuse région de l'Asie centrale et apporte un éclairage fascinant pour mettre fin à la guerre d'Afghanistan.

Pierre-Amal Kana

Afghanistan

Le rêve pashtoun et la voie de la paix

Dignity Press
World Dignity University Press

Dignity Press
16 Northview Court
Lake Oswego, OR 97035, USA
www.dignitypress.org

Page internet : www.dignitypress.org/afghanistan
Dessin : Uli Spalthoff
Illustration en couverture : ©2012 Jim Vallee
Nous utilisons du papier certifié provenant de forêts bien gérées :
www.lightningsource.com/chainofcustody

ISBN 978-1-937570-18-7
aussi en vente : EPUB : ISBN 978-1-937570-19-4
et Kindle eBook : ISBN 978-1-937570-20-0

Première partie :

Pashtoun wali – Le code d'honneur

La nouvelle se répandit rapidement à travers le monde. L'attentat à la bombe perpétré contre l'Hôtel Nowshak au centre de Kaboul avait fait plusieurs morts et des dizaines de blessés, dont certains en état grave. Les services de sécurité de la capitale afghane avaient pourtant renforcé leur vigilance depuis l'intensification des combats contre les insurgés près de la ville de Marjah au sud du pays, mais l'irréparable se produisit. Tout le monde s'attendait à la riposte des insurgés, mais personne ne pouvait deviner par où ils allaient frapper. La surveillance des bâtiments publics et des hôtels fut particulièrement renforcée. Visiblement, cela n'avait pas suffi. Ils avaient réussi à semer de nouveau la mort parmi les innocentes victimes. Construit non loin des jardins Bâbur au milieu des années 1970, c'est-à-dire vers la fin de la période faste que le pays a connue, l'hôtel Nowshak était un établissement modeste de six niveaux. L'une des victimes, le canadien Bernard Dufourg, cinéaste de 37 ans, l'avait choisi en raison de son calme apparent, de ses jardins fleuris, et de sa proximité avec les Jardins Bâbur, où il aimait se promener le soir pour se détendre avec son chien Tobby, avant de s'enfermer à l'Hôtel pour des motifs de sécurité.

Originaire de Montréal, Bernard Dufourg était un passionné de cinéma depuis l'âge de 15 ans. Né dans le vieux Montréal au début des années 1970, le jeune Dufourg n'eut pas à délibérer trop longtemps sur le choix de la carrière. À peine sorti de l'école secondaire, il avait pris directement le chemin de l'université du Québec à Montréal pour y suivre des études de cinéma.

Son père François Dufourg, un industriel prospère qui aurait souhaité un autre choix pour son second fils, le laissa faire par respect de la liberté. Depuis que Bernard Dufourg était entré en possession d'une caméra d'occasion à l'âge de quinze ans, le coup de foudre avait été immédiat. Il passait tout son temps libre à filmer le vieux port de Montréal. Son entrée à l'université du Québec à Montréal ne fut qu'une formalité pour apprendre la théorie de ce qu'il savait déjà faire en pratique.

Tous les habitants du quartier chinois de Montréal ou du Faubourg St Laurent le connaissaient bien. Chose curieuse, Bernard Dufourg se passionna d'emblée pour les zones de conflits. Il accompagna une équipe de journalistes qui se rendait au Moyen-Orient en 1991, lors de l'invasion du Koweït par l'armée irakienne et depuis lors, il ne cessa pas de parcourir cette région. Il visita les hauteurs du Golan, la bande de Gaza, poursuivit ensuite son périple jusqu'au Pakistan. Du Pakistan, il pénétra en Afghanistan. Son premier court métrage fit la une de plusieurs chaînes de télévisions d'Amérique du nord pendant un mois. Bernard Dufourg entra en Afghanistan pour la première fois en 1992 au lendemain du retrait des troupes soviétiques, au moment où des combattants Talibans luttaient contre l'Alliance du Nord du célèbre Commandant Massoud pour la conquête du pouvoir.

Bernard Dufourg était un familier du terrain et croyait connaître la ville de Kaboul dans laquelle il comptait de nombreux amis. Il avait été le premier cinéaste occidental à tourner un film sur la vie du Commandant Massoud, connu sous le nom du Lion du Pandjsher. L'hôtel Nowshak appartenait à une riche famille pashtoune qui brassait des affaires dans différents domaines, et qui évitait de prendre partie pour l'une ou l'autre des factions politiques qui se livraient un combat fratricide depuis le renversement du roi Zaher Shah en 1973. Cette neutralité positive assura la sécurité de l'Hôtel pendant longtemps.

Il survécut à la présence soviétique et aux bombardements de 1995 qui chassèrent de Kaboul le Chef de l'Alliance du Nord, pour installer le gouvernement des Mollahs, en 1996. Bernard Dufourg avait suivi toutes ces péripéties. Il cessa de se rendre en Afghanistan pendant les cinq années du gouvernement des Talibans, car le cinéma occidental considéré comme un art plein de péchés, était interdit. C'est à cette époque qu'il avait finalisé son film sur le Commandant Massoud, dont il avait appris à apprécier le leadership. Sa mort quelques années plus tard, le marqua profondément.

Bernard Dufourg retourna en Afghanistan après l'invasion du pays par les forces alliées, qui chassèrent le gouvernement des Mollahs après l'attentat terroriste du 11 septembre 2001 contre le World Trade Centre de New York. Depuis la mise en place d'un gouvernement laïc et la réouverture de l'université, il avait monté le projet d'une école de cinéma attachée à l'université de Kaboul, pour initier les jeunes afghans au Septième Art. Selon lui, le cinéma était un excellent moyen de dialogue social qui dénonçait et exorcisait les multiples contradictions d'une société même si certains lui reprochaient d'être une arme à double tranchant susceptible de corrompre dangereusement les mœurs. Bernard Dufourg privilégiait la puissance de la caméra comme moyen d'expression et d'autocritique d'une société.

C'est sur les routes de l'aventure qu'il rencontra celle qui était sa femme depuis six ans et mère de son fils Omer, qui perdit son père à l'âge de cinq ans. Née Brazeau, Marie-Anne Dufourg était journaliste au célèbre Quotidien montréalais « La Mission », dont le tirage oscillait autour de 150 000 exemplaires. Marie-Anne n'avait pas approuvé le projet de son mari qui l'éloignait d'elle et le tenait pendant plusieurs mois hors de son foyer. Son journal avait souhaité affecter un correspondant permanent en Afghanistan, mais elle refusa d'accompagner son mari pour s'installer à Kaboul. Tenu au courant des activités de son mari, le rédacteur en chef l'avait sondée à ce sujet, mais Marie Anne ne montra aucun enthousiasme surtout qu'elle était devenue mère. Et toute l'équipe de la rédaction affirmait à l'unanimité que ce poste était trop dangereux pour une femme. Même ses beauxparents étaient contre l'installation de la jeune femme à Kaboul. Sa belle-mère, Georgette Dufourg voyait d'un mauvais œil l'installation du couple et de leur bébé dans un pays aussi turbulent, dont les conditions sécuritaires restaient précaires. Pour elle, Bernard pouvait disposer de sa vie comme bon lui semblait, mais il n'avait pas le droit d'exposer celle du jeune Omer. Et la suite lui donna étrangement raison. Même si Georgette Dufourg n'entendait pas jouer le rôle de gardienne de l'enfant et passer tout son temps à changer les couches après l'avoir fait pour ses propres enfants, elle trouvait du plaisir à s'occuper du bébé de temps à autre, surtout que l'enfant lui ressemblait fort comme s'il était son propre fils.

Même Bernard disait-elle depuis son mariage, devrait penser à ses nouvelles responsabilités et sacrifier ce côté égoïste de ne penser qu'à son seul plaisir. Depuis le jour où il avait consenti solennellement à offrir sa vie en partage, elle cessait de lui appartenir en exclusivité. Sa mère ne manquait jamais l'occasion de le lui rappeler chaque fois qu'il était de retour à la maison. Mais elle respectait en même temps ce caractère tenace et obstiné hérité de son père, sans lequel son mari n'aurait pas connu une telle réussite dans les affaires. Comme Marie Anne le supportait de bon cœur par amour pour lui, Bernard poursuivait son projet à Kaboul.

Depuis les six ans de leur mariage, Marie Anne n'avait séjourné à Kaboul qu'à deux reprises. Elle partait chaque fois avec son fils qui ne pouvait détacher ses yeux de la chaîne de montagnes aux sommets enneigés de l'Hindou Koush. Elle s'était rendue en Afghanistan pour la première fois après la sortie du film de son mari sur la vie du Commandant Massoud. Avec son deuxième film, Le patriote, tourné sur le règne du grand Émir Abdol Rahman qui régna sur l'Afghanistan à la fin du 19ème siècle, Bernard Dufourg était tombé amoureux de ce pays montagneux de l'Asie Centrale. Son amour fut poussé jusqu'au sacrifice suprême de sa vie. À défaut d'avoir Marie-Anne à ses côtés, son compagnon le plus proche à Kaboul était son chien Tobby, un Leo-berger mâle de 4 ans qui ne le quittait jamais.

Assis dans le laboratoire d'écoute internationale du Journal La Mission, Martin St Clair apprit la catastrophe de l'Hôtel Nowshak dix minutes après l'explosion qui se produisit exactement à 8 heures du matin heure de Kaboul. Il était environ 23 heures à Montréal. Retransmise immédiatement par les grandes agences de presse internationale présentes dans la Capitale afghane, l'information se répandit aussitôt dans le monde entier. Depuis l'intervention armée d'une Force internationale et l'engagement d'un contingent canadien au sein des forces alliées pour la sécurisation de l'Afghanistan, les médias canadiens suivaient attentivement l'évolution de la situation sur le terrain. Martin St Clair enregistra les commentaires rapportés par les agences de presse. Selon les premières estimations, les dégâts matériels de l'Hôtel Nowshak faisant suite à la très forte explosion qui secoua l'hôtel paraissaient importants. Par contre, le nombre de victimes n'était pas encore connu. Toutefois, les observateurs craignaient le pire car à 8 heures du matin, la plupart des clients de l'hôtel se trouvaient encore à l'intérieur, et les employés se préparaient à commencer leur travail.

Martin St Clair se souvint immédiatement que Bernard Dufourg, le mari de sa collègue Marie-Anne avait l'habitude de loger dans cet hôtel. Il eut aussitôt un mauvais pressentiment. Il fut tenté d'appeler immédiatement Marie-Anne mais se ravisa au dernier moment. L'identité et le nombre des victimes ne sont pas encore connus, se dit-il. Et encore, à quoi cela servirait-il. À quoi bon se hâter de répandre une mauvaise nouvelle, même si son mari faisait partie des victimes ? Il préféra attendre. Mieux vaut laisser Marie-Anne profiter d'une nuit de sommeil, car des moments douloureux l'attendent si son mari est tombé dans le coup, conclut-il. Mais Martin St Clair n'était pas le seul à suivre les événements de Kaboul.

Informé, le Premier Secrétaire de l'Ambassade Canadienne à Kaboul appela immédiatement le Ministère des Affaires Étrangères et passa l'information. On en resta là pour cette nuit.

Comme d'habitude, Marie-Anne sortit de son lit à cinq heures du matin. Elle se rendit immédiatement dans la salle de bain, soulagea sa vessie, se lava les mains, rassembla ensuite le nécessaire pour brosser sa bouche. Elle fit ensuite couler de l'eau chaude dans la baignoire, ajusta la température et se laissa glisser dedans. Au moment où elle se tournait pour verser le shampoo dans ses cheveux, elle sentit une douleur bizarre dans le dos et faillit s'écrouler dans la baignoire.

Bizarre! Pensa-t-elle. Elle s'allongea dans la baignoire, se lava rapidement en limitant les mouvements du dos, puis sortit de l'eau. La douleur devenait de plus en plus forte.

Elle se sécha rapidement en s'appuyant sur une chaise, avant d'appliquer une lotion hydratante le long du corps en commençant par les jambes. La douleur d'origine lombaire s'irradiait partout. Elle se dirigea péniblement dans la cuisine, avala une tasse de lait avant de préparer le café.

Sa tasse de café en main, elle revint écouter les informations de 5h30 sur Radio France Internationale. Elle avait l'habitude de suivre le tour du monde sur certaines radios étrangères. Elle n'eut pas à attendre longtemps. Le terrible attentat de l'Hôtel Nowshak fut le premier titre annoncé. Selon les premières estimations, l'attentat aurait fait quinze morts et trente blessés parmi les clients et le personnel de l'hôtel. L'identité des victimes n'était pas encore connue. Marie-Anne sentit une terrible douleur lui traverser la poitrine comme un coup de poignard planté dans son cœur. Elle s'effondra dans le divan. Le seul mot « Hôtel Nowshak » martelait dans sa tête tel un marteau.

–Non, non, Bernard n'a pas échappé à cet attentat. Il fait partie des victimes ou des blessés, pensa-t-elle. Elle se sentit sur le point de perdre connaissance.

François Dufourg s'apprêtait à sortir de la maison pour se rendre à son bureau de la Compagnie Métallurgique de Longueuil dont les bâtiments se trouvaient près du Boulevard Lionel Boulet, lorsqu'il entendit le téléphone vibrer dans la maison. Le nom du correspondant était visible sur l'écran. L'appel venait de son fils Robert. Il regarda l'appareil avec un peu d'inquiétude. Robert n'avait pas l'habitude d'appeler si tôt. Lentement, François Dufourg souleva le combiné.

–C'est Robert, entendit-il au bout du fil.

–Que se passe-t-il Robert ?

–Je viens de recevoir un appel du Ministère des Affaires Étrangères. Il y a eu un attentat à la bombe à Kaboul, une forte explosion a fait sauter une partie de l'hôtel dans lequel Bernard logeait. Il y a eu plusieurs morts.

–Qu'est ce qu'on sait de plus ? Demanda François en retenant son souffle.

–Bernard fait partie des victimes.

–Mort ou blessé ? Demanda-t-il.

–Mort malheureusement.

–Et pourtant cet hôtel faisait partie des endroits les mieux protégés, paraît-il ?

–Visiblement il ne l'était pas assez, conclut Robert.

–Marie-Anne serait-elle au courant ? Demanda François.

–Je ne sais pas encore, mais en tant que journaliste, c'est fort probable. Son journal l'a peut-être déjà contactée. Ils sont parmi les mieux informés.

–Je vais l'appeler. Va directement chez elle pour voir dans quel état elle est. Elle ne doit pas conduire. Tu prendras Omer avec toi. Au besoin, tu l'emmèneras auprès de sa grand-mère. Ensuite tu veilleras sur Marie-Anne en attendant de savoir quoi faire.

–C'est compris, déclara Robert, en raccrochant. Âgé de 39 ans, célibataire endurci en apparence, Robert Dufourg était un homme au caractère trempé comme l'acier que produisaient les usines de son père.

Diplômé en génie civil de l'École Polytechnique de l'université de Montréal, Robert était totalement différent de son frère. C'était à la fois un bâtisseur et un homme de terrain qui avait passé les premières années de sa carrière sur les chantiers de construction des ponts et chaussées ou des immeubles commerciaux et industriels. Son père considérait ses deux enfants comme étant tous deux des artistes mais dans des domaines différents. Humaniste et romantique, Bernard accordait plus d'importance à la relation humaine et à l'harmonie sociale. Toute son œuvre focalisait sur ce thème, d'où son attraction particulière pour les zones de conflits où l'harmonie sociale est rompue. Pour lui, l'art pouvait amener l'homme à découvrir ce qu'il y a de meilleur en lui et le pousser vers des hauteurs insoupçonnées dans sa recherche de la perfection. Tandis que son frère Robert, influencé sans doute par sa formation d'ingénieur et son tempérament de bâtisseur, investissait l'ensemble de son énergie dans la réalisation d'objets concrets.

Il éprouvait une sorte d'émerveillement devant des œuvres architecturales, fruit de l'imagination et du travail de l'homme. Selon lui, l'ingénieur par ses réalisations, complétait la mission divine de la création. C'est pourquoi il avait suivi les traces de son père, entrepreneur de génie, qui passa de l'entreprise de construction à l'industrie de production avec beaucoup de succès. À ceux qui lui reprochaient de rester célibataire à son âge, il répondait en souriant qu'il passait beaucoup de temps sur les chantiers, ce qui réduisait considérablement le temps qu'un chef de ménage doit consacrer à sa famille. Quoiqu'il fût l'un des célibataires les plus convoités, il repoussait à plus tard le moment de s'engager et de se mettre une corde au cou.

Après avoir parlé avec son fils, François Dufourg réveilla sa femme et lui parla de l'attentat de Kaboul. Curieusement, Georgette accueillit la terrible nouvelle avec calme comme si elle s'y attendait depuis longtemps. Elle laissa seulement échapper un gros soupir qui trahissait sa peine.

–C'est arrivé finalement! Soupira-t-elle.

–C'est arrivé, reconnut son mari. Ça ne pouvait pas finir autrement, tant qu'il n'a pas voulu nous écouter. L'endroit est trop dangereux. Après la sortie de son premier film sur le Commandant Massoud, une Fatwa, qui est une sorte de décret de condamnation, avait été émise contre lui. Elle fut retirée plus tard. Mais il est clair que le retrait de la fatwa ne signifiait pas le pardon. Beaucoup de gens continuaient à lui en vouloir. Bernard avait décrit le Lion du Pandjsher comme un pieux Musulman et un héros de l'Islam. Il avait provoqué tant de colère parmi les ennemis du chef de l'Alliance du Nord qu'il devait le payer un jour. Et il récidiva avec Le patriote, une grande production qui vient de sortir sur les écrans partout en Europe et en Amérique.

Sa femme le regarda avec étonnement. Elle n'était pas au courant de la sortie du dernier film.

–Qu'est ce que tu dis ?

–Son nouveau film Le patriote, qui retrace l'action du grand Émir Abdol Rahman qui régna sur l'Afghanistan autour des années 1900, vient de sortir sur les écrans. Et Bernard a parlé d'une femme qui était la conseillère la plus écoutée de l'Émir pour valoriser la place de la femme aux côtés de l'homme dans cette ancienne société musulmane. C'est probablement le motif de son exécution. Georgette n'en revenait pas.

–Comment sais-tu tout cela ? Tu as déjà vu le film ?

–Non, j'ai lu les journaux après la sortie du film.

–Comment connaissait-il l'existence de cette femme auprès de l'Émir ? Demanda-t-elle.

–Je ne sais pas, peut-être qu'il a été inspiré par le précieux rôle que tu joues à mes côtés.

Georgette leva les yeux sur son mari pour s'assurer qu'il parlait sérieusement.

–C'est tellement beau à entendre, rappelle-moi cela après le deuil de mon fils.

–Que va devenir sa femme ?

–Justement, je voudrais qu'on en parle. J'ai demandé à Robert de passer la voir.Il ne faut pas qu'elle soit seule.

Robert Dufourg habitait une modeste maison sur l'avenue Marquette près de l'intersection du boulevard Rosemont et de l'avenue Papineau. Le siège de la société Dufourg Construction dont il était le patron se trouvait non loin de sa résidence sur la rue Carrière. Sa belle-sœur Marie-Anne habitait toujours le vieux Montréal sur la rue Beausecours, près de l'intersection avec la rue Notre-Dame. Pour se rendre dans la direction du vieux port à partir de la rue Marquette, Robert avait le choix entre la rue Saint Denis et l'avenue Papineau. Il prit son téléphone, appela Marie-Anne pour lui dire qu'il venait la voir, démarra ensuite sa voiture. Il utilisait pour ses déplacements privés ou des rendez-vous d'affaires une Chrysler Avenger, dont il appréciait l'allure somptueuse et sa tenue de la route fougueuse et stable quand il poussait sur l'accélérateur.

Il descendit l'avenue Papineau, traversa successivement le boulevard St Joseph, l'avenue du Mont Royal, ensuite la rue Rachel. Il longea le Parc de la Fontaine avant de tourner à gauche et de s'engager dans la rue Sherbrooke. Il continua ensuite par St Denis dans le quartier Latin. Il ralentit l'allure au moment de dépasser l'université du Québec à Montréal après le boulevard Maisonneuve. Il s'arrêta sur le Boulevard René Lévesque avant de foncer vers l'intersection du boulevard Ville Marie et de la rue St Antoine. À cet endroit, la rue Beausecours était devant lui. Il rangea sa voiture à côté de la jeep Toyota Matrix de Marie-Anne. Il eut à peine le temps de pousser sur la sonnette et Marie-Anne ouvrit aussitôt. Il la prit doucement par les épaules en lui murmurant « Courage. » Il ne savait pas qui devait consoler l'autre. Robert avait perdu un frère et sa belle-sœur perdait un mari. Curieusement, c'est Marie-Anne qui souffrait le plus, alors qu'il était plus facile pour elle d'avoir un nouveau mari et de remplacer celui qui venait de mourir. Mais lui Robert n'aura plus un frère. À 68 ans, sa mère Georgette ne voudra certainement pas tenter l'expérience, malgré les énormes possibilités offertes par la science moderne. Marie-Anne paraissait totalement effondrée. Elle invita Robert à s'asseoir. Omer s'approcha et Robert l'attira près de lui. Le téléphone se mit à sonner. Du regard, Marie-Anne invita Robert à prendre le combiné. C'était son père.

–Tu es déjà là ? Demanda François en entendant la voix de son fils.

–Oui, je viens d'arriver.

–Comment va Marie-Anne ?

–Je ne sais pas encore, mais elle semble tenir le coup.

–Et Omer ?

–Il est ici avec nous.

–Estce que Marie-Anne a une idée de ce que nous devrions faire ?

–Je viens à peine d'arriver, nous n'avons pas encore abordé la question.

–Je crois que nous devrions aller rapatrier le corps et rassembler ce qui reste de ses effets personnels. Demandez à Marie-Anne si elle se sent capable de faire le voyage. Appelez-moi dans quelques minutes pour confirmer, et nous réservons les billets d'avion. Robert se tourna alors vers sa belle-sœur et lui répéta les paroles de son père.

–Non, dit-elle. Je me sens incapable de faire ce voyage.

–Je vais partir seul, conclut Robert.

–Laissez-moi demander à Richard mon frère, s'il peut t'accompagner.

–Il travaille toujours à Ottawa ?

–Oui. Marie-Anne appela son frère. Il avait appris la mauvaise nouvelle par un ami qui travaille au Ministère de la défense. Il suivit ensuite le reste à la télévision. Richard était prêt à accompagner Robert pour se rendre à Kaboul et rapatrier le corps de son beau-frère.

–Je saute immédiatement dans ma voiture, dit-il. Je serai à Montréal dans moins de deux heures. Robert appela immédiatement son père et confirma que Richard Brazeau, le frère de Marie-Anne partirait avec lui. François Dufourg appela immédiatement une agence de voyage et fit réserver deux places à bord du premier avion en partance vers Kaboul. Dix minutes plus tard, Robert obtenait la confirmation qu'un vol d'Ethiopian Air Lines quitterait l'aéroport Pierre Elliot Trudeau à 14 heures, en direction de Dubaï avec une escale à Rome. L'avion atterrirait à l'aéroport Leonard de Vinci de Rome Fiumicino autour de minuit, heure locale. Il atterrirait à Dubaï International Airport, au terminal Sheikh Rachid vers dix heures du matin, heures de l'Émirat. La compagnie de gestion de l'aéroport de Dubaï les prendrait ensuite en charge. Il est prévu une heure d'escale que les passagers mettront à profit pour visiter la Tour du Burdj Dubaï. De là, les passagers en direction de Kaboul auront le choix entre Ariana Afghan Air Lines, qui fait une escale à Herat à l'ouest de l'Afghanistan avant d'arriver à Kaboul, et la Qatari Air Lines qui se dirige directement vers la Capitale afghane avant de continuer vers Islamabad et Karachi au Pakistan.

Pour Robert Dufourg et Richard Brazeau, le choix était clair. Ils prendront le premier vol vers Kaboul. Moins ils feront d'escales plus ils réduiront les risques, pensaient-ils.

Robert attendit l'arrivée de sa mère avant de quitter Marie-Anne. Il devait passer par son bureau afin de régler quelques affaires. Le téléphone sonnait sans arrêt. La télévision fournissait continuellement des détails sur l'attentat. Les insurgés avaient revendiqué la responsabilité de l'opération comme une réponse aux violentes attaques dont leurs positions faisaient l'objet autour de Marjah. En plus, l'hôtel hébergeait des infidèles qui pervertissaient les mœurs et la culture islamiques, selon le Communiqué. Le cinéaste Bernard Dufourg et cinq autres occidentaux dont un journaliste de la télévision américaine, faisaient partie des personnes tuées dans l'attentat. Par contre, le chien du cinéaste avait survécu. Tobby fut tiré indemne des décombres où il gisait à côté de son maître sans même une blessure. Il était décrit comme un héros.

Certaines chaînes de télévision revenaient sur le dernier film de Bernard Dufourg, dans lequel l'acteur américain Michael Hamdan, de père pakistanais et de mère américaine, jouait le rôle du grand Émir Abdol Rahman. Tandis que l'actrice américaine Amal Shiraz Reza d'origine persane, incarnait la femme et la conseillère très écoutée du grand sage, le tacticien hors du commun que fut Abdol Rahman. Dès sa sortie, le film connut un succès immédiat auprès du public. Il fut projeté même dans plusieurs pays musulmans et le public lui réserva un accueil chaleureux.

Comme prévu, le Boeing 747 de l'Ethiopian Air Lines survolait le ciel de Dubaï à 10h30 du matin. La température tournait autour de 40 degrés celsius. Les passagers étaient prévenus de cette différence de température depuis le départ de Rome. La plupart des hommes portaient des vêtements légers. Malgré la mort de son frère qui lui faisait mal au cœur, Robert Dufourg éprouva un certain plaisir à contempler depuis le ciel, le chef d'œuvre architectural qu'était le Burdj Dubaï. En tant qu'ingénieur civil, il mesurait la distance qui séparait la société

Samsung Engineering qui supervisa les travaux de construction de la Tour, de sa propre société la Dufourg Construction.

À leur descente d'avion, ils n'eurent pas le temps de pénétrer à l'intérieur de la Tour, car l'avion de la Qatari Air Lines en direction de Kaboul les attendait. Le temps de compléter les formalités de transfert dans un aéroport ultra-moderne comme celui de l'Émirat, il ne restait plus de temps pour le tourisme. En contemplant de telles réalisations, Richard Brazeau s'émerveilla.

–Même si l'argent ne fait pas le bonheur, il permet de réaliser pas mal de choses, dit-il.

–Oui, voilà la destination des ressources financières pompées dans le monde entier pour payer un pétrole toujours plus cher, afin de satisfaire les ambitions de grandeur et la vanité de la nature humaine, répondit Robert en souriant.

–La moitié de la somme d'argent qui a construit cette merveille transformerait à jamais cet Afghanistan que le désespoir de la pauvreté pousse à servir de base à une guerre sainte planétaire, déclara Richard. Après ce constat amer qui leur rappelait brutalement le motif de leur présence à cet endroit, les deux hommes se turent. Les premiers passagers en direction de Kaboul se dirigeaient déjà vers le tarmac de l'avion.

Avant de monter dans l'avion, Robert appela son père à Montréal et l'informa des suites du voyage. Il faisait confiance à son père pour le reste. Il était sûr que François Dufourg ferait le nécessaire pour qu'un agent de la Mission Canadienne à Kaboul vienne les chercher à l'aéroport. Curieusement, la distance séparant la riche cité de Dubaï et la Capitale afghane n'était pas longue.

À peine le ciel iranien franchi, l'hôtesse de l'air annonça l'entrée dans l'espace aérien afghan par le Sud-ouest. De loin, les passagers pouvaient voir quelques lacs fermés qui conféraient une beauté particulière à ce massif montagneux. En voyant la belle plaine entourant la rivière Kaboul, les passagers devinèrent qu'ils approchaient de la destination. L'hôtesse de l'air le confirma en demandant aux passagers de serrer leurs ceintures de sécurité car l'avion atterrirait à l'aéroport International Khwaja Rawash de Kaboul dans quelques minutes. En voyant les infrastructures fortement améliorées du nouveau terminal réalisé grâce à l'aide du gouvernement japonais, les passagers oublièrent momentanément qu'ils se trouvaient sur un territoire déchiré par des conflits récurrents dont on ne voyait pas l'issue. À peine descendus de l'avion, les deux hommes n'eurent pas à chercher longtemps. Ils identifièrent immédiatement un diplomate canadien portant un badge de l'Ambassade. Steve Bossin, dans la quarantaine, n'eut aucun mal à reconnaître Robert Dufourg dont il avait la photo dans sa poche, et qui ressemblait très fort à son frère tué dans l'explosion de l'hôtel Nowshak. Leurs regards se croisèrent et Steve Bossin leur fit un signe de la main. À la vue de son compatriote, Robert se sentit tranquillisé. L'angoisse qui le hantait de se retrouver seul dans la cour de l'aéroport, dans une ville qu'il ne connaissait pas, entouré par un environnement hostile, le quitta aussitôt. Steve Bossin se dirigea vers les deux hommes et se présenta en leur montrant sa carte. Il fut à son tour rassuré en voyant les documents de voyage de son pays. Le chauffeur de la Mission Canadienne, Ayub Rashid, se tenait à quelques mètres de Bossin. Il vint à son tour saluer les deux hommes par un discret Salam Alekum.

Une fois les bagages récupérés, Steve Bossin leur montra le chemin en suivant le chauffeur vers la sortie. Ils montèrent dans une jeep Toyota tout terrain de la Mission. Après avoir attaché la ceinture de sécurité, Ayub Rashid réajusta ses lunettes de soleil et se glissa dans la file de véhicules qui sortaient de l'aéroport.

–À quelle distance sommes nous du centre ville ? Demanda Robert.

–L'aéroport est à 16 kilomètres au Nord-Est de la ville, répondit Steve Bossin.

–Dis-moi Steve, nous n'avons pas réellement compris, que s'est-il passé exactement ?

–À propos de quoi ?

–De la mort de Bernard.

–C'est un attentat à la bombe cachée dans un coin de l'hôtel qui a provoqué une puissante explosion avec tous les dégâts que cela entraîne. Les insurgés en ont immédiatement revendiqué la responsabilité dans un communiqué.

–Comment ont-ils justifié un tel act ?

–Ils ont dit que c'était la réponse à l'agression impérialiste lancée contre la ville de Marjah. Et pour eux, une bombe lancée par des avions contre leurs positions n'est pas différente d'une bombe placée à l'entrée de l'hôtel. Vous avez sans doute entendu parler de l'opération des forces de l'OTAN dans la province de Helmand à l'Ouest de Kandahar, considérée comme le fief des insurgés.

–Oui, j'ai vaguement entendu parler de ça.

–Voilà, c'est comme ça qu'ils ont justifié l'attentat contre l'hôtel Nowshak.

–Où se trouvent les corps des victimes ?

– Les corps des personnes tuées ont été amenés à l'hôpital, qui a établi les certificats de décès. Leurs objets personnels ont été déposés dans la salle de conférence.

–Comment allons-nous rapatrier les corps ?

–Nous avons affrété un avion. Il y a aussi un soldat canadien qui a sauté sur une mine artisanale alors qu'il faisait une patrouille de routine près du village de Belanday à 8 kilomètres de Kandahar. Ils feront ensemble leur dernier voyage.

Le véhicule franchissait déjà la zone dénommée Wazir Akbar Khan. Il dépassa le centre hospitalier du même nom, et pénétra dans le quartier résidentiel. L'hôtel Nowshak avait été construit dans le secteur de Karte Wash au centre de la ville dans la plaine de la rivière Kaboul.

–Combien de temps comptez-vous rester à Kaboul ? Demanda Bossin.

–Nous repartirons aussitôt que possible, dès que tous les préparatifs de vol le permettront.

–Il est prévu que l'avion décolle à 5heures du matin, vous aurez à peine le temps de visiter les lieux et de vous reposer.

–Nous nous conformons au plan prévu. Nous n'avons aucune raison de le faire changer.

–Avant de vous rendre au lieu de l'attentat il vaut mieux réserver d'abord une chambre d'hôtel, conseilla Steve Bossin.

–C'est aussi mon avis, reconnut Richard Brazeau qui, jusqu'ici gardait le silence.

–Les hôtels du centre ville sont souvent encombrés. Je vous conduirai à l'Intercontinental, un peu en retrait du centre ville, et près du restaurant le Baghé Bala.

Le chauffeur qui suivait la conversation et qui connaissait les habitudes de son chef, tourna à sa droite dans la zone dénommée Karta Parwan, en suivant la Salang Wal. Les formalités de l'hôtel furent rapidement expédiées. Les deux hommes se virent attribuer deux chambres du 2ème étage, placées l'une en face de l'autre. Ils déposèrent leurs bagages avant de se rendre à l'hôtel Nowshak.

Robert prit soin d'amener son appareil photo pour garder les images des lieux. Bossin savait bien que les deux hommes n'étaient pas venus faire du tourisme. Ils n'en avaient pas le temps. Au lieu de suivre le chemin par lequel ils étaient venus, il demanda à Rashid de descendre par la Karta Dohnaw. Ils passèrent devant l'université de Kaboul et longèrent le Kaboul Zoo. Ils s'engagèrent dans le boulevard Joda Maywand, remontèrent près de la grande mosquée Id Gah avant de bifurquer à droite vers l'hôtel Nowshak.

Devant l'entrée de l'hôtel, la partie la plus détruite par l'explosion, Bossin vit le maître d'hôtel près duquel se tenait un compagnon connu de Robert. Tobby, le chien de son frère, était là. Robert fut profondément ému de le voir. Il vit l'immense tristesse dans les yeux de l'animal. Tobby le reconnut aussitôt et vint chercher un peu de réconfort près de lui. En voyant les yeux de l'animal qui semblaient lui demander s'il était coupable ou non de ne pas avoir protégé Bernard, Robert sentit les larmes lui monter aux yeux. Tobby gémissait en contournant ses jambes. Il leva ensuite sa tête et chercha les yeux de Robert en poussant des gémissements plaintifs.

Robert, qui connaissait l'attachement de son frère à Tobby, ne put retenir ses larmes. Il étendit sa main et caressa la tête de l'animal, avant de sortir un mouchoir de sa poche et essuyer ses yeux. Tobby osa alors lever ses pattes le long du corps de Robert et se colla contre lui. Robert le détacha doucement et salua le maître d'hôtel. Bossin fit les présentations. Il y avait déjà pas mal de monde. Robert prit connaissance des rares effets récupérés de son frère et le maître d'hôtel les guida pour une visite des lieux en fournissant des explications quant aux circonstances de l'attentat.

–Même le corps de l'auteur de l'attentat, considéré comme un martyr par ses commanditaires a été identifié, dit-il. En entendant le mot martyr, Robert se tourna vers l'homme.

–Comment dites-vous ?

–Martyr, dis-je. Pour les insurgés, chaque mort de leur camp est un martyr, car leur guerre est qualifiée de guerre sainte. Face à cette logique, Robert sentit un frisson mais ne laissa rien paraître. L'heure du départ lui parut soudain lointaine. Après avoir fait le tour de l'hôtel effondré, dont les machines avaient commencé à dégager les débris, Steve Bossin conseilla de faire un tour à l'hôpital pour voir les corps. Le maître d'hôtel, qui ne pouvait pas quitter les lieux, désigna un autre employé de l'hôtel pour les accompagner. Il demanda en même temps, aux trois policiers qui surveillaient l'hôtel, si l'un d'eux pouvait accompagner ces étrangers à l'hôpital. Parmi les victimes se trouvait un camera-man de la Télévision Japonaise, d'où la présence d'un membre de la Coopération nippone sur place. L'employé de l'hôtel et le policier montèrent dans la voiture du coopérant japonais et le convoi se dirigea vers l'hôpital Akbar Khan. Accompagné de Richard et de Steve Bossin, Robert Dufourg put voir le corps de Bernard qui reposait à la morgue, en attendant l'embarquement dans quelques heures. Une équipe du personnel médical de la Force d'Intervention de l'OTAN se trouvait sur place. Les trois hommes revinrent ensuite à la voiture où les attendait le chauffeur Rashid. Steve Bossin proposa de les conduire à l'hôtel avant de se rendre à son bureau.

–Je reviendrai vous chercher à 18h. On ira souper ensemble, dit-il.

Il prit Tobby avec lui, car Robert ne pouvait pas le garder à l'Hôtel Intercontinental. Il avait toutefois décidé de le ramener aussi au Canada car le fils de Bernard éprouverait du plaisir à le retrouver. Et il était considéré comme un membre de la famille à part entière.

Une fois dans sa chambre, Robert prit une douche, changea de vêtements, et demanda une communication pour Mont-réal. Trente minutes plus tard, il avait la communication. Il put parler avec son père qu'il mit au courant de la situation. Il appela ensuite Marie-Anne. Comme Richard se trouvait avec lui, il lui passa le téléphone pour rassurer ses parents qu'il se portait bien. Robert se mit ensuite au lit et dormit pendant quatre heures.

Il fut réveillé par l'arrivée de Steve Bossin, qui était accom-pagné, cette fois-ci, d'un autre agent de la Mission, du nom de Jim Carson.

Le chauffeur Rashid était rentré chez lui. Malgré le costume noir à fines rayures que portait Jim Carson, il sentait le militaire à plein nez, ou un agent des services de sécurité habillé en civil. Des lunettes fumées dissimulaient ses yeux, mais son attitude générale trahissait un homme habitué à côtoyer le danger. Steve Bossin les emmena manger au Restaurant Baghé Bala, qui n'était pas très loin de l'Intercontinental. Bossin avait fait réserver une table pour quatre personnes. Il n'y avait pas beaucoup de monde au restaurant et Robert apprécia la beauté des lieux.

En plus, on pouvait parler librement, sans crainte d'être entendu par une oreille indiscrète.

–Que se passe-t-il exactement ici, Steve ? Pourquoi un tel attentat au cœur même de la capitale ? Demanda Robert.

–Selon le Communiqué des auteurs de l'attentat, l'hôtel hébergeait des infidèles, dont les professions comme le cinéma ou les photographes pervertissent les mœurs et déshonorent la terre de l'Islam. Robert Dufourg eut de la peine à cacher son étonnement.

–Comment les gens civilisés peuvent-ils commettre un crime de cette ampleur à l'époque où nous sommes pour des motifs pareils ?

–Tu touches à la question fondamentale. Tu parles de gens civilisés. Nous n'avons pas une même vision de la civilisation, répondit Bossin.

–L'Afghanistan n'est quand même pas le seul pays islamique au monde. Le cinéma s'épanouit dans plusieurs pays musulmans, rétorqua Robert.

–Chaque pays a sa réalité et son histoire.

–Comment expliquez-vous une telle vision des choses ? Pourquoi ce qui se passe ici ne se voit pas ailleurs ? Les ForcesInternationales sont ici depuis bientôt dix ans et, pourtant aucun progrès notable ne semble avoir été réalisé.

–C'est justement la particularité de ce pays.

–Et pourquoi cela ? Insista Robert habitué au raisonnement rationnel de l'ingénieur.

–C'est une longue histoire dans laquelle plusieurs facteurs ont été mêlés.

–Essayez de nous expliquer en peu de mots car ça me dépasse.

–Comme tu le vois, l'Afghanistan est un pays enclavé, sans accès à la mer ou à l'océan. Cela, c'est en partie la conséquence de la colonisation qui a privé ce pays de la province qui lui donnait accès à la mer d'Oman. Et puis, c'est un pays montagneux ce qui accentue l'isolement. Le fait d'avoir résisté à l'entrée de la colonisation limite son ouverture sur d'autres cultures, et l'enferme dans ses contradictions internes, comme les rivalités tribales que le pays n'arrive pas à dépasser. À tous ces facteurs déjà très complexes s'ajoutent les convoitises de ses voisins et des puissances étrangères, en raison de son emplacement géostratégique entre deux mondes. Le relief montagneux et enclavé entraîne des comportements particuliers, comme la neige a développé des réflexes spécifiques dans les pays du Nord. Habitués aux conditions de vie très dures pour survivre et arracher les moyens de leur subsistance au destin, les gens des montagnes sont généralement têtus et enfermés sur eux-mêmes. Il y a aussi les séquelles du passé féodal, dont les blessures ne sont pas encore totalement guéries. Devant toutes ces difficultés, les interprétations d'un Islam radical sont brandies comme une voie de recours et cachent une âpre lutte pour la conquête et le contrôle du pouvoir, lequel constitue, à côté de la culture de l'opium, la seule véritable source de revenus, à défaut d'un développement économique et industriel. C'est comme ça que je vois les choses.

Robert garda un moment le silence, comme s'il voulait s'assurer qu'il avait bien compris l'explication de son compatriote.

–Que voulez-vous dire par les séquelles d'un passé féodal ? Demanda-t-il.

–Le pays a connu une monarchie tourmentée qui a marqué le peuple, et qui ne l'a pas toujours rendu heureux. L'Afghanistan est un pays qui semble avoir raté le 20ème siècle. Le dernier grand dirigeant que ce pays a connu fut celui que l'on surnomme l'Émir de fer, Abdol Rahman, qui a régné sur l'Afghanistan durant les vingt dernières années du 19ème siècle. C'est la raison pour laquelle ton frère Bernard lui a consacré son film. Son successeur Habibullah Khan, le Chéri de Dieu, fut assassiné en 1919.

Le successeur suivant, Amanullah Shah, abdiqua en 1929 et s'exila. Son héritier, Anayatullah Shah, ne put rester que trois jours. Son nouveau successeur, Habibullah Ghazi, fut à son tour exécuté. Et on fit appel à Nader Shah. Il fut à son tour assassiné en 1933 avant d'avoir entièrement restauré l'ordre dans le pays. Son fils Zaher Shah, le dernier roi d'Afghanistan, qui resta à la tête du pays pendant 40 ans, dut sa longévité au fait qu'il n'exerçait pas de pouvoir réel. Il régna sous la tutelle de ses oncles pendant 20 ans, jusqu'en 1953. Pendant dix ans, de 1953-1963, il s'appuya sur l'autorité de son cousin Daoud, qui le renversa dix ans plus tard.

Ce coup d'État perpétré en 1973 fut le début de la catastrophe. Comme on le voit à travers tous ces assassinats des dirigeants du pays depuis la mort d'Abdol Rahman, il y a un problème d'amour passionnel du pouvoir, mais aussi de légitimité. La tentative de Daoud de sortir le pays de la monarchie par la force et non de façon démocratique, précipita le pays dans le chaos. C'était en 1978 au moment du bouillonnement de Téhéran qui a chassé le Shah d'Iran, remplacé par l'Imam Khomeiny, avec la prise des otages de l'ambassade américaine.

Depuis lors, plusieurs autres facteurs extérieurs y compris la Révolution Iranienne dont on parlait toute à l'heure, qui poussa les Américains à intervenir afin d'en empêcher l'extension, et l'agression soviétique, sont venus se greffer aux aspects spécifiquement intérieurs religieux et tribaux, et le pays passa à côté de sa propre Révolution. Ce climat d'instabilité et son relief montagneux attirèrent sur son sol des guérilleros islamiques qui eurent l'idée d'en faire la base d'une djihad mondiale. Une fois le pays éclaté, les voisins voulurent récupérer ces morceaux afin d'en faire un nouveau pays. Voilà la situation à laquelle nous faisons face. Vous m'avez demandé de faire la synthèse, c'est tout ce que je peux vous dire.

–Le portrait que vous brossez est plutôt sombre, Mr Bossin.

–C'est malheureusement la réalité, répondit le diplomate.

–Est-ce que vous voyez le bout du tunnel ?

–On peut toujours trouver le bout du tunnel, déclara Bossin. Mais il faudra beaucoup de travail et un leadership visionnaire capable de s'imposer par le courage, la maturité et le savoir-faire. Le pays dispose d'un réel potentiel. Le peuple est intelligent et travailleur quoique farouchement attaché à son indépendance. Mais il est possible de faire quelque chose.

–Le leadership en place dispose-t-il de ces qualités que vous avez décrites ?

–Il a besoin de quelque chose en plus. Le pays a besoin de quelque chose d'autre. Le travail à faire est immense. Il faudrait beaucoup de moyens, une rigoureuse planification, des investissements massifs, intelligents et bien ciblés, ainsi qu'un dialogue social consensuel avec beaucoup de savoir-faire. Mais il est temps de sortir le pays de son isolement, de l'ouvrir au monde, de cesser de le traiter comme un paria. Même si les Afghans se livrent à une impitoyable lutte pour le pouvoir, ils ont aussi un sens de l'honneur. C'est un peuple intelligent et généreux.

–Comment faire sauter le goulot d'étranglement et engager le pays sur la voie du progrès ?

–Il appartient aux Afghans eux-mêmes d'apporter la réponse à la question. Elle ne viendra pas de l'extérieur.

–J'ai vu que la Capitale a été profondément affectée par les guerres répétées. Il y a un grand besoin de reconstruction. Le pays dispose-t-il d'infrastructures de base nécessaires ? Demanda encore Robert.

–Je dirai oui et non. Beaucoup de choses ont été détruites. Des usines de manufactures fonctionnent mal ou pas du tout, par manque de pièces de rechange ou de cadres compétents.

Beaucoup de techniciens afghans ont quitté le pays et l'éducation a souffert pendant les années d'instabilité, depuis au moins 30 ans, c'est-à-dire depuis la prise du pouvoir par les Communistes qui ont ouvert la porte à l'entrée des Soviétiques en 1979.

–Vous parlez d'éducation, qu'en est-il du statut des femmes actuellement ?

–L'émancipation des femmes a connu des hauts et des bas. Mais dans l'ensemble, il y a un immense travail à faire pour développer l'éducation en milieu rural, amener le maximum de filles à l'école, mettre fin aux mariages précoces car il n'est pas rare de trouver des filles mariées avant l'âge de quinze ans.

–Mariées avant l'âge de quinze ans! S'écria Richard. Est-ce possible ?

–Oui, c'est possible dans certains milieux trop attachés aux anciennes traditions. Vous comprenez les conséquences des mariages pareils. Les jeunes couples s'éloignent automatiquement du système éducatif, avec un impact inévitable sur le nombre d'enfants par femme et un cercle vicieux de pauvreté qui s'ensuit. Ajoutez à cela la polygamie qui est officiellement acceptée par la religion.

Lorsque ces enfants abandonnés par un père partagé entre ses deux ou trois femmes deviennent adultes, ayant grandi dans la pauvreté et le dénuement, dépourvus d'un bon niveau d'éducation, ils ne trouvent comme seule voie de recours que des écoles coraniques. Ils vont apprendre à devenir des combattants de la guerre dite sainte, pour combattre les américains, les chrétiens et les juifs, qui sont considérés comme leur ennemi éternel, le responsable de leur misère.

Robert Dufourg regarda son compatriote, incapable d'ajouter quoique ce soit. Il se sentait dépassé. Avant ce voyage, il croyait connaître la situation douloureuse des pays pauvres en général, minés par le sous-développement, déchirés par les guerres, les conflits sociaux et la violence, mais il n'avait jamais été placé en contact direct avec une telle réalité.

Ses rares vacances l'amenaient au Mexique, mais ses séjours se déroulaient dans l'environnement confortable et ensoleillé du Riviera Maya ou des autres hôtels de Cancun, de Mérida ou d'Acapulco. Il comprenait enfin, pourquoi son frère avait été fasciné par le décor afghan au point d'y laisser sa vie. Il y avait quelque chose d'extrêmement troublant.

–Depuis combien de temps êtes-vous ici en Afghanistan ? Demanda Robert.

–Nous effectuons des missions rotatives. Je suis ici depuis seulement trois ans.

–Avez-vous l'impression que vos efforts apportent un certain soulagement ? Êtes-vous satisfait de ce que vous faites ? N'avez-vous pas le sentiment de perdre votre temps ?

–Perdre notre temps non. Ce que nous faisons est très important. Même si les résultats ne sont pas toujours immédiats, mais cela finira par payer.

Bien sûr le risque de voir ce que nous avons fait s'écrouler après notre départ existe, mais il faut continuer à poser les bases d'une nouvelle société. Comme je vous l'ai dit, la construction et la stabilisation à long terme de ce pays ne seront réalisées que par les Afghans eux-mêmes. Ils auront certes besoin d'un important appui extérieur, mais cet appui devra compléter un engagement intérieur consensuel et déterminé.

–Je me sens profondément touché par ce que j'ai vu et entendu, je vous félicite pour le courage que vous avez de travailler aussi longtemps dans un environnement aussi difficile. Il tendit la main à Bossin.

–Allez dormir maintenant et profitez de quelques heures de sommeil. Les Forces de l'OTAN se chargeront d'embarquer les corps dans l'avion. Je viendrai vous chercher avec Rashid, vers quatre heures du matin.

–Au nom de ma famille, je vous remercie pour votre aide. Je ne sais pas comment j'aurais pu me tirer d'affaire sans vous.

−Cela fait partie de notre mission, déclara le diplomate. Une dernière question avant de vous quitter : Est-ce que vous comptez amener Tobby avec vous, ou vous le laissez à Kaboul ?

−En principe, je dois l'amener avec moi. Tobby a tenu compagnie à Bernard pendant quatre ans. Il serait ingrat de l'abandonner ici. Ce sera un plaisir pour son fils de jouer avec l'animal de compagnie de son père.

−Je voulais juste savoir. Je l'amènerai avec moi quand je viendrai vous conduire à l'aéroport. Bossin les déposa ensuite devant l'hôtel Intercontinental et partit se coucher.

À 4h30, sous un ciel éclairé par la lueur de l'aube, la jeep Land Cruiser blanche de l'Ambassade Canadienne à Kaboul, avec à son bord Rashid, Bossin et Tobby derrière, se gara devant l'entrée de l'Intercontinental. Pour ne pas se bousculer avec Tobby et les quelques bagages, Robert avait appelé un taxi. Les deux véhicules se suivirent sans difficulté et franchirent l'entrée de l'aéroport a cinq heures précises. Les corps des victimes de l'attentat reposaient déjà dans l'avion. Les hommes sortirent de leurs véhicules. Steve Bossin invita Tobby à sortir. L'animal regarda longuement les deux hommes avant de baisser la tête. Deux grosses larmes coulaient de ses yeux. Tobby sortit doucement du véhicule, tourna le dos aux deux hommes et se dirigea hors de l'aéroport. Robert insista en appelant Tobby, Tobby, mais l'animal refusait de se retourner. Il se mit finalement à courir et disparut. Les deux hommes se regardèrent, ne sachant quoi faire. C'était trop tard pour tenter quoi que ce soit. L'animal refusait de quitter Kaboul, pour monter dans l'avion et accompagner le corps de son maître. Se sentait-il coupable de ne pas avoir fait son devoir de veiller sur Bernard ? Ou avait-il tout simplement peur de l'avion ? Le Boeing 747 affrété par les forces de l'OTAN quitta l'aéroport de Kaboul en direction d'Istanbul en Turquie où il devait faire sa première escale, avant de continuer vers Londres et Montréal.

Les funérailles étaient terminées depuis trois jours au domicile de Bernard Dufourg. La vie, petit à petit, reprenait son cours. Profondément affectée par la mort de son mari, Marie-Anne avait pris un congé de quinze jours pour digérer le choc, avant de se remettre au travail. Agée de 72 ans, sa mère Edith Brazeau, dont le mari était mort d'un cancer dix ans plus tôt, était venue rester avec elle pendant cette période douloureuse. Sa belle-mère Georgette y passait quelques heures de la journée et son mari venait la chercher en début de soirée. Son fils Omer supportait mieux la mort de ce père souvent éloigné de lui, qu'il n'avait pas encore appris à connaître et, peut-être même à aimer. La télévision avait diffusé des films de son père en mettant l'accent sur Le patriote. Le jeune enfant restait davantage fasciné par le massif montagneux de l'Hindou Koush. Il demandait à sa mère si on retournerait un jour voir cet endroit où le film avait été tourné et Marie-Anne lui disait que oui.

De retour de Kaboul, Robert avait raconté le refus de Tobby de rentrer avec lui et son absence fut ressentie comme une double perte. Marie-Anne, qui aimait beaucoup les animaux, mais repoussait le moment d'en garder un à la maison pour éviter les contraintes qu'impose une telle possession, se sentait troublée par l'étrange comportement du chien de son mari.

En fuyant de l'aéroport, Tobby était retourné à l'hôtel Nowshak. Le maître d'hôtel, devenu familier avec l'animal, informa la Mission Canadienne et Steve Bossin vint le récupérer. Il envoya ensuite un message à la famille Dufourg pour l'informer qu'elle ne devait pas s'inquiéter, car il prenait soin de l'animal puisqu'il avait choisi de rester à Kaboul. Mais cela ne suffisait pas à calmer Marie-Anne. Elle pleurait à la fois la mort de son mari et l'incompréhensible choix de Tobby de ne pas rentrer à la maison. Elle se demandait si elle devait exiger le rapatriement forcé de l'animal comme l'aurait souhaité son mari ou le laisser à Kaboul.

En pensant au souhait de son mari, Marie-Anne se demanda si Bernard avait eu le temps de rédiger ses dernières volontés. Elle décida d'en parler avec ses parents à la première occasion. Le Directeur de Communication de la Global Pictures Corporation, société qui avait produit les deux films de Bernard, l'avait appelée pour lui demander de se mettre à la disposition de l'équipe de promotion du film sans évoquer le contrat. Mais l'avocat de la société ou le notaire de la famille devait en savoir quelque chose. Marie-Anne reçut cependant la confirmation que le film connaissait un succès remarquable dès les premières semaines de projection. Les quinze millions de dollars dépensés pour sa réalisation étaient déjà rentrés dans les caisses de la société. C'était pour elle une bonne nouvelle de savoir que son mari ne laissait pas de dettes derrière lui.

Assis dans son bureau de la Dufourg Construction, Robert pensait encore à la mort de son frère et à la situation qu'il avait vue dans cette région de l'Asie centrale. Outre le massif montagneux de l'Hindou Koush, dont son esprit n'arrivait pas à se détacher, le tableau général brossé par son compatriote hantait toujours son esprit. Il se demandait si les centaines de vies sacrifiées sur le sol afghan et les millions de dollars dépensés chaque jour allaient tôt ou tard rapporter les bénéfices escomptés. Steve Bossin ne cachait pas ses doutes. Lui et ses compagnons faisaient sans doute le mieux qu'ils pouvaient pour faire avancer la cause de la paix et poser les bases d'un avenir meilleur pour ce pays d'une beauté à la fois fascinante et intimidante, mais ils n'étaient pas sûrs de réussir. Mettre ce pays sur les rails du développement semblait être un défi technologique que les Afghans ne pouvaient pas relever seuls.

–Mais ils possèdent le potentiel, a dit Steve Bossin. Mon frère a donné sa vie pour ce pays car il n'ignorait pas le danger qu'il courait, pensa Robert. Sa mort servira-telle à quelque chose ou est-il mort pour rien ? Se demanda-t-il. Malheureusement, il est mort trop tôt et il a laissé un travail inachevé. D'après les documents découverts après l'attentat, Bernard avait l'intention de retracer au cours de son oeuvre cinématographique l'histoire tourmentée de ce pays. Tout au long de cette quête d'une vérité fuyante, souvent difficile à saisir, il avait l'intention de mettre en évidence les moments de gloire et les phases d'erreur de ce pays, ses forces et ses faiblesses afin de poser les bases sur lesquelles une meilleure société pouvait être bâtie. À sa manière, Bernard Dufourg était lui aussi un bâtisseur, pensa Robert. Chacun de ses films était porteur d'un message puissant, un message d'amour et d'espoir. C'est ce qui faisait sa force. Mais il n'avait pas été compris et il fut tué trop tôt. Robert se demanda s'il existait un moyen de poursuivre l'œuvre interrompue de son frère.

Les recettes de son dernier film Le patriote continuaient à grimper. Paradoxalement, la mort du cinéaste semblait avoir servi d'accélérateur inattendu, comme si le public désirait contempler l'œuvre qui condamna son auteur. Même si l'immense fortune de la famille Dufourg mettait tous les descendants à l'abri du besoin pour longtemps, Bernard Dufourg laissait à son fils devenu orphelin en bas âge de quoi garantir son avenir. Robert ne se faisait aucun souci de ce côté-là. Il restait seulement à savoir comment poursuivre son œuvre envers ce pays auquel il avait consacré sa vie. L'idée de créer une fondation avec une partie des fonds rapportés par le film germa petit à petit dans son esprit.

Pourquoi ne pas créer la fondation Dufourg-Abdol Rahman ? Pensa Robert. Ce serait une façon de sceller définitivement cette alliance et d'immortaliser la mémoire des deux hommes dont les destins s'étaient croisés après un siècle d'écart. Robert se sentit enfin apaisé par cette idée d'une possible fondation. Il glissa doucement le dossier dans un tiroir de sa mémoire et se tourna vers les chantiers de la société. Trois mois venaient de s'écouler depuis la mort de Bernard. La période de deuil était terminée. Sans oublier le fils ou le mari perdu, la famille Dufourg se tournait vers l'avant. Marie-Anne était retournée à son travail de journaliste. Elle consacrait une partie de son temps à la promotion du dernier film de son mari. Elle était régulièrement sollicitée pour cette tâche et son fils Omer était apparu dans un documentaire réalisé par une télévision montréalaise après la mort de Bernard.

Dans l'ensemble, la vie de la famille Dufourg était sortie de l'anonymat. Le fait que Bernard Dufourg se soit engagé dans ce métier par passion et non par souci mercantile renforçait son estime aux yeux du public. Et les regards se tournaient vers la fortune familiale. On parlait des usines de son père, des cimenteries Dufourg à la compagnie métallurgique en passant par la Dufourg Construction, pour conclure que Bernard avait consacré sa vie à la passion de l'art et de la paix en tournant le dos à l'immense fortune de la famille.

Alertés par le film qui montrait des images saisissantes de leur pays, les membres de la communauté afghane de Montréal décidèrent d'envoyer une délégation rendre visite à la famille du cinéaste. Lorsque Marie-Anne reçut le coup de téléphone du président de la communauté afghane, un certain Kooryalaï Warid qui lui demandait quand elle serait disponible pour les recevoir. Elle ne savait quoi répondre.

Elle demanda à Robert de venir l'aider à accueillir ces visiteurs étrangers dont elle ignorait totalement les mœurs. Elle savait seulement qu'en bons musulmans, ils ne mangeaient pas le porc mais la viande Halal et ne buvaient pas d'alcool. Pour éviter des complications, Robert lui conseilla de ne pas leur servir de la nourriture à l'occasion de leur visite et de se contenter du thé, du café et d'autres limonades. En réalité, la délégation fut symbolique. Elle était composée de deux hommes et de leurs épouses. Le président de la communauté en même temps chef de délégation, Kooryalaï Warid, ancien ambassadeur d'Afghanistan à Paris, était un descendant direct de Nader Shah, père du dernier roi d'Afghanistan Zaher Shah. Il était accompagné par le professeur Abdullah Moudjahid qui enseignait l'économie à l'université de Montréal. Les deux hommes étaient accompagnés par leurs épouses, Soraya Warid et Yasmine Moudjahid. Le couple Moudjahid prit la précaution d'amener leur petit fils Umar Moudjahid âgé de cinq ans, pour tenir compagnie au fils de Bernard qu'ils savaient du même âge. Marie-Anne apprécia ce geste d'une grande délicatesse car les deux garçons passèrent ensemble un moment merveilleux.

Marie-Anne choisit un samedi après-midi pour accueillir les visiteurs dont elle connaissait réellement peu de choses. À part les deux voyages qu'elle effectua à Kaboul du vivant de son mari, elle ne connaissait pas grand-chose de ce pays et encore moins de ce peuple. Jusqu'à la sortie du film de Bernard, elle avait tendance à considérer les Afghans comme des barbares, sinon comme des montagnards dangereux dont il ne fallait pas s'approcher. Elle fut surprise de découvrir des hommes distingués, d'une grande dignité, et des femmes non seulement d'une grande beauté, mais aussi d'une noblesse raffinée. Elle n'en revenait pas. En apprenant la visite, ses beaux-parents, François et Georgette s'étaient joints à l'équipe de réception. Georgette, qui s'entretenait pour la première fois de sa vie avec des femmes musulmanes, fut ravie de s'asseoir à côté de Soraya Warid et de Yasmine Moudjahid. Elle constata même que son mari leur lançait des regards plus ou moins intéressés. Les deux épouses se mêlaient rarement à la conversation. La plupart du temps, elles restèrent discrètes, préférant laisser la parole à leurs maris. Lorsque l'occasion leur était offerte de donner un avis, elles le faisaient avec tant de délicatesse et de tact que Georgette en fut émue.

La discussion resta focalisée autour de l'Afghanistan, de son passé, de son histoire, de ses longs combats contre les puissances impériale et coloniale, de la période féodale et monarchique, de la chute du roi, jusqu'à l'émergence des écoles coraniques sous l'occupation soviétique. Robert Dufourg parla de son bref passage à Kaboul, le temps de rapatrier le corps de son frère. Il posa ensuite plusieurs questions aux deux hommes sur le potentiel du pays et ses perspectives d'avenir. Avant de se séparer, Kooryalaï Warid invita Robert à un dîner d'hommes qui aurait lieu dans deux semaines au Centre Communautaire Rahim de Montréal.

C'est une occasion pour les membres de la communauté de se rencontrer et de perpétuer la culture de l'hospitalité. C'est une tradition dans notre pays d'accueillir les gens à la maison des hôtes.

–Et que veut dire Rahim ? Le nom que porte le Centre Communautaire, demanda Robert.

–Dans notre langue, le pashto urdu, Rahim signifie le Miséricordieux.

–Les femmes sont elles exclues dans ce genre de dîner ? demanda Marie-Anne.

–Non, répondit Warid, venez voir comment nos épouses organisent la cérémonie. Yasmine Moudjahid lui proposa de venir la chercher avant l'heure du dîner pour participer aux préparatifs. Abdullah Moudjahid lui donna sa carte, et l'invita à venir les voir à leur domicile à n'importe quel moment. Marie-Anne accepta l'invitation. Robert promit de l'accompagner. Les Moudjahid habitaient au 1340 Avenue du Parc, juste au croisement avec le boulevard Mont Royal. Le rendez-vous pour la visite fut fixé pour la semaine suivante, avant la cérémonie du Dîner d'Hommes.

Une semaine plus tard, Marie-Anne appela Yasmine pour lui demander si elle pouvait venir avec son fils. Yasmine l'assura que oui car son copain Umar serait là.

–Nous utilisons la même voiture, ou chacun part avec sa propre voiture ? Demanda Robert à Marie-Anne au moment de se rendre chez les Moudjahid.

–C'est peut-être mieux d'y aller chacun avec sa voiture pour nous donner une plus grande marge de liberté au retour, dit-elle. Tu ne seras pas obligé de nous ramener ici et à n'importe quel moment tu peux interrompre ta visite appelé pour une urgence. Je connais les exigences de ton travail.

–Tu as tout à fait raison, reconnut Robert. Et puis, toi aussi, tu peux avoir besoin de faire une autre course avant de revenir à la maison. Il était exactement 18 heures lorsque les trois visiteurs, Robert, Marie-Anne et Omer franchirent la porte d'entrée du domicile des Moudjahid. Abdullah ouvrit lui-même la porte et installa les visiteurs. En connaisseur, Robert apprécia du premier coup d'œil cette belle maison construite sans doute au début des années 1980. Abdullah Moudjahid devait en être le propriétaire, pensa Robert. Plusieurs détails indiquaient l'aisance et le confort du propriétaire qu'un locataire ne se permettrait pas.

–Depuis combien de temps habitez-vous ce quartier ? Demanda Robert à son hôte.

–Nous avons acheté cette maison il y a trois ans, répondit Moudjahid. Je venais de quitter mon poste à la Banque mondiale. Après avoir passé plusieurs années à courir le monde, j'éprouvais un grand besoin de stabilité pour vivre avec les miens. L'un de mes deux fils venait de se marier et Yasmine voulait être en contact avec ses petits enfants. Tous mes enfants que je n'ai pas vraiment vu grandir vivent ici au Canada. C'est pourquoi nous avons choisi de nous installer ici. Je venais d'obtenir un poste d'enseignant à l'université de Montréal, et je travaille à temps partiel pour une société internationale de consultants.

–Aviez-vous déjà vécu au Canada auparavant ? Demanda Marie-Anne.

–Oui, j'ai fait mon PhD à l'université Mc Gill. J'ai quitté Montréal en 1990 pour aller travailler à la Banque mondiale.

–Et avant Mc Gill ? Demanda Robert intéressé.

–Je venais de terminer mes études de maîtrise à la London School of Economics. Ma mère était déjà arrivée au Canada après quelques années de séjour en France. Nous l'avons suivie. Les autres membres de la famille sont éparpillés un peu partout en Europe, aux États-unis et dans les pays du Golf. Robert le regarda intrigué.

–Parlez-nous un peu plus de votre famille Abdullah. C'est une façon pour moi d'apprendre davantage l'histoire de votre pays et en même temps de votre peuple. Abdullah Moudjahid le regarda avec un peu de tristesse.

–J'essaie de ne pas y penser. Je suis chaque fois bouleversé quand je pense à la tragédie de mon pays. J'essaie de fuir ce passé et de penser à autre chose.

–À quel âge avez-vous quitté le pays ?

–Il y a exactement 30 ans dit-il.

–J'avais 23 ans lorsque les Communistes se sont emparés du pouvoir après avoir exécuté le président, qui lui-même avait renversé son cousin, le roi Zaher Shah. J'étais à l'université de Kaboul. Mon père était médecin. Il fut immédiatement arrêté et jeté en prison sans le moindre crime. Une semaine après son arrestation, on fit savoir à ma mère, qu'elle n'avait plus besoin de venir le voir en prison. Il était mort. Même son cadavre ne fut pas rendu à la famille. Son corps ne fut jamais retrouvé. Les prisonniers assassinés étaient jetés dans les fausses communes. Même le président renversé ne connut pas un meilleur sort. Il fut exécuté avec toute sa famille. Les amis de mon père qui étaient dans l'armée, aidèrent ma famille à traverser la frontière vers le Pakistan. Nous sommes restés quelques mois dans un camp de réfugiés au Pakistan, avant d'obtenir un visa pour la France où vivait Kooryalaï Warid, qui était ami à mon père. Il venait de quitter son poste d'Ambassadeur à Paris et ne voulait pas retourner en Afghanistan. J'avais déjà étudié le français au Lycée Estiqlal de Kaboul, mais j'obtins une bourse pour la London School of Economics, où je fis ma maîtrise. C'est là que j'ai rencontré Yasmine ma femme. Entre-temps, ma mère avait quitté la France en même temps que Kooryalaï Warid et s'était installée au Canada.

Après les études de maîtrise, alors que je venais d'épouser Yasmine, je décidais de venir au Canada pour être près de ma mère qui prenait de l'âge. J'en ai profité pour faire un PhD à l'université Mc Gill. J'ai enseigné à Mc Gill pendant une année et puis j'ai appliqué pour un poste d'économiste à la Banque mondiale et j'ai été retenu. C'est comme ça que j'ai quitté Montréal.

Pendant les treize années que j'ai passées à la Banque mondiale, j'ai eu l'occasion de travailler un peu partout, en Afrique, en Asie et en Amérique Centrale. Finalement, je suis revenu pour faire du Canada ma seconde patrie. J'aurais pu rester aussi bien aux États-Unis, mais ma mère et mes enfants vivaient ici. Et je gardais un bon souvenir de Montréal. C'est tout. Comme vous le voyez, il n'y a pas vraiment grand-chose à raconter dans le parcours de cette vie d'errance, sauf que j'ai découvert d'autres peuples, et que je me suis fait de nombreux amis un peu partout dans le monde. Et bien sûr, j'ai élargi ma vision du monde et mon sens de l'humanité. En regardant Yasmine, Marie-Anne vit qu'elle s'essuyait les yeux. Marie-Anne apprendra plus tard qu'elle avait elle aussi perdu plusieurs membres de sa famille au cours des purges communistes. Les années du pouvoir communiste restaient marquées dans leurs têtes comme la période la plus sombre de l'histoire de leur pays.

–Avez-vous gardé des contacts avec le pays ? Demanda Robert.

–Oui, bien sûr. Depuis le déclenchement de la guerre qui a suivi l'attentat terroriste du 11 septembre sur New York, nos yeux sont tournés en permanence vers ce pays. Nous suivons la situation au jour le jour.

– Vous n'avez jamais été sollicité pour aller aider le gouvernement en place ?

– J'ai été approché même à l'époque où je travaillais pour la Banque mondiale. Quand je demandais l'avis de ma femme et de mes enfants, ils opposaient toujours un veto. Même ma mère âgée aujourd'hui de 75 ans, était contre. J'ai toujours obéi à ma mère, la seule personne à qui je ne sais pas dire non. C'est seulement aujourd'hui qu'elle me demande d'envisager un possible retour à Kaboul.

C'est bizarre, mais elle m'a dit qu'elle voudrait terminer ses jours en Afghanistan, car son corps doit être enterré là-bas, lorsqu' Allah qui l'a créée reprendra sa vie. C'est son dernier souhait et c'est plus fort qu'elle, m'a-t-elle dit.

– Avez-vous l'intention de lui donner satisfaction ? Demanda Marie-Anne, très émue par un tel attachement d'un homme de cet âge à sa mère.

– Je vous ai dit que c'est la seule personne à qui je ne sais pas dire non. Mais sur ce point, je ne sais pas encore. Nous avons été touchés par la mort injustifiée des membres de nos familles. L'enlèvement et l'exécution de mon père qui n'avait jamais fait de mal à personne, nous ont marqués à jamais. Nous avons couru partout, mais nous n'avons nulle part trouvé le repos. Rien n'a pu apaiser notre douleur. Si le retour en Afghanistan peut réconcilier ma mère avec elle-même, lui rendre cette paix intérieure qu'elle n'a pu trouver nulle part, il me serait très difficile de refuser. Et je m'imagine qu'elle n'est pas la seule. Beaucoup de mes compatriotes souffrent chaque jour de voir le pays qu'ils aiment tant poursuivre cette vertigineuse descente aux enfers.

– À quelles conditions pouvez-vous envisager de retourner là-bas ? Demanda Marie-Anne.

– Si je devais retourner un jour à Kaboul, ce serait dans le cadre d'un vaste projet de réconciliation nationale et de reconstruction du pays pour rendre aux Afghans l'espoir et le droit de rêver d'une vie dans la dignité. Ce serait un grand combat pour sortir de cet obscurantisme dégradant. Je connais le peuple afghan. C'est un peuple travailleur, endurant, généreux et fier. Si je devais y retourner, ce serait pour me battre afin que les enfants afghans puissent naître dans une atmosphère apaisée et grandir dans la dignité. Aujourd'hui, je ne suis pas sûr de réunir les moyens nécessaires pour gagner ce combat. Mais ma mère, et avec elle toutes les mères afghanes en exil ou dans les camps des réfugiés, désirent rentrer chez elles. Et lorsqu'une mère afghane demande quelque chose à son enfant, celui-ci n'a pas le droit de le lui refuser. Nous avons été élevés dans cette culture, nous sommes très attachés à nos mères. Et avant de demander, elle pèse le pour et le contre. Elle sait que ce qu'elle demande est réaliste. Marie-Anne sourit, en espérant que son fils Omer puisse un jour lui témoigner un tel respect.

–Maintenant, je crois avoir suffisamment parlé de moi, je voudrais arrêter ici pour accorder mon attention aux visiteurs. Yasmine servit encore le thé et apporta un plateau de gâteaux qu'elle achetait chez un boulanger afghan installé au coin de la rue Villeneuve. Ils étaient par ailleurs fabriqués à partir de la farine importée de son pays.

Abdullah Moudjahid voulait savoir en quoi consistait le travail de Robert. Celui-ci lui parla de sa société de construction, du secteur immobilier et de tout ce qui touche à l'industrie du bâtiment et à l'ingénierie.

–Si je devais un jour retourner à Kaboul, j'aimerais avoir un compagnon comme vous. Robert sourit, flatté par le compliment de cet homme.

–Il doit y en avoir certainement, dit-il. Je suis sûr que des ingénieurs afghans existent ici ou ailleurs. Moudjahid se tourna ensuite vers Marie-Anne.

–Vous vous remettez du choc ? Demanda-t-il.

–C'est difficile de se remettre de la perte d'un être qui occupait une place unique dans votre vie. Mais ça fait partie de la vie, et le fait de vous rendre visite, le fait de savoir à quel point les mères afghanes ont souffert et continuent pourtant à espérer, me donne la force de mieux supporter ma propre souffrance. Aujourd'hui, je comprends mieux votre combat. Je dois trouver à mon tour la force de surmonter ma douleur. Comme vous avez pu grandir et garder un bon idéal de la vie, cela me donne le courage de vivre en espérant que mon fils pourra aussi surmonter la perte de son père et réaliser sa propre vie. Tout d'un coup le téléphone portable de Robert se mit à sonner. C'était son père. Il voulait le voir d'urgence. Robert remercia ses hôtes de l'accueil et se retira. Marie-Anne se félicita d'être venue avec sa propre voiture. Elle le laissa partir et resta encore un moment avec Yasmine. Elle voulait discuter avec elle des conditions de vie des femmes afghanes. Abdullah demanda s'il pouvait les laisser seules et se retira dans son bureau pour corriger des travaux de ses étudiants. Une heure plus tard, elle fit appeler Omer qui jouait avec son copain dans une autre pièce et rentra chez elle. Le rendez-vous était pris pour la semaine suivante à l'occasion du dîner d'hommes.

Le Dîner d'Hommes auquel Robert et Marie-Anne furent conviés fut organisé au Centre Multiculturel Rahim de Montréal, qui se trouvait devant la Rue du Souvenir, entre le boulevard René Lévesque et l'autoroute Ville Marie, juste en face du Centre Canadien d'Architecture. Pour faciliter les choses, Marie-Anne préféra couvrir l'événement en journaliste et se rendit sur les lieux avec un ordre de mission.

Elle passa d'abord chez les Moudjahid, boulevard Mont Royal en plein cœur de Montréal. Yasmine Moudjahid préparait sa part de nourriture qu'elle devait apporter au Centre Rahim. Presque toutes les épouses afghanes de Montréal s'étaient partagées la tâche. Même certaines familles habitant des villes éloignées de Montréal, comme Trois-Rivières, Sherbrooke, Gatineau et même Ottawa en Ontario, avaient fait le déplacement pour s'associer à l'événement. De grandes quantités de nourriture furent préparées et acheminées au centre Rahim à partir de 14 heures. Les premiers invités au dîner étaient attendus à 15 heures. Certains hommes relativement jeunes arrivaient en petits groupes, prenaient place autour des tables dressées dans une salle décorée aux couleurs afghanes, se laissaient servir par des femmes couvertes de la tête aux pieds, à l'exception du visage. Plus tard, Marie-Anne vit aussi de jeunes femmes portant des robes très élégantes, qui moulaient agréablement des corps sveltes. Celles-là n'étaient pas en service. Le dîner proprement dit fut servi à partir de 17 heures. Plusieurs dizaines d'hommes en tenue traditionnelle afghane, ou en costume occidental, arrivèrent presque en même temps. Robert Dufourg arriva en compagnie d'Abdullah Moudjahid. Il remarqua qu'une certaine hiérarchie était observée, même dans la salle à manger. Certains mangeaient et sortaient pour revenir un peu plus tard. C'était un va-et-vient incroyable mais ordonné. À partir de 17 heures, les invités restèrent dans la salle. Quelques jeunes gens aidaient à débarrasser les tables. La discussion s'animait progressivement, la plupart du temps en pashtourdu. Robert pouvait deviner que la situation de leur pays occupait l'essentiel de la conversation. Quelques discours furent prononcés, tous en pashto, la langue des pashtouns afghans. Il y avait très peu de non Afghans dans cette salle. Robert remarqua deux Canadiens de souche, tous deux dans la trentaine, mariés à des femmes afghanes. Il remarqua aussi que les femmes étaient en général d'une grande beauté. Il y avait environ 400 personnes dans la salle, dont l'âge variait entre 25 et 75 ans.

Les discussions s'animèrent autour des tables. De grosses quantités de viande de bœuf et de riz arrosées d'une sauce délicieuse préparée à la maison par ces épouses dévouées

furent rapidement englouties dans un enthousiasme conta-
gieux. Aucune boisson alcoolisée ne fut servie dans la salle.
Tous les invités se contentaient de boire du thé, de l'eau, des
jus ou des boissons gazeuses. Comme il s'agissait d'un dîner
d'hommes, aucune femme n'était admise à prendre place aux
côtés de son mari dans la salle. C'était la coutume acceptée et
vécue comme telle. Personne ne s'en plaignait. Marie-Anne eut
même l'impression que ces épouses accomplissaient ce rôle de
servir leurs maris avec beaucoup de joie. Elles paraissaient si
épanouies, si heureuses. Elles affichaient toutes un sourire comblé. Marie-Anne ne comprenait pas comment une femme en
apparence reléguée dans le rôle secondaire de servante pouvait
se sentir aussi heureuse. Elle garda la question pour elle. Les
hommes prirent successivement la parole.

D'après ce que Yasmine expliqua à Marie-Anne, presque tous
les intervenants interpelaient Abdullah et lui demandaient
d'assumer plus de responsabilités, car la patrie avait plus que
jamais besoin de tous ses enfants.

Marie-Anne se risqua à demander si les différentes tribus
afghanes ou les deux branches confessionnelles sunnite et chiite
étaient présentes.

–Oui, elles sont là, même si les invités sont majoritairement
d'origine pashtoune. Une fois en exil, les Afghans mettent de
côté les rivalités ethniques souvent déchirantes dans le pays et
se mettent ensemble. C'est probablement l'influence du multi-
culturalisme dans lequel ils vivent ici au Canada. C'est quelque
chose de positif qu'ils apprennent à l'étranger. Quand ils voient
le milieu dans lequel nous sommes, où ils côtoient des gens
venus du monde entier, de l'Amérique latine aux Philippines, de
la Chine aux Balkans, des Africains et des Européens, la logique
ethnique ou tribale perd aussitôt sa raison d'être. Même l'union
du mariage, qui reste tabou dans notre culture islamique et dans
la tradition afghane, ne résiste pas au contact de la diversité. Des

filles afghanes d'une piété irréprochable épousent des hommes d'une autre race ou appartenant à une autre religion, chose plutôt rare dans notre pays. Yasmine s'arrêta pour prêter attention au discours du président de la communauté.

Kooryalaï Warid, l'ancien Ambassadeur, unanimement accepté comme chef de la communauté afghane de Montréal, invita ses compatriotes à se regarder en face et à réfléchir sur la situation de leur pays.

–Il n'est pas étonnant que le pays ait du mal à se relever, dit-il. Il a été gravement saigné. Regardez combien vous êtes. Imaginez un pays qui perd autant de forces vives, qui perd autant de bras, autant de cerveaux. Vous connaissez la situation qui prévaut dans notre pays. Jusqu'à quand les Afghans vivront-ils dans le dénuement et la misère ? Jusqu'à quand notre pays vivrat-il comme un paria à la merci des mercenaires de tous bords ? Jusqu'à quand notre pays apparaîtra-t-il aux yeux du monde entier comme la base du terrorisme international ? Pourquoi notre pays si bien placé au début du 20ème siècle, est-il tombé si bas ? Il vous appartient de répondre à ces questions et de décider.

Après avoir passé à côté du 20ème siècle, avons-nous le droit de manquer aussi le 21ème siècle ? Pour moi, non. Nous n'avons pas le droit, si nous avons encore le sens de l'honneur. C'est maintenant ou jamais. Kooryalaï passa la parole à un autre sage de la communauté, un certain Ibrahim, ancien professeur de littérature à l'université de Kaboul. Lui aussi s'exprima dans le même sens, avec la même douleur. Robert Dufourg fut surpris de constater que tous ces hommes, resplendissant de santé, possédant presque tous de très belles voitures, qui mangeaient une nourriture sortie des meilleures épiceries, habillés avec élégance, n'étaient pas heureux de leur situation, et rêvaient de retourner dans l'enfer afghan.

–Vos compatriotes aiment apparemment s'habiller avec élégance, dit-il à Abdullah.

49

–Les Afghans tiennent beaucoup à leur apparence. Ils ont le sens de la dignité. Ils n'aiment pas afficher leur misère. Même quand ils souffrent, ils cachent souvent leur douleur en eux mêmes. C'est à de rares occasions comme celles-ci qu'ils s'expriment ouvertement. Leur excès d'orgueil est leur défaut majeur. En plus, ils aiment passionnément le pouvoir, avec l'avoir et le valoir qu'il procure, d'où leur égoïsme intransigeant qui les rend si difficiles à manœuvrer.

Le dîner se poursuivait. Quoique engloutie avec appétit, la nourriture apportée dans de grosses casseroles paraissait inépuisable. Abdullah Moudjahid, dont le nom était cité à plusieurs reprises par tous les intervenants resta curieusement silencieux.

–Allez-vous prendre la parole ? Demanda Robert.

–Non, répondit doucement Abdullah.

–Est-ce que je peux savoir pourquoi ? Insista Robert.

-Parce que la plupart des hommes qui sont ici aimeraient me voir rentrer en Afghanistan. Ma présence ici est devenue comme un reproche. Ils s'imaginent que je pourrais aider le pays. Je ne sais pas d'où vient cette impression. Quand ils parlent de la force vive que le pays a perdue, je suis la première personne visée. Pour eux, je devrais jouer un rôle.

–Peut-être que tu devrais effectivement jouer un rôle, comme ils le disent, risqua Robert.

–Mais le pays est en guerre, et je ne sais pas tirer au fusil. Je ne comprends pas ce qu'ils veulent attendre de moi, je ne suis pas un soldat, répliqua-t-il.

–Réfléchissez bien, s'ils le pensent, c'est qu'il existe une petite possibilité. Ils ne peuvent pas avoir tort à la fois.

–C'est très difficile, je ne vois pas vraiment le bout du tunnel, déclara Moudjahid.

Kooryalaï Warid, en tant que Chef de la communauté, prit de nouveau la parole. Il remercia tous ceux qui avaient participé à ce dîner, tous ceux qui avaient contribué à sa réussite, ainsi qu'à leurs épouses, qui avaient préparé une nourriture si délicieuse, si riche et si variée. Il déclara la cérémonie terminée, mais les invités pouvaient continuer à manger et à échanger tant qu'ils en auraient envie. Il fut ensuite le premier à se retirer, suivi par d'autres, en commençant par les plus âgés. Robert Dufourg demanda à Moudjahid s'il pouvait lui aussi se retirer, et celui-ci marqua son accord. Robert se leva pour partir. Marie-Anne se trouvait dans une autre pièce, assise avec des épouses des dignitaires. L'accès à cette pièce n'était pas autorisé aux hommes. Robert partit sans lui dire au revoir. De toute façon elle a sa voiture. Elle n'a pas besoin d'un garde-corps, se dit-il. Abdullah resta dans la salle à manger. Un groupe de notables l'invita à les rejoindre. Ils lui demandèrent d'abord qui était cet invité non Afghan, à qui l'honneur de participer au Dîner d'Hommes avait été accordé. En apprenant qu'il était le frère du cinéaste tué dans l'attentat de l'hôtel Nowshak, et qu'il était lui-même dirigeant d'une grande société, les notables reconnurent qu'il méritait cet honneur. Ils le pressèrent ensuite de questions, en essayant de justifier pourquoi lui Abdullah Moudjahid, devait s'impliquer dans l'histoire de leur pays.

– Soutenu par des pays occidentaux depuis bientôt dix ans, le gouvernement en place, déclara l'un d'eux, n'a pas été capable de mettre fin à l'insurrection, de ramener la paix dans le pays, de faire décoller l'économie, et de combattre la corruption que le ministre des Finances lui-même a qualifiée d'être une menace plus forte que le terrorisme, et qu'elle gangrenait le pays comme un cancer. Abdullah Moudjahid réunissait les qualités que beaucoup d'Afghans lui enviaient. Il était de père pashtoune, d'une riche famille de Ghaznî au Sud de Kaboul. De mère, il était Tadjike. Son père avait rencontré cette belle fille dont la famille était originaire de Kunduz, alors qu'elle était étudiante au Lycée Nedjat au début des années cinquante. En plus, en tant que médecin, le père d'Abdullah avait travaillé dans plusieurs villes d'Afghanistan. Il passa cinq ans à Herat, six ans à Kandahar, avant de s'installer pendant plus de vingt ans, à Kaboul.

Ibrahim Moudjahid était connu dans tout le pays et son nom inspirait encore le respect. Son arrestation et son exécution avaient causé une forte indignation dans toute la capitale Kaboul. Il était considéré comme un martyr, et sa mémoire jouissait d'une vénération sincère. Sa mère, qui était encore en vie, était perçue comme un pont de réconciliation naturel entre les tribus rivales.

À côté de cet héritage que beaucoup de ses compatriotes auraient aimé posséder, il avait une virginité irréprochable, un solide bagage académique, et une expérience professionnelle des milieux internationaux qui le prédisposaient à jouer un rôle dans le destin de son pays. En plus de ces qualités non négligeables, il était d'une grande piété. Personne ne mettait en doute ses convictions religieuses et son attachement aux valeurs de l'Islam. Il aimait rendre service aux autres et ne détournait jamais les yeux devant une main tendue. Peu d'Afghans pouvaient réunir toutes ces qualités. Et il était riche. Même si ses compatriotes se gardaient de mettre ce point en avant, ils n'y pensaient pas moins. Ils savaient à quel point la richesse garantissait le respect dans l'esprit des Afghans. Abdullah Moudjahid était l'un des rares Afghans à habiter une maison dont il était propriétaire en plein cœur de Montréal. Il était pratiquement le seul à avoir acheté un appartement à sa mère, alors que beaucoup d'autres vivaient dans des logements sociaux. Il possédait un immeuble résidentiel qui lui rapportait après impôts près d'un demi-million de dollars par année.

Si l'homme avait su rentabiliser les émoluments obtenus de la Banque mondiale, cela prouvait qu'il était capable de faire fructifier les finances et l'économie de la nation, disaient ses compatriotes. Au cours de plusieurs forums qui réunissaient des Afghans venus de la ville de Québec, de Montréal, de Toronto, et de la région d'Ottawa, Abdullah Moudjahid subissait la pression de ses compatriotes qui lui demandaient de voler au secours de la patrie. L'insistance des invités à la cérémonie du dîner d'hommes n'était pas nouvelle pour lui. Avant de partir, il promit d'y réfléchir et quitta la salle.

De retour chez elle, après toute une soirée passée aux côtés des femmes afghanes, Marie-Anne se mit à rédiger immédiatement son article sur la cérémonie du dîner d'hommes dans la culture afghane. La journaliste de la mission avait été surprise de constater que les femmes afghanes n'éprouvaient aucun complexe à se mettre au service des hommes pour leur servir des repas délicieux péniblement préparés de leurs mains. Une telle soumission, proche de l'asservissement selon elle, était inimaginable dans son pays. Était-ce la raison qui poussait certains gouvernements à freiner l'accès des filles à l'éducation, pour les garder le plus longtemps possible au service de l'homme ? Marie-Anne acheva son article et le transmit à la rédaction. Elle comprenait, petit à petit, les motifs profonds de l'engagement de son mari envers ce pays perdu au fin fond de l'Asie centrale. Il y avait dans ce peuple, quelque chose d'extraordinairement fascinant, qui attirait les sentiments et accrochait le regard.

Une fois son article expédié, elle se mit à visionner de nouveau Le patriote, le dernier film de son mari désormais disponible en DVD. La plupart des scènes avaient été tournées autour du palais du nom de Bagh-é Bala ou le Jardin d'En Haut, que l'Émir s'était fait construire comme résidence d'été dans la montagne. Selon les critiques spécialisés, les recettes tirées du film continuaient à monter et atteignaient un niveau record pour un film de ce genre. Devant un tel succès, la jeune femme se demanda elle aussi comment elle pourrait réinjecter une partie de cet argent dans le développement de ce pays.

Marie-Anne promit d'y réfléchir. Elle essaya ensuite de faire le silence dans sa tête et se coucha.

À peine entré dans son bureau de l'université de Montréal, Abdullah Moudjahid fut surpris d'entendre le téléphone sonner si tôt. Il souleva le combiné en fronçant les sourcils. C'était le doyen de la faculté des sciences économiques.

–Je voudrais vous parler, dit-il.

–Je vous écoute, répondit Abdullah.

–Pouvez-vous venir dans mon bureau ? C'est urgent.

–J'arrive tout de suite. Intrigué, Abdullah Moudjahid sortit et se dirigea vers le bureau du doyen de son département. Il n'eut pas besoin de sonner, la porte était ouverte.

–Excusez-moi de vous déranger si tôt, professeur Moudjahid, lui dit le professeur Pierre Francoeur, je ne pouvais pas attendre.

–De quoi s'agit-il ?

–Nous avons reçu une demande de l'université de Kaboul. Le recteur de l'université, en accord avec le Ministère de l'éducation, a signé un accord de coopération avec notre pays. Il nous a demandé de lui envoyer quelques professeurs pour une période d'environ quatre à cinq mois. Il a insisté, pour avoir parmi eux, un professeur d'économie et si possible un professeur des sciences politiques. Nous avons pensé à vous. Seriez-vous intéressé par cette offre ?

–Laissez-moi le temps d'y réfléchir. Je ne peux pas répondre tout de suite, mais je vous donne ma réponse d'ici 48 heures, répondit Abdullah.

–Où en êtes-vous avec la session d'hiver ?

–Les cours sont presque terminés.

–Avez-vous des cours d'été ?

–Non.

–Dans ce cas, je continue à espérer que nous pouvons compter sur vous. Nous aimerions que vous fassiez partie de l'équipe de ceux qui se rendront là-bas.

–Je vais y réfléchir, je ne peux pas dire non d'emblée.

–C'est bien, nous attendrons votre décision avant de dresser la liste définitive des candidats au départ.

L'entretien était terminé. Le professeur Moudjahid se leva et retourna dans son bureau. Un sentiment étrange lui serrait la poitrine. À l'idée de retourner à l'université de Kaboul, après l'avoir quittée trente ans plus tôt pour sauver sa vie, Moudjahid sentit des larmes lui monter aux yeux. Tant que cela dépendait de lui, il ne pouvait pas refuser l'opportunité d'aller enseigner aux jeunes de son pays, mais il n'était pas sûr de convaincre sa femme. Ce jour-là, il donna son dernier cours d'économie de développement. Le dernier chapitre concernait les investissements bilatéraux dans le cadre d'intégration régionale. Il survola le chapitre de façon magistrale, à la satisfaction générale des étudiants. Il accorda ensuite une heure de révision, avant l'examen final prévu la semaine qui suivait. Une fois le cours terminé, il appela sa femme et lui parla de la proposition de l'université. Sa femme poussa un cri de joie, et Moudjahid fut rassuré.

–Veux-tu en parler à ma mère pour savoir ce qu'elle en pense ?

Je ne veux pas la surprendre avec une chose pareille. Comme ça, tu vas la préparer.

–Je l'appelle dans un moment ou je me rends chez elle pour le lui dire de vive voix.

–C'est très aimable de ta part, lui dit Moudjahid en raccrochant. En rentrant à la maison pour dîner, Abdullah Moudjahid ne fut nullement surpris d'y trouver sa mère.

Samina Moudjahid n'avait pas pu résister à l'envie de venir discuter de ce projet avec son fils. Les deux femmes étaient pratiquement les principales conseillères d'Abdullah, quand il était placé devant un choix difficile. Ses trois enfants étaient majeurs et ne dépendaient presque plus de lui. Ils étaient déjà lancés sur la route de leur vie et chaque jour les éloignait de lui. Seules ces deux femmes, sa mère et son épouse avaient réellement besoin de sa présence. À 75 ans, Samina Moudjahid semblait n'avoir rien perdu de sa grande beauté persane qui semblait être le fruit du croisement des races slave, noire et arabopersane. Elle vivait son âge avec le grand sens de la dignité qui caractérise les femmes de sa culture. Abdullah embrassa sa mère en posant sa joue contre la sienne. Il embrassa ensuite sa femme qui le regardait avec un sourire radieux.

–Ainsi tu t'en vas ? Tu vas nous laisser seules ici ? Lui demanda sa femme en riant.

–Ce n'est qu'une proposition, je n'ai pas encore donné ma réponse, se défendit-il.

–De quoi s'agit-il exactement ? Demanda sa mère.

–Il s'agit d'un échange de professeurs dans un cadre purement universitaire, dit-il. L'université de Kaboul manque actuellement de professeurs qualifiés et demande de l'aide. Ce sont des cas fréquents dans les pays qui ont connu un conflit de grande ampleur. Les ressources humaines ont été durement frappé, et font défaut. Comme l'année académique est pratiquement terminée ici, certains professeurs peuvent se rendre là-bas, dispenser leurs cours pendant trois à quatre mois, ensuite revenir ici pour la rentrée universitaire de l'automne. Évidemment, c'est fatigant car ils n'ont pas le temps de prendre des vacances et se reposer.

–Ils partent seuls ou avec leurs familles ? Demanda sa mère.

–Ça dépend de chacun, il n'est pas interdit de se faire accompagner par un membre de sa famille. Tu peux venir avec moi si tu en as envie, conclut Abdullah.

–Qu'est-ce que tu as l'intention de faire, tu acceptes ou non ? Lui demanda sa femme.

–C'est difficile de refuser d'aller enseigner aux enfants de son pays lorsque l'occasion se présente. Quel que soit l'état de sécurité, mon désir est d'accepter. Il me reste à entendre votre avis. Qu'en penses-tu maman ? Demanda-t-il à sa mère.

–Si ton père était encore vivant, je suis sûre qu'il te dirait : « Oui vas-y. » Moi aussi, c'est mon opinion. Il faut toujours rendre ce qu'on a reçu surtout quand il s'agit du savoir. L'argent, on peut le laisser à ses enfants ou aux œuvres de bienfaisance, mais le savoir, il faut absolument le donner aux autres en commençant par son peuple, car il n'y a pas d'autres moyens de le céder en héritage. Abdullah Moudjahid se sentit touché par la réponse de sa mère. Il n'avait jamais pensé à ce que son père aurait aimé le voir faire alors que sa mère se référait souvent à sa mémoire. Il se tourna ensuite vers sa femme.

–Et toi Yasmine, qu'est-ce que tu me conseilles de faire ?

–Si ta mère trouve que c'est une bonne chose, je ne peux pas m'y opposer, dit-elle.

–Si je dis oui, est-ce que tu partiras avec moi ? Demanda-t-il.

–Depuis le jour où j'ai accepté d'être ta femme, tu sais que j'irai où tu iras, de surcroît quand il s'agit du retour au pays natal. Je t'ai suivi pendant les missions de la Banque mondiale. Si aujourd'hui tu retournes en Afghanistan, ma place est à tes côtés. Abdullah Moudjahid l'attira doucement contre lui et lui donna un baiser. Si sa mère n'avait pas été là, il l'aurait directement emmenée au lit pour lui faire l'amour.

–Je te remercie, dit-il en réprimant ce désir qui déferlait en lui. En voyant ce geste, Samina Moudjahid trouva une raison de se retirer et les laissa seuls.

Sa mère partie, Abdullah et Yasmine tombèrent dans les bras l'un de l'autre et ils firent l'amour comme ils ne l'avaient pas fait depuis plusieurs mois. Le lendemain matin, Abdullah Moudjahid appela le doyen de la faculté des sciences économiques et lui fit part de son accord. Il appela ensuite Robert Dufourg et lui parla du projet d'aller enseigner temporairement à Kaboul.

–Tu n'as pas peur d'y aller ? Demanda Robert.

–C'est pour une courte période de trois à quatre mois, je n'ai pas peur de cela.

–Les conditions sécuritaires ne t'inquiètent pas ?

–Même les étrangers acceptent de sacrifier leurs vies. En tant qu'Afghan, je n'ai pas le droit d'avoir peur.

–Je te félicite, je crois que c'est une bonne décision, déclara Robert. Ainsi, tu pourras évaluer toutes les possibilités d'investissement. À ton retour, tu seras en mesure de nous dire ce que nous pouvons exactement faire pour aider le pays et pour le long terme.

Abdullah Moudjahid informa ensuite ses enfants par téléphone. Aziz, son fils aîné, marié à Chantal Feghali, une chrétienne d'origine libanaise, était le père d'Umar, le petit-fils qui venait souvent jouer avec Omer Dufourg. Son second fils Hassan, diplômé en génie mécanique, ne vivait plus chez ses parents. Seule sa fille Nasla âgée de 23 ans et encore à l'université, vivait sous le toit familial. Avant de partir, Abdullah avait l'intention de demander à sa mère de quitter temporairement son appartement, pour venir rester avec Nasla puisque Yasmine devait l'accompagner. Elle avait elle aussi besoin de prendre des vacances, de revoir le pays et les quelques membres restants de sa famille. Abdullah commença à planifier son départ, prévu deux semaines après. Il adressa ensuite un long message à l'université de Kaboul, message dans lequel il demandait des cours qu'il aurait à dispenser, afin de rassembler des ouvrages de référence. Yasmine informa elle aussi Marie-Anne du projet de départ pour l'Afghanistan. À la veille de son 48ème anniversaire, Yasmine se sentait très proche de Marie-Anne malgré les 13 ans d'écart, peut-être parce que les deux femmes avaient une large ouverture d'esprit.

–Combien de temps comptez-vous rester là-bas ? Demanda Marie-Anne.

–Environ trois à quatre mois, répondit Yasmine.

–Je voudrais me rendre là-bas aussi pour une visite des lieux. Mon fils me demande souvent pourquoi le chien de son père n'est pas rentré, déclara Marie-Anne.

–Je serai là pour t'accueillir si tu décides de faire le voyage.

–Vous partez quand exactement ?

–Dans une semaine.

–D'ici la fin de la semaine, nous aurons le temps de décider, conclut-elle. Marie-Anne sentait quelque chose l'attirer vers ce pays auquel son mari avait donné sa vie. Ce n'était pas seulement l'absence de Tobby qui avait refusé de quitter les lieux. C'était plus fort que ça. Son instinct de femme lui disait qu'elle devait se rendre là-bas, pour comprendre pourquoi son mari accepta de verser son sang sur cette terre montagneuse, loin de sa famille, de son enfant et de la femme qui l'aimait. Désormais, les revenus tirés du film de son mari lui permettraient de poursuivre la mission qu'il laissa inachevée. Selon la société de production du film, il venait de rapporter plus de trente millions de dollars sans parler des droits dérivés. Maintenant qu'elle pouvait compter sur des gens qu'elle connaissait, l'idée de visiter ce pays s'enracinait en elle. Il lui restait à convaincre ses beaux-parents de la laisser partir avec Omer. Sa belle-mère Georgette était particulièrement attachée à son petit-fils et le lien devint plus fort depuis la mort du fils. Une idée vint subitement dans l'esprit de Marie-Anne. Elle appela aussitôt Yasmine.

–À qui allez-vous confier la garde de la maison en votre absence ?

–Ma belle-mère viendra rester avec ma fille. Elle est âgée de 75 ans mais paraît en très bonne santé. Ma fille aussi est une personne adulte qui ne pose aucun problème. Pourquoi me demandez-vous cela ?

–Voulez-vous me présenter à elle ? Comme ça, nous resterons en contact même en votre absence. Et je pourrais amener Omer rendre visite à Umar.

–Laissez-moi prendre contact avec elle. Je l'invite à venir ici, et tu viendras la rencontrer avant notre départ. Elle est très charmante et elle a l' esprit lucide. Quel jour aimerais tu lui proposer ?

–N'importe quel jour après les heures de travail, répondit Marie-Anne. L'important est de m'aviser au moins vingt et quatre heures avant.

–Je peux lui proposer demain soir ?

–Ça ne me dérange pas. À quelle heure ?

–Disons dix-huit heures.

–C'est parfait. Comme c'est un vendredi et qu'il n'y a pas d'école le lendemain, une petite sortie ne fera pas de mal à Omer, conclut Marie-Anne. Elle appela ensuite sa belle-mère et lui demanda si elle pouvait l'accompagner rendre visite à une famille canadienne d'origine afghane qui habite au centre ville de Montréal. Tu auras l'occasion d'y rencontrer une grand-mère de 75 ans qui est très charmante.

–Tu viendras me chercher ici, répondit Georgette. Je ne voudrais pas déranger mon mari, et généralement il n'est pas libre les vendredi soir. Sa journée s'achève autour de 21 heures.

–Je passerais chez-vous entre 17h et 17h15.

Marie-Anne sortit de son bureau exactement à 16h30. Toute l'après-midi, la salle de rédaction avait été tenue en alerte par la tentative manquée d'un attentat à la voiture piégée dans une rue très fréquentée d'une grande ville américaine. Selon les déclarations de la police locale, une catastrophe de grande ampleur avait été évitée de justesse. Le suspect recherché n'était pas encore arrêté, mais ce n'était qu'une question d'heure. Il avait laissé sur place beaucoup d'empreintes qui permettaient de brosser son portrait et de retrouver ses traces. Les caméras de surveillance montraient l'image facilement identifiable d'un fuyard qui abandonna une jeep Nissan bourrée d'explosifs. Rien ne permettait encore d'évoquer l'hypothèse d'un attentat terroriste, mais tout portait à y croire, selon les premières observations de la police. L'investigation ne faisait que commencer. L'équipe de rédaction avait jugé utile de dépêcher un reporter sur place. Avant de démarrer la voiture, Marie-Anne appela sa belle-mère pour s'assurer qu'elle était prête. Georgette confirma qu'elle l'attendait.

Marie-Anne s'installa confortablement au volant de sa Toyota Matrix, boucla la ceinture de sécurité, et sortit du stationnement.

Les bureaux du journal la Mission se trouvaient dans le quartier de Montréal Nord, près du croisement du boulevard Armand Bombardier et du boulevard Perras sur les bords de la rivière des Prairies. Pendant le repos de midi, Marie-Anne aimait se promener le long de la rivière des Prairies, ou aller manger un sandwich au restaurant Magnolias, près du parc Nature de la pointe aux Prairies.

Elle avait parfois la sensation que c'était l'un des plus beaux endroits de la ville de Montréal. Elle était particulièrement fascinée par la fusion tranquille de la rivière des Prairies et du fleuve des Mille-Îles qui se jetaient calmement dans les bras l'un de l'autre, avant de se laisser entraîner vers le grand fleuve St Laurent. Le pont de l'autoroute Félix -Leclerc juste au dessus de l'embouchure, parallèle à celui de la rue Sherbrooke, qui passait par la toute petite Île de Bourdon constituait, incontestablement l'un des plus grands chefs-d'œuvre de l'ingénierie canadienne, dont la ville de Montréal portait fièrement le flambeau. Pour se rendre à Longueuil chez ses beaux-parents, Marie-Anne avait le choix entre le pont Louis Hyppolite Lafontaine et le pont Jacques Cartier. Elle préféra le premier, qui lui permettait de passer prendre son fils à la garderie Petit Ange. Vingt-cinq minutes plus tard, elle se garait devant la luxueuse résidence des Dufourg père, boulevard Fernand Lafontaine à Longueuil. Georgette l'attendait.

–Je n'ai pas voulu te le demander au téléphone, commença-t-elle en invitant sa belle-sœur à entrer, mais qui sont-ils ces gens dont tu m'as parlés ?

–Ce sont des Canadiens d'origine afghane. Ils sont venus chez nous lors des funérailles de Bernard. Le mari, Abdullah Moudjahid, enseigne à l'université de Montréal, et il va bientôt retourner dans son pays d'origine pour donner des cours à l'université de Kaboul. Je voudrais que tu fasses connaissance avec sa mère. C'est elle qui restera dans leur maison. Je lui rendrai visite de temps en temps. Omer s'est lié d'amitié avec leur petit-fils de même âge que lui. Je veux juste te présenter à mes nouveaux amis, surtout la famille que fréquente ton petit-fils. Georgette apprécia l'idée même si elle soupçonnait sa belle-sœur de lui cacher quelque chose. Mais le meilleur moyen de le savoir était d'accepter cette visite, pensait-elle.

À 68 ans, Georgette restait une femme de belle apparence. Elle avait une taille moyenne et s'habillait toujours avec élégance. Elle se sentait particulièrement fière du chemin parcouru aux côtés de François, qu'elle avait épousé quarante deux ans plus tôt, alors qu'elle était âgée de vingt six ans. Elle aimait l'entendre dire qu'elle avait apporté beaucoup de chances dans sa vie, même s'il avait davantage compté sur ses indéniables qualités d'entrepreneur qui l'amenèrent au sommet.

En effet, François Dufourg créa sa première entreprise, la Dufourg Construction au lendemain de leur mariage au début des années 1970. Il était âgé de seulement trente ans. L'entreprise connut une ascension rapide, passa de la construction des immeubles résidentiels aux édifices commerciaux, avant de devenir l'actionnaire majoritaire des cimenteries Dufourg. Plus tard il racheta une petite usine de métallurgie qu'il agrandit pour produire de l'acier. Si François s'était élevé à ce niveau, il le devait essentiellement à ses qualités et à une solide intuition dans les affaires. Il possédait en lui un grand sens de la perfection, une inépuisable puissance de travail et un amour incroyable d'un travail bien fait. Au dessus de tout ça, il aimait sa femme. C'est la touche magique qu'apporta Georgette, disait-il.

Elle avait toujours été membre de l'équipe d'administration de toutes ces sociétés, sans empiéter trop sur le domaine réservé de son mari. Elle n'avait accepté de se retirer progressivement que lorsque Robert prit en mains la Dufourg Construction après ses études d'ingénieur. Son mari put alors concentrer toute son attention sur la production de l'acier, le seul autre grand amour de sa vie après celui de Georgette. François aimait dire à ses enfants que la fabrication de l'acier avait transformé sa vie. Le traitement de l'acier, disait-il, élimine les tensions et les impuretés dans le métal, ensuite l'adoucit, tout en le rendant encore plus résistant aux chocs et aux intempéries. L'éducation de l'homme devrait s'en inspirer. Lui-même était devenu comme un acier trempé. Et il attribuait tous les mérites à l'amour de Georgette. Le seul regret de la famille avait été le refus de Bernard d'intégrer l'entreprise familiale, en préférant se consacrer à sa folie d'artiste.

Par respect de la liberté, son père le laissa faire ce qu'il voulait.

–Pourvu qu'il le fasse comme il faut, c'est-à-dire le mieux possible, disait-il. L'investissement maximal dans ce qu'on fait et le sens de la perfection étaient les piliers de la culture familiale chez les Dufourg. Marie-Anne le découvrit progressivement, et craignit parfois de ne pas être à la hauteur. En se rendant chez ses beaux-parents, elle pensait à toute cette histoire familiale, car elle savait combien sa belle-mère était exigeante et sélective dans ses relations.

–Qu'est-ce qui t'intéresse dans cette famille ? Demanda-t-elle.

–Ce sont des gens très sympathiques, d'une grande noblesse, répondit Marie-Anne.

–Ils sont d'origine afghane tu m'as dis ?

–Oui.

–Et tu leur trouves une certaine noblesse ?

–Absolument.

–Je ne comprends pas, on les décrit toujours comme des barbares. Et la mort de Bernard en est la preuve.

–Cette famille fait elle aussi partie des victimes de cette barbarie.

–Allons-y, je me ferai moi-même une opinion, dit-elle non convaincue. Faut-il apporter quelque chose ?

–J'ai acheté un paquet de chocolat pour les enfants.

–Allons-y. La Toyota Matrix de Marie-Anne fonça aussitôt vers le pont Jacques Cartier, pour sortir de Longueuil. Entrée sur l'Île de Montréal, la voiture continua tout droit jusqu'au boulevard Maisonneuve, tourna à gauche et fila vers l'avenue du Parc, avant de remonter le long du Parc du Mont Royal. Un quart d'heure plus tard, la voiture traversait l'avenue du Mont-Royal et s'arrêtait devant la résidence des Moudjahid. En cette période de la fin du mois d'avril, le temps était doux, le soleil se couchait tard vers vingt heures. Comme les précipitations de neige avaient été peu abondantes cet hiver, les jardins fleurissaient déjà. Ils n'avaient pas eu besoin d'une longue période de dégel. La nature environnante retrouvait toute sa verdure, sa fraîcheur et sa beauté. Abdullah vint lui-même ouvrir la porte et souhaita la bienvenue aux visiteurs. Il présenta ensuite sa mère puisque Marie-Anne connaissait déjà Yasmine. Ensuite les deux enfants d'Aziz Moudjahid, Umar et sa sœur Nadia, âgée seulement de quatre ans, vinrent entraîner Omer.

–Georgette est ma belle-mère, déclara Marie-Anne comme présentation.

–Nous sommes heureux de faire sa connaissance, répondit Yasmine en lui souhaitant de nouveau la bienvenue.

–J'espère que vous viendrez de temps en temps rendre visite à Samina pendant notre absence. Georgette se tourna alors vers Samina Moudjahid et la regarda plus attentivement.

–Elle a déjà 75 ans, mais elle est encore en bonne santé, déclara Abdullah. Samina sourit et Georgette remarqua qu'elle avait un très beau sourire, avec des dents bien rangées.

–Depuis combien de temps êtes-vous arrivés au Canada ? Demanda Georgette à Samina.

–Oh! C'est tellement loin. Je ne me souviens presque plus, dit-elle. J'ai quitté l'Afghanistan vers la fin de l'année 1978. Le père d'Abdullah venait de mourir.

Elle lui raconta ensuite en peu de mots les circonstances de son départ et deux années passées en France, avant de traverser l'Atlantique et de venir au Canada.

Georgette fut surprise de l'entendre parler un bon français.

–Avez-vous appris le français en France ou au Canada ? Demanda-t-elle.

–Non, j'ai appris le français très jeune, au Lycée Nedjat de Kaboul. Je fais partie des premières générations des filles afghanes qui ont été admises dans les écoles secondaires, au milieu des années quarante, dit-elle avec calme. C'était une période que notre pays ne connaîtra plus. Le père d'Abdullah, après ses études secondaires au Lycée Malalaï, partit faire des études de médecine en France après la deuxième guerre mondiale. Abdullah s'excusa et sortit. Il voulait laisser les femmes entre elles.

–Pour quelles raisons le coup d'état communiste brutalisa-t-il le pays ? D'habitude, les communistes prétendent apporter le paradis sur la terre, demanda Marie-Anne.

–C'est difficile à dire et à comprendre, répondit Samina. Tout avait mal commencé. Perpétré par son cousin et ancien premier ministre, le coup d'état qui renversa le roi était de mauvais augure. Ce n'était pas la bonne manière de mettre fin à une monarchie vieille de plus de cent ans, quelles que soient ses imperfections. A-t-il voulu anticiper devant l'impopularité croissante du roi ? A-t-il été poussé par sa propre soif du pouvoir, ou par les deux à la fois ? On ne le saura jamais puisqu'il l'a payé lui aussi de sa vie.

Les communistes prétendaient faire une révolution de type bolchevik. C'étaient des gens pleins de rancune, de haine et de frustration, qui voulaient détruire tout ce qui est beau. En répandant la terreur et la mort, ils prétendaient combattre les contre-révolutionnaires. C'est dans ce climat que nous avons quitté le pays. Depuis lors, il a poursuivi sa descente aux enfers. Il n'a jamais retrouvé sa stabilité. Et pourtant, c'est un si beau pays, acheva-t-elle avec amertume.

–Le monde extérieur connaît mal votre pays, lui dit Georgette. On le décrit comme un pays des barbares, dont la seule spécialité est la culture du pavot. Est-ce justifié ?

Samina se couvrit le visage avec sa main comme si elle voulait cacher ses larmes.

–Quand on se souvient de la brutalité et la cruauté avec les quelles des milliers de familles ont été assassinées sans raison, il est difficile de nier ce côté barbare. Mais notre peuple n'est pas que cela. Il est aussi capable d'héroïsme et de générosité, dans toute sa diversité tribale. Qu'ils appartiennent à la tribu des Tadjiks dont ma famille est originaire, ou des Pashtounes à laquelle appartenait mon mari, qu'ils soient de la tribu des Ouzbeks ou des Hazara, il y a parmi eux beaucoup de qualités. Il y a parmi eux des gens très courageux et qui ont un cœur généreux. Ils ont seulement besoin de maîtriser et d'apprivoiser leur environnement, pour que le relief montagneux, qui caractérise le pays, cesse d'être un obstacle à l'épanouissement, et devienne une opportunité de création des richesses et de développement. C'est comme la neige et le froid qui ont poussé l'homme du nord à creuser dans ses méninges pour survivre d'abord à un environnement hostile, ensuite le maîtriser par les techniques et les technologies. C'est cela que doivent comprendre les Afghans au lieu de continuer à s'entretuer.

–C'est difficile à réaliser n'est-ce pas ? Dit MarieAnne.

–Mon fils répète souvent que quand les gens se heurtent à un problème de l'environnement, qu'ils ne savent pas comment le résoudre, et se battent pour la survie, ils deviennent comme les animaux de la jungle. C'est un peu vrai.

–Notre jeunesse est partie au secours de votre pays et de votre peuple. La guerre que nos enfants mènent là-bas servira-t-elle à quelque chose, ou versent-ils leur sang pour rien ? Demanda encore Georgette.

–Je suis loin maintenant, répondit Samina. Il m'est difficile de mesurer l'impact de leurs actions. Mais le sang a suffisamment coulé. Il est temps d'explorer d'autres voies qui peuvent conduire à la paix, sinon la situation risque de s'embourber. Et puis, comme toujours, la violence appelle la violence. Elle doit céder la place au dialogue. Seul le dialogue désamorce les conflits et peut conduire à la paix. La force et la violence ne doivent être que des recours de courte durée, pour préparer la place au dialogue. Quand la force est bien utilisée, elle doit absolument préparer la place au dialogue, acheva Samina, avec beaucoup de tristesse. Georgette se tourna alors vers Yasmine qui, jusque-là, avait laissé la parole à sa belle-mère

–Votre mari se prépare à retourner là-bas, que va-t-il faire exactement ?

–Il va enseigner d'abord, c'est la demande qui a été adressée à l'université de Montréal.

–Et tu as décidé de l'accompagner ?

–Oui, pour l'aider à amortir le choc et visiter le pays à mon tour. J'en ai besoin.

–Vous arrive-t-il d'envisager un retour définitif ?

–Pour le moment non, mais on ne sait jamais. C'est plus sage de ne jamais dire jamais. Ce serait un gros sacrifice. Mais, si ce sacrifice peut servir à quelque chose, mon mari n'hésiterait certainement pas à offrir sa vie. Même des soldats étrangers acceptent d'y aller en sachant bien que le risque d'y laisser leur vie existe.

–La condition de la femme, est paraît-il, gravement en arrière. Une femme journaliste comme moi peut-elle faire quelque chose ? Demanda encore Marie-Anne.

–Il faudra que cela change aussi et les femmes doivent s'investir davantage. Pour vous parler franchement, il m'arrive de penser que l'une des raisons qui sont à l'origine des guerres qui secouent le monde islamique est le refus obstiné de l'émancipation de la femme. Et la guerre qui se déroule dans mon pays ne fait pas exception. La peur de perdre le contrôle de la vie des femmes, le désir de les maintenir dans un état de soumission, explique cet acharnement à bloquer par tous les moyens l'éducation des filles. Tout ce qui s'appelle promotion de la vertu, répression du vice, cela même qui constitue l'ossature des combats islamistes, tourne autour du maintien du statu quo de la condition de la femme. La guerre dirigée contre le monde occidental vise à éviter l'ouverture et la libération sociale de la femme. C'est une guerre de la femme et non des religions.

Or, tant qu'ils limiteront l'éducation de la femme, celle-ci ne sera pas en mesure de refuser la polygamie. Elle ne sera pas en mesure de planifier les naissances. Et l'explosion démographique qui pèse sur certains pays de la région constituera toujours une bombe pour la sécurité de ces pays mêmes et du monde.

La colère nourrie contre le monde occidental, en l'accusant d'être responsable de tous leurs malheurs, n'est qu'un leurre. Ils doivent investir dans le développement de la femme pour qu'elle puisse aider les hommes à limiter les naissances, qui constituent une menace grave contre la stabilité de la région.

–Dans cette perspective, les armées qui se battent là-bas ne mènent pas la vraie guerre, s'écria Georgette de plus en plus intriguée par les révélations de Yasmine. Et son instinct de femme lui disait que c'était terriblement vrai. Rien d'autre ne pourrait justifier le refus de l'éducation, que certains partis religieux et leurs partisans imposent aux femmes.

–Vous avez raison, ce n'est pas la vraie guerre.

C'est pourquoi les gigantesques moyens engagés produisent des résultats limités. La vraie guerre devrait être l'investissement massif dans l'éducation de tous les enfants et en particulier de toutes les jeunes filles. Malheureusement, cette éducation ne peut pas se faire sans la consolidation de l'économie dans son ensemble.

Notre pays sortira de cet obscurantisme le jour où nous aurons produit notre Indira Gandhi, ou notre Benazir Bhuto. La guerre sera longue, pour que les jeunes filles cessent d'être échangées comme des cadeaux ou gages d'alliance. Une fois de plus, tout passera par l'éducation. C'est pourquoi mon mari accepte d'aller enseigner aux jeunes afghans et de voir dans quelle mesure nous pourrons davantage contribuer.

–Que voulez-vous dire par échange de jeunes filles comme cadeaux ou gages d'alliances ? Demanda Georgette.

–Il arrive que deux seigneurs de guerre mariés et pères de plusieurs enfants, se donnent leurs filles en mariage l'un à l'autre, comme gage de fidélité et d'une amitié indéfectibles. La pureté des valeurs islamiques n'a quand même rien à voir avec ça, répondit Yasmine.

–Ainsi tu penses que la peur du changement et la perte de la domination de l'homme sur la femme sont à l'origine du radicalisme enveloppé sous une fausse couverture religieuse ? Reprit Georgette.

–Cela ne fait aucun doute. Même si plusieurs autres facteurs sont souvent mêlés et produisent une complexité indéchiffrable, ce qui est certain c'est que l'aspect religieux sert de prétexte et de moyen de mobilisation. Les vraies causes sont ailleurs.

–Et dans ce cas, l'engagement des troupes occidentales a peu de chances de produire les résultats escomptés, conclut Marie-Anne soudain pensive.

–C'est sûr que les objectifs et la stratégie doivent être réajustés en permanence.

–Dans combien de temps partirez-vous ? Demanda Georgette.

–Dans une semaine, répondit Yasmine.

–Et la vie au quotidien, est-ce que les gens ne manquent pas de quoi manger ?

–Pendant les quelques mois que nous passerons là-bas, nous vivrons comme tout le monde. Le pays ne manque pas de produits de base. Il est en plus réputé pour la qualité et l'abondance de ses fruits.

–Je me réjouis beaucoup de cette visite. Vous m'avez appris beaucoup sur ce pays auquel mon fils a offert sa vie, conclut Georgette.

–Nous vous remercions d'être venues. Nous vous adressons encore une fois nos condoléances, nous partageons votre douleur. Je connais la valeur d'un fils et je sais ce que signifie la perte d'un mari, leur dit Samina.

–Nous resterons en contact et si l'occasion se présente, je ferai une visite là-bas, déclara Marie-Anne en se levant pour partir.

–Tu seras la bienvenue. Il y aura de la place pour toi, notre peuple est connu pour son sens de l'hospitalité, assura Yasmine. On appela Omer qui jouait avec les enfants dans une autre pièce. Sa mère et sa grand-mère se dirigeaient déjà vers la porte.

–Est-ce que tu t'es bien amusé ? Demanda Marie-Anne à son fils.

–Oui, on s'est amusé beaucoup. Ils sont très gentils. Tu sais, même Nadia n'a pas peur des garçons, confia Omer à sa mère. Personne n'a pleuré, ajouta-t-il.

–Est-ce que tu les as invités à venir te rendre visite aussi ?

–Oui, ils ont dit qu'ils viendraient si leurs parents leur donnaient la permission et acceptaient de les emmener. Georgette apprécia cette visite et l'avoua à Marie-Anne.

–Ils sont sympathiques et intelligents, répondit-elle. Je me faisais une toute autre opinion. Je ne comprends toujours pas comment leur pays reste embourbé dans un conflit sans fin, au point d'y entraîner tout le monde et faire tant de victimes. Est-ce que tu parlais sérieusement en évoquant l'éventualité de faire une visite dans ce pays un jour ?

–J'y pense de plus en plus.

–Tu veux subir le sort de ton mari ? Sa mort ne suffit-elle pas ? Demanda Georgette.

–Je ne sais pas, je me sens étrangement attirée par le pays comme si je voulais comprendre le mystère de sa mort. Et puis le refus de Tobby de rentrer avec Robert et d'accompagner le corps de Bernard continue à m'intriguer. Pourquoi Tobby a-t-il refusé de rentrer ? Georgette préféra penser à autre chose. Elle n'aimait pas parler de la mort de son fils. Le sujet lui faisait trop mal. La voiture pénétrait déjà dans la cour des Dufourg.

–Vous n'avez pas besoin d'entrer je suppose ?

–Non, il est temps d'amener Omer se coucher, déclara Marie-Anne pressée de rentrer chez elle.

–Emmène-moi Omer le plus souvent possible, lui dit Georgette en embrassant son petit fils. Marie-Anne accepta en tournant la voiture.

Une semaine après la visite de Marie-Anne et de Georgette Dufourg chez les Moudjahid, l'équipe des professeurs qui devait se rendre en Afghanistan atterrit à Kaboul. Les professeurs arrivèrent à un moment particulièrement pénible pour les Forces de l'OTAN stationnées dans le pays car des attaques très meurtrières se multipliaient contre elles.

La veille de leur arrivée, le conducteur d'un véhicule bourré d'explosifs s'était jeté contre un convoi de la Force internationale. Il fit plus de quinze morts dont un colonel de l'armée Canadienne. A ce jour, c'était le militaire le plus haut gradé tué dans ce conflit. Pourtant, le Colonel Jonathan Perkins n'était pas un amateur. C'était un officier d'infanterie très compétent et respecté par ses compagnons d'armes. Il était considéré comme l'une des plus brillantes étoiles montantes de l'armée de terre. À seulement 43 ans, il était pressenti pour être rapidement promu au grade de Général de Brigade. Il se trouvait auprès du Commandement Général à Kaboul pour quelques semaines, afin de se familiariser avec le terrain et le contexte général des opérations. Après, il devait rejoindre la base de Kandahar dans le sud, où il devait exercer à un poste élevé de la direction des opérations. Le convoi militaire dont il faisait partie et qui fut attaqué ce jour-là, se rendait à la base principale des Forces internationales de Baghram au Nord de Kaboul. Le convoi n'était même pas encore sorti des quartiers périphériques de la capitale lorsque l'attaque se produisit. La surprise et la précision avec lesquelles l'opération des martyrs de la guerre sainte fut menée montraient sans nul doute que les insurgés disposaient d'informateurs très bien placés au sein des forces gouvernementales alliées aux troupes de l'armée internationale. La facilité avec laquelle les insurgés réussirent ce coup de tuer un futur commandant des opérations à Kandahar avant même qu'il n'ait eu le temps de quitter Kaboul, ne laissait aucun doute. Arrivé sur place depuis quelques semaines, le Colonel Perkins qui était un spécialiste du génie et de la contre-insurrection, était resté très discret. Très peu de gens étaient au courant de sa présence et de sa mission.

Pourtant, l'attaque à la voiture piégée visait spécialement le Colonel. L'auteur de l'attentat avait suivi le convoi en guettant le moment propice pour frapper, sans laisser la moindre chance de survie à la victime sélectivement ciblée.

Pour réussir leur coup avec une telle précision, les auteurs devaient être très bien renseignés. Le constat était extrêmement troublant et préoccupait l'état-major de la Force internationale. Partant de très haut niveau, une telle trahison était de nature à compromettre les chances de succès de toute la guerre en cours dans le pays. La base de la stratégie consistait à renforcer l'armée gouvernementale et les institutions de façon à leur donner la capacité d'assurer à moyen terme le maintien de l'ordre et le contrôle de la situation sur le terrain. Or, si les insurgés avaient réussi à infiltrer l'armée gouvernementale jusqu'à ce niveau, et à placer leurs complices à des postes-clés du renseignement, et probablement du commandement, les meilleurs stratèges des forces alliées risquaient de se heurter contre le mur et se casser la figure.

Le Colonel Perkins jouissait au sein de l'armée d'une répu-tation méritée d'homme rigoureux, strict devant l'ordre et les principes. Il n'acceptait jamais de compromis selon l'avis même des officiers qui l'avaient côtoyé depuis le début de sa carrière. En acceptant de l'envoyer en Afghanistan, l'état-major de l'armée Canadienne savait qu'il envoyait l'un de ses officiers les plus compétents. Ses supérieurs étaient loin de s'imaginer qu'il serait trahi et tué avant même d'avoir commencé sa mission. Cela risquait de peser lourd sur les décisions futures concernant l'avenir de la mission. C'est pourquoi les représentants des missions diplomatiques à Kaboul étaient de plus en plus sceptiques, et le temps pressait. Quels que soient les résultats atteints, certains pays avaient annoncé une date-butoir du retrait de leurs troupes. Tandis que d'autres, et parmi les plus engagés, avaient promis des résultats à leurs électeurs. Informés de toutes ces contraintes, les insurgés maniaient intelligemment la guerre d'usure. Ils calculaient bien leurs coups et frappaient avec précision aux endroits qui font le plus mal comme la capitale Kaboul, en sachant pertinemment que le temps travaillait en leur faveur contre leurs ennemis.

La stratégie des insurgés était clairement lisible. Elle consistait à asséner des coups meurtriers aux forces alliées là où elles s'y attendaient le moins, à les attirer loin de leur base pour les frapper encore, et à saper leur moral, ensuite à gagner du temps le plus possible. Plus la victoire sera longue à acquérir, plus l'héroïsme du vainqueur sera convaincant. Et dans ce jeu, les Afghans étaient devenus des maîtres. Telle était la conclusion à laquelle aboutissaient les analystes des missions étrangères présentes à Kaboul. Et les complicités dont bénéficiaient les insurgés aux seins de l'armée gouvernementale leur permettaient d'accéder aux informations essentielles, et de réussir des coups aussi douloureux et spectaculaires que la mort du Colonel Jonathan Perkins.

Ce fut dans ce climat de scepticisme et de désillusion que le professeur Moudjahid débarqua dans la capitale de son pays, qu'il avait quitté 33 ans avant. L'émotion était très forte. Même Yasmine était émue jusqu'au plus profond d'elle-même. Les professeurs visiteurs passèrent quelques jours à l'hôtel, avant d'emménager dans une villa louée par l'université. Les Moudjahid furent logés au Serena Hôtel, un établissement de la catégorie cinq étoiles inauguré en 2005 en plein Kaboul.

Accueilli par le vice-recteur chargé des questions académiques en même temps doyen de la faculté des Sciences Économiques, le professeur Moudjahid passa sa première soirée dans son pays depuis plus de trente ans avec ses frères afghans à boire du thé et à discuter de la situation générale. Il se retira ensuite pour aller se coucher vers 23 heures. À peine la porte de la chambre d'hôtel franchie, Yasmine se blottit dans la poitrine de son mari et le serra très fort. Elle ressentait dans le corps une intense agitation qu'elle n'avait pas connue depuis longtemps. Comme si c'était la première fois dans sa vie, elle fit l'amour avec une gourmandise au départ insatiable, et jouit avec une profonde satisfaction. Elle passa toute la journée du lendemain assoupie dans sa chambre, tandis que son mari se rendit sans tarder à l'université. Les cours commencèrent aussitôt. Abdullah fut sollicité pour dispenser tous les cours d'économie restés en suspens à la faculté. Avec toute l'expérience et tout le savoir glanés dans les auditoriums de la London School of Economics et de l'université McGill, auxquels s'ajoutait l'expérience pratique de la Banque mondiale, Abdullah Moudjahid fut éblouissant aux yeux de ses compatriotes. Maniant aussi bien la langue de Molière et de Shakespeare que son urdu-pashto natal, Moudjahid répondait aux attentes placées en lui. Même l'université Polytechnique de Kaboul le sollicita pour dispenser un cours d'économétrie à ses étudiants. Il accepta avec modestie. Il était venu pour donner le maximum à ses compatriotes après tant d'années d'absence. La popularité de son enseignement se répandit rapidement sur tout le territoire afghan. Le fils du Dr Ibrahim Moudjahid était revenu enseigner à l'université de Kaboul, entendait-on dans plusieurs campus du pays. Même les recteurs des universités de Kandahar et de Herat, les deux villes dans lesquelles son père avait travaillé, l'invitèrent à donner au moins une conférence à leurs étudiants. Le professeur Moudjahid accepta toutes ces sollicitations avec humilité. Il prenait l'avion le jeudi soir pour qu'il puisse assister à la prière du vendredi à la mosquée locale, avant de tenir sa conférence le lendemain matin.

À Kandahar, Abdullah Moudjahid fut accueilli avec ferveur. En sortant de la mosquée, un vieil infirmier se présenta à lui, le serra très fort dans ses bras en remerciant Allah et lui raconta qu'il avait travaillé avec son père à l'hôpital même de Kandahar. Certains employés et fonctionnaires de la ville vinrent assister à la conférence. Moudjahid avait le rare talent de simplifier l'économie et de ramener ses principes à la portée de l'homme ordinaire. Que ce soit au cours de l'exposé magistral devant les étudiants ou lors des débats, il puisait ses réponses dans le vécu quotidien. Ses missions au sein de la Banque mondiale lui fournissaient assez de matières pour enrichir ses exposés. De fait, il les avait effectuées dans différents pays pauvres, de ceux qu'on appelait pudiquement en voie de développement. À plusieurs reprises, l'université de Kaboul reçut l'invitation venue de plusieurs établissements supérieurs, qui lui demandaient de leur envoyer Abdullah Moudjahid, un fils du pays pour donner une conférence. De Kunduz dans le nord au Helmand au sud, en passant par Farah et Jalalabad jusqu'au fief pashtoune du Paktia, tout le monde voulait le professeur Moudjahid, comme s'il rendait aux Afghans leur fierté. Même les chefs religieux n'hésitaient pas à venir assister à l'une ou l'autre de ses conférences, en partie pour tester son attachement à l'Islam. Et ils étaient surpris de constater que leur fils, malgré les années passées dans des pays occidentaux, qu'ils traitaient d'infidèles et de corrompus, puisait toujours ses références dans le Coran, le Livre Sacré De Tous les Savoirs Vertueux pour appuyer ses théories économiques. Devant la popularité de ses cours et de ses conférences, l'université de Kaboul demanda au gouvernement de négocier avec l'université de Montréal, le prêt d'un an du professeur Moudjahid, avec option d'achat , suivant l'accord des parties. L'université de Montréal à laquelle Moudjahid était attaché n'y voyait aucune objection pourvu que la personne concernée soit d'accord, et que l'université de Kaboul soit en mesure de payer son salaire. C'est ainsi qu'un bon matin, le professeur Moudjahid se vit invité par le recteur de l'université qui lui fit officiellement la proposition d'un contrat d'un an moyennant ajustement salarial conséquent. Abdullah promit d'y réfléchir avant de donner sa réponse. Il se félicita d'être venu à Kaboul avec Yasmine. Il aurait été plus difficile de la consulter à distance, et de la convaincre du bien-fondé de la prolongation de son séjour. Maintenant qu'elle était là, les choses devenaient plus simples.

De retour à sa résidence, Abdullah trouva sa femme dans un état inhabituel. Elle lui confia qu'elle ressentait des malaises et une sensation bizarre dans le corps comme si elle était enceinte.

–Enceinte ? Demanda Abdullah avec surprise.

–J'ai l'impression, répondit Yasmine elle-même incrédule. À 48 ans Yasmine avait cessé de prendre des mesures contraceptives depuis deux ans. Elle se croyait ménopausée et se préparait à gérer les perturbations du corps qui accompagnent cette étape de la vie d'une femme.

–Ce serait merveilleux, s'exclama soudain Abdullah.

–Tu trouves ?

–Ce serait le plus beau cadeau qu'Allah puisse nous offrir sur le sol afghan. Une fois de plus, Yasmine s'abandonna dans ses bras et Moudjahid éprouva de nouveau un grand désir de sa femme. Il l'entraîna dans leur chambre et lui fit l'amour avec tant de douceur et d'abandon que Yasmine se sentit définitivement attachée à son sol natal. Elle avait l'impression de n'avoir jamais connu un bonheur aussi profond. Son mari choisit alors ce moment pour lui parler de la proposition faite par l'université de prolonger son séjour d'au moins un an, pour enseigner aux étudiants de son pays. Yasmine pleura de joie. Elle se sentit bénie d'Allah. Du fond d'elle-même, elle ne souhaitait pas retourner à Montréal montrer sa grossesse à sa fille et à sa belle-fille. Sa grossesse valait un si précieux trésor qu'elle tenait à la garder à l'abri des regards et des commentaires malveillants des voisins. En plus, elle voulait nourrir son enfant des fruits de la terre de son pays. Le lendemain, Abdullah donna son accord tout en remerciant l'université de Montréal d'avoir facilité temporairement cette mise à la disposition de son pays d'origine.

–Et si tout ce qui nous arrive traduit la volonté d'Allah ? Se demanda Abdullah. Dès ce jour, le couple Moudjahid se mit à la recherche d'une maison à acheter.

–À partir du moment où notre séjour se prolonge, nous ne pouvons pas rester à l'hôtel ou dans une maison de location, dit-il à sa femme. Il se renseigna auprès des collègues et des autorités. Il visita plusieurs quartiers. Il finit par trouver une maison qui lui plaisait dans le quartier de Murrad Khani. C'était un vieux mais toujours beau quartier résidentiel quoi-que délaissé et fortement abîmé par des années de guerre. La maison allait nécessiter quelques travaux de rénovation, mais le prix était raisonnable. Une fois rénovée et remise en état, la villa allait certainement retrouver sa splendeur. Yasmine tomba spontanément amoureuse de son jardin et des alentours de la propriété. En franchissant la porte d'entrée lors de sa premi-ère visite, elle se sentit comme chez elle. Le choix fut aussitôt fait. Il ne restait plus qu'à finaliser les détails de la vente et du transfert de propriété. La maison appartenait à une famille en difficulté financière, qui n'avait pas les moyens de l'entretenir et de l'équiper pour la mettre en location. Elle préférait la vendre pour éponger les dettes qui lui pesaient et acheter si possible, une autre maison plus petite dans un quartier moins dispen-dieux. Yasmine supervisa elle-même les travaux de rénovation tandis que son professeur de mari passait le plus clair de son temps à l'université. Trois mois plus tard, la maison fut inau-gurée en présence de quelques collègues, du Maire de Kaboul et des voisins de quartier.

Après l'attaque à la voiture piégée lancée contre le convoi de l'OTAN et au cours de laquelle le Colonel Jonathan Perkins fut tué, ainsi que plusieurs autres attaques au mortier, lancées contre les bases de Baghram au nord de Kaboul et contre la base de Kandahar au sud, l'etat-major général de la Force internationale exprima ses inquiétudes au gouvernement du Président Mohammadzaï Khan. Devant cette montée en puissance de l'insurrection, alors que les Forces internationales avaient été renforcées par l'arrivée de plusieurs milliers de soldats supplémentaires, le commandement de la Force internationale se rendait à l'évidence. Seul un gouvernement central fort serait capable de mettre fin à l'insurrection et de stabiliser le pays. Les forces extérieures, quels que soient leur nombre ou leur efficacité, ne pouvaient pas soumettre les montagnes rebelles. La résistance ne venait plus du sud du pays ou du seul Waziristân près de la frontière avec le Pakistan connu pour son bas niveau d'instruction et son impétuosité. Elle se généralisait du nord au sud. Elle touchait même les régions autrefois pacifiques et hostiles à tout extrémisme religieux comme Kunduz ou le Badakhshan, et même la province de lumière qu'était le Nuristan. Le président Mohammadzaï Khan se devait d'intervenir et faire preuve de plus d'efficacité, sans quoi les milliers de vies déjà sacrifiées sur le sol afghan l'auraient été pour rien. Suite à la pression de différents intervenants, le gouvernement convoqua à Kaboul une réunion de chefs tribaux et religieux, afin de réfléchir sur la voie à suivre pour mettre fin au terrorisme et à l'insurrection. À l'issue de quatre jours de discussions, le constat était amer. Les chefs tribaux dénoncèrent la corruption qui n'avait pas baissé, l'intimidation des fonctionnaires, l'assassinat des enseignants, l'intensification de la culture du pavot, et les seigneurs de guerre qui reprenaient du terrain pour défendre la sécurité de leur population, signe de l'affaiblissement de l'autorité centrale. Et tout cela renforçait la lutte de l'insurrection, la seule force qui se vantait de pouvoir restaurer la vertu dans le pays et éradiquer le vice dans la société. Pire encore, la présence des forces étrangères de surcroît impie, était devenue à son tour un motif légitime de se battre aux yeux des insurgés.

Pour l'insurrection, la présence des troupes étrangères et des mercenaires de tous genres, était la cause de tous les maux dont souffrait le pays. L'assemblée des chefs tribaux et religieux invita le gouvernement du président Mohammadzaï à accélérer le départ des troupes étrangères et le développement du pays car la misère sociale créait un terrain favorable à l'insurrection. Le jour de clôture des travaux de l'assemblée des chefs tribaux et religieux, plusieurs professeurs de l'université et des hauts fonctionnaires du gouvernement ainsi que du ministère de la défense assistèrent à la lecture des recommandations du communiqué final. Par le plus grand des hasards, Abdullah Moudjahid fut invité par le recteur de l'université à l'accompagner. Le professeur Moudjahid se retrouva assis à côté du ministre de l'intérieur Yussufzaï Habibullah et le gouverneur de Kaboul Barzaï Loghar, un cousin direct du Président Mohammadzaï. Après la lecture du communiqué final, le ministre de l'intérieur invita les trois hommes à sortir discrètement avant les autres. Habibullah leur donna rendez-vous au Kaboul Golf Club, pour discuter des conclusions de l'assemblée. Abdullah et le recteur de l'université prirent place dans le véhicule du gouverneur de Kaboul. Au moment d'entrer au Kaboul Golf Club, Moudjahid comprit qu'il était temps d'acheter sa propre voiture puisque les conditions de son séjour avaient changé.

Les quatre hommes s'installèrent dans un bungalow un peu en retrait pour que leur conversation ne soit pas entendue par une oreille indiscrète. Ils commandèrent du thé avant d'engager la discussion.

–Vous avez entendu les conclusions des chefs tribaux et religieux ? Commença Yussufzaï Habibullah, le ministre de l'intérieur.

–Oui, répondit aussitôt le recteur de l'université. Ils ont dénoncé la corruption qui n'a pas baissé, l'intimidation des fonctionnaires et les assassinats, la culture du pavot, ainsi que les seigneurs de guerre qui reprennent du terrain.

–Moi j'ai noté la misère et la pauvreté qui créent un terrain favorable au recrutement de l'insurrection, ajouta Abdullah.

–En tant qu'économiste et ancien de la Banque mondiale, tu es certainement sensible à ce genre de remarques, déclara le gouverneur de Kaboul en riant. Yussufzaï Habibullah se tourna alors vers Moudjahid et le regarda en face.

–Je ne connais pas bien cet homme, dit-il.

–C'est le Professeur Abdullah Moudjahid. Il est originaire d'ici, mais il vient de Montréal. Il nous a été prêté par l'université de Montréal. Il enseigne l'économie à l'Université de Kaboul et à l'Ecole Polytechnique. Habibullah le regarda.

–Son nom me dit quelque chose. Serait-il apparenté à la famille d'Ibrahim Moudjahid ?

–C'est mon père, répondit Abdullah. Et le ministre se leva pour le prendre de nouveau dans ses bras.

–Je te souhaite la bienvenue dans le pays et je suis content que tu aies accepté de venir enseigner aux enfants de ton pays.

–Ils sont comme mes enfants, répondit Abdullah.

–Je te remercie et nous sommes reconnaissants, ajouta le ministre qui avait connu le docteur Moudjahid. Revenons maintenant aux recommandations de l'assemblée.

–La corruption, nous pouvons la combattre. Mais la misère et la pauvreté, le faible niveau d'éducation qui est flagrant dans plusieurs provinces, la culture du pavot comme seule source de revenus, que pouvons-nous faire contre ces maux devenus chroniques dans ce pays ? Demanda le ministre de l'intérieur.

–Le remède est le même pour tous ces maux. C'est un même combat, déclara le recteur de l'université, un docteur en philosophie diplômé de l'université de Bologne en Italie qui enseigna pendant quelques années à l'université américaine du Caire, avant de rentrer dans son pays natal.

–C'est aussi mon avis, ajouta Abdullah. On ne peut pas traiter l'un sans l'autre.

–Et quel est le remède ? Demanda Habibullah.

–Le développement et la modernisation du pays, répondit spontanément le recteur.

–C'est ce que nous essayons de faire, gémit le ministre, mais les insurgés combattent le progrès. En brûlant les écoles, en assassinant les enseignants et les fonctionnaires, ils refusent le développement.

–Moi, j'ai l'impression que cette guerre n'est pas la nôtre, les Afghans manquent-ils de patriotisme à ce point ? Demanda Abdullah. Comment un Afghan peut-il détruire une école ? Sauf s'il le fait par jalousie, parce qu'il n'a pas étudié, et que personne dans sa famille n'a étudié. Sinon, je continue à penser que cette guerre n'est pas la nôtre.

–De qui viendrait-elle alors ? Demanda le gouverneur.

–Visiblement elle vient du dehors. Ses promoteurs cherchent à l'imposer à notre peuple. Ils ont trouvé un terrain favorable dans notre pays, mais cette guerre n'est pas la nôtre. Il faut dire la vérité aux Afghans, les amener à regarder la vérité en face. Ils sont manipulés et instrumentalisés.

Le ministre le regarda, étonné par cette nouvelle approche.

–Que voulez-vous dire par les promoteurs qui cherchent à l'imposer à notre peuple ?

–Je répète, les promoteurs de cette guerre ont trouvé un terrain favorable chez nous. Il est temps de repenser à tout le contexte de cette guerre. Après le départ des Soviétiques à la fin des années 1980, notre pays aurait dû connaître la paix. Ce ne fut pas le cas. La faute incombe au leadership politique et militaire. Pourquoi l'armée n'a-t-elle pas pris ses responsabilités pour ramener le calme dans le pays. Pourquoi l'armée a-t-elle abandonné le pays et le peuple entre les mains des aventuriers venus d'un peu partout dans le monde ? En répondant à ces questions, vous trouverez la voie qui doit mettre fin à la guerre. Je suis convaincu que ce ne sont pas les bonnes solutions qui ont été appliquées jusqu'à ce jour. Il y a quelque chose qui cloche.

–Que voulez-vous dire Professeur Moudjahid ? C'est important ce que vous dites, essayez d'être plus clair car nous devons explorer toutes les possibilités, insista le gouverneur.

–Je veux dire que ceux qui ont créé une organisation qu'ils ont appelé « La base », une sorte de fédération des milliers de combattants venus de plusieurs pays musulmans en quête d'aventures, doivent retourner chez eux. Ce ne sont quand même pas des Afghans qui ont créé une telle organisation. Si notre pays doit servir de base à quelque chose, il sera la base d'un développement industriel, du rayonnement de la paix et de l'espoir, et non la base de la violence. Et puis, ces aventuriers étaient eux-mêmes manipulés par ceux qui continuent à recruter et à entraîner les combattants et à fournir la logistique de l'insurrection. Les promoteurs de cette guerre se servent de notre pays pour créer un marché de leurs usines d'armement, ou comme le déversoir de leurs problèmes sociaux. Nous devons dire la vérité à notre peuple. Nous devons mettre fin à cette guerre pour investir nos forces dans le développement véritable et durable, au lieu de gaspiller nos efforts et la vie de nos enfants.

–C'est grave ce que vous dites, Professeur Moudjahid, cela mérite effectivement qu'on y réfléchisse, mais comment faire passer le message ? Demanda le ministre de l'intérieur.

–Il est clair que cette guerre vient de l'extérieur et ne cherche pas à servir les intérêts de l'Afghanistan. D'abord, les Afghans ne sont pas des terroristes. Nous avons nos défauts, mais nous ne sommes pas des terroristes. Parmi tous les attentats terroristes qui ont été répertoriés dans le monde, aucun citoyen afghan n'a été impliqué. C'est un signe éloquent. Nous ne pouvons pas continuer à prêter notre pays aux anarchistes qui veulent détruire notre pays pour servir des intérêts extérieurs. C'est ce que nous devons dire aux Afghans.

–Professeur Moudjahid, vous y croyez avec force, vous soulevez un aspect nouveau dans ce conflit, vous devez le clarifier, suggéra le gouverneur Barzaï Loghar.

–Tous nos voisins sont entrés dans l'ère atomique, reprit Moudjahid. Ils sont en train d'envoyer des satellites dans l'espace. Ils se sont dotés des moyens de défense les plus dissuasifs. Leur territoire est inviolable. Ils viennent laver leur linge sale dans notre pays. C'est une honte. Cela ne doit pas continuer. C'est à se demander si ce pays a un jour produit des hommes d'honneur. Nous devons sauver la survie et l'honneur de la patrie. Le gouverneur de Kaboul le regarda longuement dans les yeux. Il reconnaissait le fils du docteur Moudjahid. Quoique médecin, il avait la réputation d'être un homme intègre aux sentiments patriotiques les plus nobles. Le ministre de l'intérieur reconnaissait à son tour un fils du pays, que les années d'exil n'ont en rien altéré. Il retrouvait en lui tout l'orgueil et l'impétuosité de son peuple, connu pour être indomptable.

–Cette guerre n'est pas à nous, reprit le recteur de l'université avec un sourire. Il était surpris de découvrir cette autre face du professeur Moudjahid. Si cette flamme révolutionnaire illuminait ses cours d'économie, il ne laissait rien paraître de ses convictions politiques pendant son enseignement.

–Comment faire pour renvoyer cette guerre d'où elle est venue ? Demanda le recteur.

–Il appartient aux stratèges du gouvernement et du Ministère de la défense de répondre à cette question. Nous ne sommes que des enseignants. Ce n'est pas notre rôle de concevoir des plans de résolution du conflit. Nous sommes mal placés.

–Excusez-moi, vous m'avez dit que le professeur Moudjahid enseigne l'économie ou les sciences politiques ? Demanda le ministre de l'intérieur.

–J'enseigne l'économie, dit-il. C'est ce que j'ai appris, mais c'est la politique qui prépare le terrain de l'économie. Sans une politique efficace, l'économie a du mal à s'organiser quoique l'inverse soit aussi vrai. Sans une économie qui marche, la politique cesse d'être crédible, car c'est l'économie qui nourrit les gens. C'est comme les deux jambes d'un même corps. L'une a besoin de l'autre pour marcher. C'est pourquoi la misère et la pauvreté créent un terrain plus favorable à l'insurrection, pour revenir aux recommandations de l'assemblée des chefs tribaux.

–Le professeur Moudjahid a raison sur plusieurs points, reconnut le recteur. Le seul apport de la société afghane dans cette guerre c'est le conservatisme de notre peuple. Son attachement atavique à certaines valeurs jugées essentielles, alors qu'elles sont dépassées.

C'est le résultat de notre histoire, de notre passé, de notre enclavement géographique et de notre manque d'ouverture sur le monde. La modernisation de notre pays s'accompagnera d'une ouverture sur le monde, en essayant de sauvegarder nos valeurs et notre identité. Comme le professeur Moudjahid l'a dit, il est temps de sortir de cette anarchie et mettre fin à la guerre. En partie, la responsabilité incombe à ceux qui ont amputé notre pays de ses territoires qui lui donnaient accès à la mer d'Oman et au Golfe d'Arabie. Mais cela fait partie de ce passé. Nous ne pouvons pas refaire l'histoire ou rester prisonniers du passé, mais nous pouvons écrire une autre page d'histoire.

–En bref, les recommandations des chefs tribaux et religieux vous paraissent fondées ? Demanda le ministre de l'intérieur.

–En partie oui mais la solution est plus technique. Il faudra bousculer certaines habitudes, changer de méthodes, recourir à une nouvelle approche pour vaincre des résistances, et cela se fera parfois dans la douleur.

–Quelles sont les habitudes qui devront être changées par exemple ? Demanda Barzaï.

–Par exemple la polygamie, c'est une pratique qu'il faudra abandonner. Il faudra oser en parler, montrer ses avantages et ses inconvénients dans une société moderne.

–Elle est admise par le Coran et le Prophète l'a autorisée.

–Je suis parfaitement d'accord Monsieur le ministre, mais à l'époque du Prophète, la plupart des pays qui ont embrassé l'Islam avaient encore besoin de multiplier les naissances pour renforcer la communauté des croyants. Le Désert d'Arabie, l'environnement immédiat du Prophète, était encore inhabité. Ce n'est plus le cas aujourd'hui. De nombreux pays musulmans font face à une forte explosion démographique qu'ils sont incapables de gérer pour assurer le bien-être, l'harmonie et la stabilité sociale. C'est un aspect économique important. Cela fait partie de la vérité qu'il faut oser regarder en face et la dire à haute voix. Et puis, quand on voit la haine, la jalousie et les assassinats qui ont marqué l'histoire de nombreux pays musulmans y compris le nôtre, ils viennent de quelque part. Les enfants qui naissent d'un même père et de mères rivales n'apprennent pas à s'aimer. Ils sont plus exposés à la jalousie et à la haine, qu'ils cachent soigneusement dans leur cœur, avec de sérieuses séquelles.

–C'est vrai que si la modernisation de notre pays doit bousculer de telles pratiques, les résistances ne manqueront pas, reconnut le gouverneur de Kaboul.

–C'est pourquoi il faudra beaucoup de tact et de savoir-faire de la part du leadership, ajouta Moudjahid.

–Professeur Moudjahid, serais-tu prêt à nous rejoindre dans l'administration de ton pays et renoncer au confort occidental, afin de partager le vécu quotidien de ton peuple ? Demanda le ministre de l'intérieur.

–Je suis déjà là. Je viens d'accepter de rester toute une année. C'est la seule offre qui m'a été faite et je suis heureux de pouvoir partager ce que j'ai acquis, dit-il.

–Mes chers amis, nous avons discuté comme des hommes responsables, déclara Habibullah. Le pays traverse une période critique de son histoire qui requiert l'engagement de tous. Je vous remercie pour votre compagnie de ce soir. Je demanderai au gouverneur d'organiser de nouvelles rencontres comme celle-ci pour qu'on puisse échanger. De tout ce que nous avons dit, je retiens une chose, c'est que cette guerre n'est pas la nôtre et qu'il faut sortir de cette anarchie. Les quatre hommes se levèrent pour partir. Moudjahid monta dans la voiture du gouverneur qui le déposa chez lui. Mais il avait pris la décision d'acheter son propre véhicule dans les meilleurs délais.

Arrivé chez lui, Abdullah fut accueilli par une Yasmine particulièrement joyeuse. Elle revenait de la clinique universitaire et le Dr Farhat Mahmand avait confirmé sa grossesse. Elle se sentait profondément heureuse. Son mari appela immédiatement un taxi et l'amena dîner au Serena Hôtel, là où l'enfant avait été conçu, pour fêter l'événement.

–Tu as eu une excellente idée, lui dit-elle une fois le repas servi. J'étais tellement fatigué que je ne voulais pas faire la cuisine. Pourtant, j'avais une faim de loup.

–J'imagine que les démarches de la journée ont été fatigantes pour toi, une consultation médicale est parfois un moment stressant, répondit Abdullah.

–C'est tout à fait exact.

–Tu n'as pas cherché à connaître le sexe de l'enfant ?

–Non, je n'aime pas brûler les étapes. J'aime mieux attendre. Quand le moment de préparer les vêtements du bébé arrivera, l'échographie sera faite, ajouta-t-elle.

–Garçon ou fille, il sera le bienvenu et nous l'aimerons de la même façon.

–Si c'est une fille je l'appellerai Amal, dit-elle. Si c'est un garçon, tu choisiras son prénom. Est-ce que tu as déjà une idée ? Demanda Yasmine. Son mari sourit.

–Je n'y ai pas encore pensé, mais les prénoms ne manquent pas, dit-il.

–Quel est le premier qui te vient à l'esprit ? Demanda-t-elle.

Abdullah parut réfléchir. Sa femme avait le talent de le surprendre toujours.

–Pourquoi pas Mehdi ou Habibullah, le bien-aimé d'Allah.

–Je préfèrerai Mehdi, c'est plus court.

Ils mangèrent ensuite de bon appétit. Et puis, Abdullah lui parla de l'assemblée des chefs tribaux et religieux suivie par la discussion qu'il avait eue avec le ministre de l'intérieur et le gouverneur de Kaboul en présence du recteur. Depuis les premières années de leur mariage, Abdullah avait pris l'habitude de partager tous les événements de sa vie avec sa femme.

Il n'eut jamais à le regretter. L'intuition de sa femme pouvait le prévenir d'un danger, à condition de l'informer.

–Le gouverneur a été obligé de me conduire jusqu'à la maison. J'ai compris à quel point nous avons besoin de notre propre véhicule. Maintenant que les conditions de notre séjour ont changé, nous devons acheter un véhicule en urgence, conclut-il.

–Tu as tout à fait raison. Dans combien de temps pourrons-nous l'acheter ? Demanda Yasmine.

–Dès demain, nous n'avons plus le droit d'attendre. Et puis, avec ta jeune grossesse, j'ai l'obligation de prendre soin de toi n'est-ce pas ?

–Ce sera ta voiture ou la mienne ? Demanda Yasmine.

–Je te laisse le choix.

–J'aime mieux que ce soit ta voiture, comme ça je profiterai au maximum de tes services, et on ne fera pas de jaloux, déclara Yasmine.

–Mais, le moment viendra où tu devras disposer de ta propre voiture, déclara son mari.

–Je le crois aussi, avec les projets qui sont devant nous, il le faudra un jour.

La discussion glissa ensuite sur le Kaboul d'autrefois, c'est-à-dire sur le passé de leur pays et les années de leur jeunesse.

Dans une villa située au nord-est de la ville, dans la zone dénommée Wazir Akbar Khan non loin de l'ambassade des États-unis qui n'était qu'à quelques centaines de mètres de la Radio Nationale Afghane, le ministre de l'intérieur Yussufzaï Habibullah s'entretenait en privé avec le gouverneur de Kaboul Barzaï Loghar. Ils s'étaient de nouveau donné rendez-vous pour évoquer le cas du fils d'Ibrahim Moudjahid après la discussion qu'ils avaient eue au Kaboul Golf Club.

–Que pensez-vous du Professeur Moudjahid ? Demanda Habibullah au gouverneur.

–Il ne manque pas d'idées et il a le courage de dire ce qu'il pense.

–Il m'a fait une bonne impression, déclara Habibullah.

–À l'université, les étudiants le tiennent en haute estime d'après les rapports qui me parviennent. C'est pourquoi le ministre de l'éducation a demandé à l'université de Montréal de nous le prêter pour un an, avec option de permanence, dit le gouverneur.

–Nous ferons tout pour le garder le plus longtemps possible. Pensez-vous qu'il est temps de le présenter au président ? Demanda encore le ministre de l'intérieur.

–Ce serait une excellente idée de l'associer au groupe restreint des conseillers du président, reconnut le gouverneur.

–C'est vrai qu'il a besoin d'hommes nouveaux capables de lui apporter de nouvelles idées. Nous préparons le plan de sortie de guerre qui doit mettre fin au conflit en cours et jusqu'ici, nous manquons de plan tactique solide susceptible de convaincre nos différents partenaires, de ramener la paix et de permettre le retrait des troupes étrangères.

–Il faudra absolument parler de lui au président, reconnut le gouverneur qui était un cousin et un fidèle parmi les fidèles du Président Mohammadzaï Khan.

Barzaï Loghar savait aussi que le président se trouvait au creux de la vague. Sa côte de popularité était fortement en baisse. Son gouvernement se montrait incapable de mettre fin à l'insurrection et de pacifier le pays depuis les dix ans de guerre malgré un appui massif de la communauté internationale. Même lui Barzaï Loghar, devenait de plus en plus incapable de garantir la sécurité de la province de Kaboul.

–Je vais lui donner un rendez-vous dans mon bureau, poursuivit le gouverneur. Nous ferons le tour d'horizon de la situation pour savoir s'il a véritablement quelque chose dans la tête, ensuite on verra.

–Est-ce que le service des renseignements généraux a déjà un dossier sur lui ? Demanda encore le ministre.

–Nos agents qui le suivent à l'université fournissent des rapports très positifs sur lui. Depuis son départ du pays en 1979, ses études à la London School of Economics et au Canada, son travail à la Banque mondiale, son retour à l'université de Montréal, tout est clair. Partout où il est passé, il a fait un bon travail et il a laissé une bonne impression.

Je crois même qu'il n'a pas encore donné la pleine mesure de son talent. Il a toujours fait honneur à la grandeur de notre Peuple, et il n'a jamais perdu son identité.

–Et sa famille ? Demanda Habibullah.

–Comme tu le sais, son père le docteur Ibrahim Moudjahid, était un pashtoun de Ghaznî qui a grandi ici à Kaboul. Sa mère, encore en vie, est d'origine tadjike. Elle vient d'une grande famille de Kunduz. Sa femme est originaire de Farah, au sud de Herat.

–Sait-on quelque chose de ses enfants, des ivrognes ou drogués ?

–Il n'a que trois enfants, deux garçons et une fille. Ils ont tous terminé des études universitaires, sauf la fille qui est encore à l'université. Ils sont à l'abri du besoin. Il a, paraît-il, assez de biens pour subvenir largement à ses besoins.

–Il reste à vérifier s'il est cohérent dans ses idées, s'il peut apporter quelque chose au Comité des conseillers du président pour l'élaboration du Plan de paix. Nous devons commencer dès demain à nous pencher sur l'exploitation des recommandations de l'Assemblée des Chefs Tribaux. Mais comme tu le sais, cela n'est en réalité qu'une sorte de sondage d'opinion populaire, juste pour avoir des informations et donner aux représentants de la masse le sentiment d'avoir été consultés.

–Mais dans ses grandes lignes, le Plan de paix devra s'en inspirer et faire référence à ces recommandations pour mieux convaincre, souligna le gouverneur Barzaï Loghar.

–Tout à fait, mais comme l'a dit Moudjahid, la conception et la mise en œuvre du plan de paix doivent être plus techniques. C'est pourquoi j'ai besoin d'entendre son point de vue de façon plus détaillée. Nos partenaires sont impatients. Ils veulent se retirer de cette guerre qui a trop duré. Tout le monde en est fatigué, conclut le ministre.

–Personne n'a intérêt à la voir se prolonger, reconnut le gouverneur. Espérons que nous obtiendrons quelque chose de lui. Les deux hommes politiques se séparèrent, heureux d'avoir une idée nouvelle à soumettre au Président Mohammadzaï. Si on tirait quelque chose du professeur Moudjahid, une partie du mérite leur reviendrait.

Le lendemain matin, Abdullah téléphona à un concessionnaire automobile et s'informa sur les modèles disponibles. Son choix se porta sur une jeep Toyota Land Cruiser tout terrain. Ce modèle avait acquis la réputation d'être robuste, adapté aux reliefs montagneux et aux routes souvent mal entretenues comme celles de son pays. Après ses cours à l'université, il passa chez lui prendre sa femme, avant de se rendre chez le concessionnaire Toyota près de Pashtounistan Square au centre-ville.

–Voici ton premier cadeau depuis notre retour au pays, dit-il à sa femme en lui tendant les clés de contact. Je voudrais te voir conduire dans les rues de Kaboul. Et puis, j'ai changé d'avis, c'est ton véhicule, moi j'attendrai. Yasmine, toute heureuse, s'installa derrière le volant de la Land Cruiser, écrasa l'accélérateur et rentra à la maison.

Yasmine avait obtenu son permis de conduire à l'âge de 24 ans, juste après la naissance de son deuxième fils. Depuis lors, elle conduisit sa propre voiture. En se garant devant leur maison dans le quartier de Murrad Khani, elle eut le pressentiment d'être rentrée définitivement dans son pays.

Pour le professeur Moudjahid, le fait d'habiter dans leur propre maison lui était bénéfique à plusieurs égards. Il disposait désormais d'assez d'espace et pouvait travailler à son aise. Quoique tous les équipements ne fussent pas encore installés, du moins avait-il un bureau de travail. Il eut subitement envie de voir sa famille réunie autour de lui, sans toutefois s'accrocher à cette idée. Il savait d'emblée que ce ne serait plus possible. Pendant que Yasmine était occupée à ranger ses affaires, Abdullah s'installa dans son bureau pour réfléchir et faire le point de la situation en cours. Le ministre de l'intérieur lui avait lancé une sorte défi en lui demandant s'il était prêt à rejoindre l'administration de son pays et renoncer au confort occidental. Était-il réellement prêt à investir dans son pays et surtout, à s'investir personnellement après ce qui est arrivé à son père ? Était-il prêt à oublier, à pardonner, à revenir et s'installer pour tenter d'aider son pays à sortir de cette malheureuse et honteuse malédiction ? La réponse s'imposa à lui. Oui, il était prêt. Son pays a été détruit par des hommes. Seuls des hommes peuvent de nouveau le reconstruire. Si les étrangers étaient en train de mourir sur le sol afghan pour que son pays puisse sortir de ce conflit qui ne dit pas son nom, lui, Abdullah Moudjahid, en tant que fils de ce pays, avait-il le droit de se dérober et de fuir le combat ? N'était-il pas de son devoir de s'installer et de se battre aux côtés de ses frères, pour tenter de changer le cours de l'histoire ? Une fois de plus la réponse s'imposa à lui. Il avait l'obligation d'associer ses efforts à ceux des autres pour engager la vraie guerre et se battre pour la gagner. Si son pays s'enfonçait dans l'anarchie et une lente destruction, la faute incombait d'abord aux Afghans eux-mêmes qui, aux différents moments de leur histoire, n'ont pas su assumer leurs responsabilités, prendre de bonnes décisions, faire de bons choix et conduire le pays dans la bonne direction. Diriger un pays, c'est comme conduire une voiture sur un terrain glissant. Il faut chaque fois prendre de bonnes décisions et les prendre à temps, engager la bonne vitesse au moment qu'il faut, tout en veillant sur les moindres détails de la circulation. Les dirigeants de son pays, à plusieurs moments de l'histoire de la nation, n'avaient pas su prendre de bonnes décisions. Ils avaient fait de mauvais choix. Dans ces conditions, ai-je encore le droit de vivre sous la protection du confort occidental alors que mes compatriotes s'enfoncent dans la misère ? Se demanda-t-il. Ma vie canadienne a-t-elle encore un sens ? A-t-elle encore une raison d'être ? Ma responsabilité n'est-elle pas de rester auprès de mon peuple quel que soit le prix à payer ? À quoi servirait ma vie si je la sauve en perdant des milliers de mes compatriotes, alors que je pourrai peut-être en sauver quelques-uns ? Pourquoi Bernard Dufourg est-il venu mourir ici ? Pourquoi le Colonel Jonathan Perkins est-il mort si ce n'est pour l'idéal de la liberté, de la paix, du développement et de la démocratie ? Abdullah Moudjahid fut subitement convaincu que son exil était terminé.

Pour le meilleur ou pour le pire, il était rentré. Même s'il devait offrir sa vie en martyr, il était prêt. En bon musulman et croyant, il n'avait pas peur de la mort. Il ne la recherchait certes pas, mais il ne la craignait pas non plus s'il s'agissait de mourir pour une bonne cause. Mais, il faut absolument que ce soit pour une bonne cause, pour la victoire de la liberté, du développement et du bien-être de son peuple. Pour cet idéal-là, il était prêt à payer n'importe quel prix.

Moudjahid n'entendait pas offrir sa vie en martyr, comme ceux qui se laissent volontairement engloutir dans les attentats à la bombe, en s'auto-proclamant combattants et martyrs d'une guerre sainte. Non, pour lui la guerre sainte avait un autre sens. La guerre sainte devra délivrer son peuple de la misère. Ce sera une guerre sans haine et sans violence, une guerre vraiment sainte. S'il doit haïr quelque chose, il haïra la pauvreté qui condamne son peuple à vivre dans l'humiliation et dans la mendicité. Sa haine ne sera dirigée ni contre les Afghans qui qu'ils soient, ni contre les Américains, ni contre les Chrétiens, ni contre les Juifs. Il connaissait les bourreaux de son père, mais il n'était pas rentré pour la vengeance. À quoi lui servirait-elle, sinon à élargir le cercle de ses ennemis et à creuser sa propre tombe ? Le combat à mener sera à la fois dirigé contre la pauvreté et contre la haine. Telle était pour lui la vraie guerre. Il savait par expérience, que la haine n'apporte rien au cœur de l'homme. Combattre la haine fera partie de sa guerre.

Le développement de l'homme ne peut pas cohabiter avec la haine de l'autre. La haine détourne une grande partie de l'énergie. Pour réussir la guerre du développement, l'homme a besoin de concentrer son énergie sur des objectifs positifs. Il a besoin d'harmonie. L'intelligence ne peut s'exprimer que dans la sérénité. La haine chasse l'harmonie et devient un frein au développement. Et le saint Coran ne prêche pas la haine.

Au contraire, il recommande la tolérance, la fraternité et l'amour. Mes frères afghans doivent s'inspirer de l'exemple de leur voisin indien Mahatma Gandhi. Il n'aurait jamais réussi à obtenir l'indépendance de son pays par la violence. Le pasteur Martin Luther King n'aurait pas ébranlé les piliers de la ségrégation raciale dans son pays par la violence. Nelson Mandela n'a pas réussi à faire plier les défenseurs de l'apartheid par la violence. Abdullah Moudjahid nota rapidement ses conclusions dans son journal et se mit ensuite à préparer son cours du lendemain.

Même s'il enseignait l'économie depuis quelques années, il avait toujours besoin de préparer pour adapter le cours aux différents niveaux des étudiants.

À côté du plan de cours, Moudjahid se mit à réfléchir aussi sur son futur plan de bataille, destiné à ramener la paix dans son pays, à vaincre la haine et la pauvreté et à surmonter les défis naturels liés au relief montagneux de son pays.

Sans soumettre la montagne, sans vaincre les défis de l'environnement, il sera difficile de vaincre la pauvreté et d'asseoir la paix dans la vallée de l'Hindou Koush. Son combat devra aussi soumettre la montagne. Elle n'est rebelle qu'en apparence. La montagne afghane est généreuse. Elle est riche de ses trésors. Elle souffre à son tour, car elle attend de pouvoir s'offrir à qui voudra la prendre. Ses soubresauts et ses tremblements expriment les douleurs de l'enfantement. Elle nous tend les bras. Elle attend depuis toujours que les Afghans se lancent à son assaut pour la faire accoucher. La science et la technologie qui ont conduit l'homme sur la lune soumettront la montagne afghane, conclut Moudjahid.

C'est seulement à partir de ce jour que nous pourrons proclamer victoire contre ceux qui ont privé mon peuple de ses droits de pouvoir se baigner dans les eaux de l'Indus ou de puiser les eaux du Gange pour arroser nos champs. Il n'y a plus de temps à perdre, conclut Moudjahid en fermant ses notes pour rejoindre sa femme.

Assise autour de la table à manger, une tasse de thé à la main, Yasmine regarda tendrement son mari droit dans les yeux à la manière occidentale. Elle avait mis du temps avant d'adopter cette façon de regarder son interlocuteur droit dans les yeux. Mais elle finit par s'y habituer, quoique ce comportement fût contraire aux usages de la femme musulmane. Depuis leur retour à Kaboul, Yasmine avait le sentiment d'être redevenue une autre personne, celle qu'elle avait cessé d'être depuis très longtemps. Elle se sentait plus vraie, plus authentique, pleinement elle-même. Chose étrange, elle retrouvait ce bonheur profond que les années d'errance dans les grandes villes nord-américaines, de Londres à Washington, de Toronto à Montréal, avaient chassé de son cœur. Essentiellement formé de fruits riches et variés, son régime alimentaire produisait un effet sensible sur son état de santé. Depuis qu'elle avait emménagé dans leur propre maison de Murrad Khani, l'idée de réaliser d'autres projets ne la quittait pas. C'est de ce sujet qu'elle voulait discuter avec son mari. En voyant le regard insistant de sa femme, Abdullah comprit que quelque chose trottait dans sa tête.

–Tu veux me dire quelque chose ? Lui demanda-t-il.

–Oui, maintenant que nous sommes de retour, que nous sommes de plus en plus décidés à nous installer, il va falloir faire des projets, non seulement pour avoir de quoi vivre, mais aussi pour renforcer l'économie, créer des richesses et donner du travail aux gens.

–J'ai eu l'idée d'acheter un terrain en ville pour construire un immeuble commercial, répondit Moudjahid. Nos économies suffiraient pour ce projet avant de nous adresser aux banques, ajouta-t-il.

–Même créer notre propre banque, suggéra Yasmine.

–En effet, cet immeuble commercial pourrait abriter une banque, reconnut Moudjahid. Il y a longtemps que je caresse cette idée. C'est peut-être le moment de la concrétiser.

–D'après les informations que j'ai, selon les maçons qui ont rénové cette maison, le ciment coûte très cher. Il vient presque en totalité des pays voisins, de Karachi ou d'Islamabad. La vieille cimenterie de Parwan, construite par les soviétiques dans les années 1960, a été endommagée par les années de guerre. Elle fonctionne mal. Sa production intermittente ne répond plus aux besoins d'un pays en reconstruction.

–Tu veux dire qu'avant de nous lancer dans la construction de l'immeuble commercial, nous devrions d'abord créer une unité de production de ciment ici même ?

–Exactement. Ce serait la meilleure solution, et le projet serait rentable. Nous serons nous-mêmes parmi les premiers clients de l'usine.

–L'idée est géniale. Je n'y avais pas encore pensé, mais puisque tu le dis, je te crois. En effet, il croyait ce que disait sa femme. N'avait-elle pas travaillé pendant plus de vingt ans dans le secteur bancaire depuis la fin de ses études en administration des affaires ?

–Et tu n'aurais plus besoin de demander du travail au gouvernement Mohammadzaï, tu aurais créé ton propre emploi, déclara Moudjahid à sa femme.

–Je n'ai pas l'intention de demander du travail à qui que ce soit, dit-elle. Nous devons plutôt créer du travail pour les jeunes afghans. C'est notre rôle maintenant si nous voulons que ce pays soit en paix, car la paix se paie. La sécurité s'achète. Elle n'est jamais gratuite ou offerte sur un plateau. Elle a un prix, conclut-elle. Abdullah caressa doucement les cheveux de sa femme.

–Tu as parfaitement raison, dit-il tendrement.

–Pourquoi les pays occidentaux payent-ils leurs chômeurs et financent-ils le bien-être social ? C'est pour acheter la sécurité n'est-ce pas ? Personne n'ira voler ou tuer tant qu'il a de quoi payer son logement ou nourrir son enfant. La sécurité a un prix, reprit-elle.

–Tu as raison sur toute la ligne, reconnut Abdullah en l'entourant de son bras.

–Ainsi, d'après toi, on doit commencer par monter le projet d'une usine de production de ciment avant la construction de l'immeuble ?

–Ce serait plus rentable. Nous créons du travail, nous sta-
bilisons les prix, nous réduisons l'hémorragie des ressources
du pays vers l'extérieur, et nous serons les premiers clients de
l'usine, conclut Yasmine sûre d'elle-même. Moudjahid éclata de
rire devant la logique implacable de sa femme. Yasmine avait
un incroyable sens des affaires. Dans le domaine théorique,
son mari était le maître. Dès qu'il s'agissait de mettre les choses
en pratique, il n'hésitait pas à consulter sa femme. Et son instinct les avait toujours bien guidés. Le projet d'achat à crédit de
l'immeuble qui devait leur rapporter environ un demi-million
de dollars chaque année, c'était elle. Si, aujourd'hui, elle parlait du montage d'une usine de production de ciment avant la
construction d'un immeuble de bureaux, c'est que le projet était
faisable et rentable.

–Je suis d'accord, nous allons approfondir le projet dès maintenant, réfléchir sur l'emplacement et le coût de réalisation.
Peut-être que le projet pourrait même intéresser notre ami
Robert de Montréal. Les cimenteries Dufourg pourraient
s'associer au projet et nous apporter leur expérience.

–Pourquoi pas ? Mais ce n'est pas l'expertise qui manque dans
la région. Les Canadiens rechignent à aller investir ailleurs.
Leur pays a les dimensions d'un continent, et le gigantesque
marché intérieur n'incite pas à aller chercher ailleurs, sauf pour
vendre leur production. Il n'y a que quelques rares domaines
comme les mines qui les intéressent.

Si tu fais un coup de téléphone à Pékin ou à New Delhi, la
cimenterie sera opérationnelle en une semaine, conclut Yasmine qui visiblement avait déjà mûri le projet en elle.

–C'est trop beau pour être vrai. Nous sommes sûrs de la rentabilité du projet, voyons maintenant les obstacles qui peuvent
se dresser sur notre route, demanda Abdullah.

–Les ennemis extérieurs qui redoutent la concurrence, qui ne
souhaitent pas voir notre pays sortir de l'anarchie, qui veulent
continuer à pêcher dans les eaux troubles. Ceux-là mêmes qui

veulent continuer à piller nos ressources et demeurer les seuls fournisseurs des biens et services. Pour atteindre leurs objectifs, ils entretiennent la guerre et les tensions tribales en alimentant le brasier et en entraînant les combattants insurgés.

Une fois de plus, Abdullah Moudjahid reconnut que sa femme avait raison. Elle lui donnait même des idées qui devaient alimenter le plan de sortie de crise auquel pensait le gouvernement Mohammadzaï. Pour la remercier, il l'embrassa tendrement et se leva pour lui préparer un thé aromatisé.

–Maintenant que nous avons une idée du danger qui peut menacer notre projet, nous réussirons à l'éviter, lui dit-il. Autre chose, l'idée vient de toi, tu seras la PDG de l'entreprise. Ce sera un bon message adressé aux conservateurs de notre société. Avec toi, ils devront s'habituer à voir une femme participer aux réunions des dirigeants d'entreprises, ou diriger les travaux d'un conseil d'administration.

–Il le faut bien, dit-elle. Yasmine savait désormais ce qui lui restait à faire. Après le montage du dossier financier, qu'elle était capable de boucler toute seule en moins d'une semaine, elle devait contacter un cabinet juridique pour l'élaboration des Statuts, tandis que son mari se chargerait d'obtenir le terrain.

–J'ai besoin de la dénomination de la Société, avant de préparer le dossier financier et commander les Statuts. Notre création, qui devient une personne morale, doit avoir un nom, dit-elle à son mari.

–Laisse-moi réfléchir, dit-il songeur. Il nota quelques noms sur le papier avant d'obtenir le titre définitif. Il arracha une feuille de son carnet et la tendit à sa femme.

–Yasma Ittihad Production, lit-elle. Ce n'est pas mal. Le nom est séduisant et facile à décoder. Yasma s'accorde avec ciment Ittihad Production laisse entendre « le ciment de l'unité ». Je suis d'accord. Le lendemain matin, Moudjahid envoya un long fax à Robert Dufourg dans lequel il lui parlait du projet. L'investissement total devait tourner autour de trois millions de dollars, et il lui demandait si les cimenteries Dufourg étaient intéressées à s'associer au projet. En lisant le fax de Moudjahid, Robert fut perplexe. Il ne se sentait pas prêt à se lancer dans l'aventure. Il ignorait le potentiel du marché afghan, et le pays était encore en guerre. Sans rejeter entièrement l'idée, il se garda de répondre immédiatement.

–Si Abdullah Moudjahid a le courage d'engager trois millions dans cette affaire, le coup vaut peut-être la peine d'être tenté, pensa-t-il. Je pourrai me contenter de quelques actions à titre symbolique, juste pour être présent et prêt à saisir les opportunités de l'avenir, mais je dois d'abord en parler à mon père et à Marie-Anne, conclut Robert.

Une semaine plus tard, le couple Moudjahid avait les Statuts de la société. La Yasma Ittihad Production était née sur le papier. Il restait à la faire enregistrer pour officialiser sa naissance en tant que nouvelle entreprise qui allait opérer dans le pays.

Un mois plus tard, les Moudjahid obtenaient une autorisation de bâtir sur un terrain de 12 hectares, dans la vallée de la rivière Kaboul, sur les flancs de Bibi Mahroo Hill. Grâce aux interventions du Ministère de l'intérieur et du gouverneur, la Mairie de Kaboul exigea une étude sur l'impact environnemental, sans opposer aucune autre résistance au projet. Le Ministère du Commerce exigea quant à lui, de connaître la date probable du début de la production et l'impact économique attendu. Avant même la construction des bâtiments qui devaient abriter les machines, Yasmine fit planter plusieurs centaines d'arbres dans les espaces réservés à cet effet. Elle entendait faire du site industriel, un exemple d'espace vert et de protection de l'environnement, et non une source de pollution. Le projet intéressa immédiatement les banques locales. En lisant les statuts de la société et en regardant le compte des Moudjahid, (leur banque montréalaise venait d'effectuer un virement de cinq cent mille dollars), la Banque Bâbur accepta immédiatement d'être partenaire dans le financement du projet. Muni de son permis d'exploitation et de son autorisation de bâtir sur un terrain de 12 hectares, avec une ligne de crédit dépassant le million de dollars, la Yasma Ittihad Production pouvait démarrer les travaux. La construction de l'usine fut confiée à une société chinoise de Jiangxi spécialisée dans l'ingénierie et les mines, alors que les plans avaient été exécutés par un Cabinet d'architectes sud-coréens basé à Kaboul. Abdullah Moudjahid envoya la copie des plans à Robert Dufourg pour appréciation et celui-ci reconnut que l'œuvre alliait parfaitement les qualités esthétiques aux exigences techniques de l'industrie moderne. Même leurs enfants, en voyant les plans, félicitèrent leurs parents pour cette œuvre grandiose. Nasla fut la première à exprimer le désir de venir travailler même comme volontaire pendant ses prochaines vacances d'été. Après la réputation flatteuse dont jouissait Moudjahid parmi les étudiants et les collègues de l'université, son nom commença à circuler dans tous les Ministères du gouvernement Mohammadzaï. Il venait, disait-on partout, de donner la preuve de son patriotisme. Personne ne pouvait l'accuser d'avoir volé les deniers publics ou d'être corrompu comme de nombreux dirigeants politiques faisaient l'objet de telles accusations. Il était parti jeune, sans même une valise pour bagage après l'injuste assassinat de son père. Il revenait trente ans plus tard pour enseigner aux Afghans et créer du travail pour ses compatriotes. Ce fut sans surprise que le professeur Moudjahid reçut un coup de téléphone du gouverneur de Kaboul en personne, qui l'invitait à venir le rencontrer dans son bureau pour un entretien privé.

En tant que cousin et proche du président Mohammadzaï, Barzaï Loghar était un homme influent dans l'entourage du président. Abdullah Moudjahid ne l'ignorait pas. Mais cela ne l'impressionnait guère, car il n'était pas venu à Kaboul pour solliciter ni faveur ni promotion sociale. Il ne désirait qu'une chose, contribuer à sortir son pays de la crise et de la malédiction. Il promit cependant au gouverneur d'être à l'heure. À 14 heures moins le quart, il garait son véhicule dans le parking de la province.

En se présentant devant les bureaux du gouverneur, un bâtiment de trois étages dressé non loin du ministère de la justice, à partir duquel on voyait le minaret de la mosquée Id Gah et le stade de Kaboul, Abdullah Moudjahid eut à peine le temps de s'annoncer et le secrétaire le fit entrer.

–Le gouverneur vous attend Professeur Moudjahid, lui dit le secrétaire en le conduisant directement vers le bureau de son chef. En le voyant, Barzaï Loghar se leva en lui lançant un joyeux Salam Alekum. Abdullah lui rendit son salut.

Sans tarder, Loghar lui parla de l'objet de son invitation.

–Nous avons parlé de toi au Président de la République. Il s'est rappelé aussitôt du docteur Ibrahim Moudjahid, je ne savais pas que ton père avait travaillé à Kandahar, à l'époque où le président faisait encore ses études au Lycée. Il a exprimé le souhait de te voir. Il nous attend.

–Savez-vous pour quel sujet il souhaite me voir ?

–Sans doute te féliciter pour avoir accepté de rentrer dans ton pays enseigner aux jeunes afghans, sans oublier l'important projet de construction de l'usine que tu viens de lancer. Il est au courant de ça aussi. Le président tient à féliciter les investisseurs qui viennent créer du travail dans le pays. Ensuite le gouverneur appela le secrétariat de la présidence et confirma leur arrivée dans quelques minutes. En arrivant dehors, Barzaï constata que le professeur Moudjahid avait un véhicule flambant neuf et le félicita. Les Afghans sont sensibles aux signes d'aisance matérielle. Sans être ostentatoire, la richesse inspire un sentiment de respect chez eux.

–Nous allons utiliser mon véhicule, c'est plus discret, suggéra le gouverneur. Les deux hommes montèrent dans une jeep Nissan Patrol de service.

–Palais présidentiel, dit-il au chauffeur qui attendait de savoir quelle direction prendre. Le véhicule sortit du stationnement. Le professeur Moudjahid remarqua une camionnette Toyota tout terrain qui les suivait à une distance respectueuse, avec à son bord, deux militaires de la Garde Républicaine armés de fusils d'assaut. Il comprit rapidement que c'était l'escorte du gouverneur. Le cortège s'engagea dans la circulation très dense au centre ville, passa devant le Pashtounistan Square, dépassa l'hôtel Kaboul avant de remonter vers le palais présidentiel. Les formalités furent rapidement expédiées. Les gardes de sécurité qui surveillaient l'entrée de la présidence demandèrent aux deux hommes de déposer leurs armes s'ils en avaient, les laissèrent ensuite passer. Barzaï se dirigea vers le secrétariat central qui annonça leur arrivée au secrétaire particulier du président. Mohammed Mansour, le secrétaire particulier, les fit asseoir dans le salon d'accueil et le président Mohammadzaï arriva aussitôt. Avec un large sourire au visage, il tendit la main aux deux hommes avec un Salam Alekum de bienvenue. Il remercia Allah de les avoir amenés jusqu'à lui. Le conseiller politique du président, Faqeer Hanifullah, fit aussi son entrée.

–Voici le Professeur Abdullah Moudjahid. Il enseigne l'économie à l'université de Kaboul, il nous a été prêté par l'université de Montréal à laquelle il est toujours attaché, déclara le gouverneur Barzaï Loghar.

–Nous sommes honorés par le fait qu'il ait accepté de quitter le confort occidental pour venir partager avec ses frères le savoir qu'Allah lui a permis d'acquérir. Qu'est-ce qui t'a poussé à surmonter la peur et à venir affronter les bombes de Kaboul,professeur Moudjahid ? Demanda le président. Nullement surpris par la question, Abdullah sourit doucement, à la manière afghane, comme si le sourire à lui seul voulait tout dire.

–Peut-être l'espoir d'apporter ma contribution pour tenter de mettre fin à ces bombes, car j'estime que la souffrance de notre peuple a trop duré et cette guerre n'a pas de raison d'être, Monsieur le président.

–Tu n'as pas peur de la mort comme certains le disent ? Demanda le président.

–Les accidents d'avion emportent des centaines de vie régulièrement. Si je devais perdre ma vie, au moins que ce soit sur le sol de mes ancêtres. Dans tous les cas, nous devons tous mourir un jour et le plus grand honneur d'un homme est d'offrir sa vie à la patrie.

–Mais tu nourris l'espoir d'apporter ta contribution pour mettre fin à la guerre, car à ton avis elle n'a pas de raison d'être.

–Tout à fait.

–Qu'est-ce que tu comptes faire, Professeur Moudjahid ?

–Associer mes efforts aux vôtres, chercher des solutions, personne d'autre ne le fera à notre place.

–Nous préparons un Plan de paix à soumettre à tous les protagonistes du conflit. Le Plan de paix devrait nous aider à sortir de la crise. Qu'est-ce que tu proposes ?

–Monsieur le Président, vous me posez une question délicate et à l'improviste. Il est évident que je n'ai pas un Plan bien élaboré, ma réponse ne peut être que schématique.

–Quoique schématique, ça m'intéresse toujours.

–Monsieur le Président, je reste convaincu que nous les Afghans, avec l'aide d'Allah et de la communauté internationale, nous pouvons mettre fin à ce conflit, qui je le répète, n'est pas dans l'intérêt des Afghans.

–Je suis d'accord avec le principe, mais ma question est comment y arriver ?

–Un conflit comme celui-ci a des racines diverses. Le remède doit s'attaquer aux racines et à leurs ramifications, et non pas s'acharner à couper les branches de l'arbre.

–Encore une fois comment ?

–Nous devons répondre à certains impératifs. Pour obtenir l'adhésion du peuple afghan à notre projet, nous devons lui présenter un plan de développement et réaliser cette promesse. Nous devons apporter l'éducation au peuple, élever son niveau de vie par l'économie et le bien-être social. Nous devons mettre fin aux antagonismes d'origine ethnique, tribale ou confessionnelle par une justice sociale sans faille. Ensuite, nous allons couper les racines profondes qui alimentent ce conflit en exploitant les lacunes intérieures. En réalisant ces objectifs, nous réussirons à éliminer les tensions sociales, à désamorcer le conflit et à stabiliser le pays. Nous demanderons à l'autorité religieuse légalement reconnue de proclamer l'arrêt du djihad sur le sol afghan, et le départ de toutes les troupes étrangères. Notre pays n'est pas un pays d'infidèles pour légitimer une guerre sainte. Nous sommes un pays et un peuple des croyants. Il n'y a pas lieu d'une quelconque guerre sainte dans notre pays. La haute autorité religieuse devra redéfinir une vision claire et conforme à l'Islam tolérant de la pratique religieuse qui bannit la violence, qui prône le respect et la protection de la vie.

Je ne parle pas d'une nouvelle interprétation de l'Islam, car l'Islam est pur, et le Coran est assez clair. Il s'agit d'éviter l'hérésie et le déviationnisme d'où qu'ils viennent. Ensuite nous nous attaquerons au développement durable de ce pays, pour offrir des emplois à tous les Afghans en âge de travailler au lieu de les embrigader dans des écoles d'endoctrinement et d'entraînement militaire.

Pour atteindre les objectifs du développement, nous devons engager d'autres types de réformes, administrative, militaire, économique, et des réformes dans notre système éducatif pour adapter l'enseignement de la jeunesse aux exigences de l'économie moderne.

–Que voulez-vous dire par des réformes administratives ? Demanda le président.

–À mon avis, il faudrait opérer une refonte des entités provinciales actuelles trop anciennes et dépassées, pour former une nouvelle configuration territoriale. Les structures administratives en place ne servent qu'à perpétuer le confinement tribal et une fragmentation de l'autorité. Nous devons envisager de fusionner plusieurs provinces pour ne garder qu'une dizaine au maximum. Une telle réforme aurait plusieurs avantages.

–Et les réformes militaires ?

–C'est presque la même chose. Si l'armée nationale n'arrive pas à assurer la sécurité du territoire, c'est que quelque part, quelque chose ne marche pas comme il faut. C'est ce qu'il faut corriger. Les dix provinces nouvellement formées correspondraient aux dix ou douze divisions militaires, avec une brigade pour chaque district, jusqu'au bataillon pour chaque municipalité. Bien entendu, à l'intérieur de chaque réforme, il y a beaucoup de choses à faire. C'est toute une planification qu'il faut élaborer et une guerre à engager. Celle-là serait la vraie guerre. En entendant parler de la réforme militaire, le conseiller politique du président écarquilla les yeux.

–Est-ce que je peux poser une question au professeur Moudjahid ? Demanda-t-il.

–Bien sûr, c'est pourquoi vous êtes ici, répondit le président.

–Professeur Moudjahid, avez-vous des notions militaires ? Je veux dire sur le fonctionnement et les structures d'une armée, demanda le conseiller politique.

–En économie, on a l'habitude de présenter l'organisation militaire dans sa hiérarchie comme le modèle type d'une structure organisée. Aujourd'hui, l'organisation des grandes sociétés, ressemble à celles des armées.

–Mais vous avez parlé de divisions, de brigades et de bataillons ?

–L'administration moderne n'hésite pas à regrouper ses équipes sous forme d'unités. Ce sont des modèles empruntés à l'organisation militaire. Le président Mohammadzaï sourit comme s'il se moquait de l'ignorance de son conseiller politique.

–Revenons aux réformes. Comment voyez-vous les réformes économiques ?

–L'Afghanistan est entouré par un marché de plus de deux milliards d'individus à nourrir et à équiper. Nous devons être à la hauteur de répondre à leurs besoins d'approvisionnement. Notre pays possède de gigantesques ressources potentielles. Ce sont elles qui attisent la convoitise de nos voisins, qui les poussent à déstabiliser notre pays. Il s'agit de les valoriser. C'est le seul moyen de créer du travail pour les Afghans et de moderniser le pays.

–Et tu crois que nous aurons les moyens de réaliser ces objectifs ? Demanda le président Mohammadzaï avec un sourire presque de satisfaction.

–Oui, les Afghans et leur gouvernement sont capables de réunir les moyens nécessaires. Il ne resterait qu'à peaufiner les modalités de faisabilité, répondit Moudjahid.

–Professeur Moudjahid, es-tu convaincu que ce plan, pour l'heure schématique, soit réalisable à court ou à moyen terme, afin de répondre à l'urgence de la situation ?

–Je suis convaincu répondit Moudjahid, fermement. Monsieur le Président, notre pays semble avoir manqué le 20ème siècle. Nous étions en avance sur nos voisins au début du siècle. Aujourd'hui, ils nous ont dépassés. Ils sont en train d'envoyer des satellites dans l'espace ; ils construisent des trains à grande vitesse. Notre population n'a même pas d'eau potable. Nos enfants n'ont pas d'éducation et se laissent manipuler par ceux qui leur font croire que la religion est la seule voie du salut qui pourra améliorer leurs conditions de vie. Les Afghans ont perdu leur honneur et leur fierté aux yeux du monde. Et vous savez à quel point notre peuple tient à son honneur, à son indépendance, à sa dignité et à son orgueil. Nous avons perdu tout ça. Cela ne peut pas continuer. Nous avons l'obligation de mettre un terme à la misère qui sévit dans notre pays. C'est notre survie même, comme pays et nation qui est en jeu, conclut Moudjahid.

En parlant de l'honneur du peuple afghan et de son orgueil blessé, Moudjahid avait touché à la corde sensible.

–Professeur Moudjahid, es-tu prêt à rejoindre l'équipe de mes conseillers et participer à l'élaboration du Plan de Paix et de Sortie de Crise ? Demanda le président Mohammadzaï. Nous devons le soumettre à tous nos partenaires dans un délai de quatre mois, ajouta-t-il.

–A quel titre et en qualité de qui pourrai-je participer à cette noble tâche ? J'ai un contrat avec l'université de Kaboul.

Le président leva ses yeux vers le gouverneur de Kaboul comme s'il cherchait une voie de recours.

–À moins qu'un décret présidentiel ne le nomme à ce poste, suggéra le gouverneur. Il pourrait ainsi s'associer à temps partiel à l'équipe tout en poursuivant sa mission d'enseigner à l'université. Cela me paraît compatible, ajouta-t-il.

–Serais-tu prêt à accepter cette proposition ?

–Je suis venu pour aider mon pays et mon peuple, et je reste convaincu que seuls les Afghans sortiront ce pays de la crise dans laquelle il vit depuis bientôt 30 ans. L'aide extérieure viendra appuyer nos efforts, elle ne peut pas nous remplacer.

–Professeur Moudjahid, vous avez parlé de façon schématique, allez réfléchir plus profondément à ces propositions, les compléter si possible, afin d'être prêt au moment de rejoindre les autres. Le temps presse, nous n'avons pas une minute à perdre, conclut le président.

–Je suis parfaitement conscient. Je m'y mets dès ce soir, admit Moudjahid.

–C'est parfait. Nous parlerons de vous au cours du prochain conseil des ministres pour que vous puissiez vous adresser à n'importe quel département pour obtenir toute information dont vous aurez besoin. Mohammed Mansour peut déjà préparer le bureau que vous occuperez temporairement. Je vous remercie d'avoir accepté ce rendez-vous improvisé. J'espère que vous n'avez pas été contrarié. Votre père fut un ami de mon père. C'était un homme loyal, intelligent et honnête. Je ne doute pas que vous avez hérité de toutes ses qualités.

–Je vous remercie pour avoir gardé un si bon souvenir de lui. C'est pour compléter la mission et l'œuvre de nos pères que nous sommes nés et que nous sommes tous ici. Je sais que chacun d'entre vous a un membre de sa famille à pleurer. Cela fait partie de notre histoire. Mais nous ne sommes pas les seuls au monde. D'autres peuples ont réussi à surmonter des catastrophes encore pires. L'Europe a surmonté les destructions de la Deuxième guerre mondiale. Le Japon a survécu à Hiroshima. Le Rwanda tente de surmonter les ravages du génocide. C'est certainement un défi, mais nous avons le devoir de relever ce défi. Le président, ému jusqu'aux larmes, lui tendit la main en lui disant

–Au revoir, Inch'Allah.

–Inch'Allah, répondit Moudjahid en se tournant vers la porte. Une fois sorti de la Présidence, Moudjahid appela sa femme pour savoir si tout allait bien. Elle l'attendait à la maison. Sans la voiture, elle n'avait pas pu faire le moindre déplacement. Comme son mari lui avait laissé un message avant de se rendre au rendez-vous improvisé du gouverneur, elle n'eut pas à s'inquiéter. Avec tous ces changements précipités des événements, Abdullah Moudjahid réalisa qu'ils avaient besoin d'un deuxième véhicule, pour que lui et sa femme puissent s'acquitter de leurs tâches respectives. Il décida aussitôt de demander l'envoi de sa Honda CRV qu'il avait laissée à Montréal. La situation évoluait très vite et de façon inattendue. Sa femme devait garder sa liberté de mouvement pour mieux superviser les travaux de construction de l'usine et préparer son exploitation. Le gouverneur de Kaboul le ramena auprès de son véhicule dans le stationnement de la province.

–Professeur Moudjahid, je vous remercie à mon tour d'avoir accepté ce rendez-vous. J'avais pris un risque en parlant de vous au président et en vous amenant là-bas sans être préparé, mais je comptais davantage sur votre spontanéité et vous ne l'avez pas déçu. Il a été satisfait, sinon il n'aurait pas fait cette proposition d'émettre un décret présidentiel.

–Pourquoi avez-vous fait ça ? Demanda Moudjahid.

–Je croyais que c'était le moyen de vous donner l'occasion d'offrir votre meilleure contribution. Et puis, nous avons aussi besoin des ressources humaines capables d'apporter un plus, dit le gouverneur.

–Je vous remercie pour ce geste, même si je n'étais pas demandeur, mais nous avons une grande responsabilité envers le peuple. Nous n'avons pas le droit de laisser cet héritage empoisonné à nos enfants. Nous sommes mieux placés pour résoudre cette crise.

–C'est aussi mon avis. Je vous laisse partir, votre femme vous attend, mais nous gardons le contact. Vous n'avez pas besoin de rendez-vous pour me voir. Il vous suffira de m'appeler, assura le gouverneur. Les deux hommes se serrèrent la main et se quittèrent avec la promesse de se revoir, Inch'Allah.

Moudjahid monta dans sa voiture et prit la direction de Murrad Khani. Avant de rentrer à la maison, il s'arrêta à un magasin d'alimentation. Il fit une provision de fruits, de légumes et d'autres denrées qui manquaient à la maison. Il fit aussi emballer un poulet encore chaud rôti au jus de raisin et l'apporta à sa femme. Arrivé chez lui, Abdullah embrassa tendrement Yasmine. Celle-ci sentit aussitôt une certaine tension dans le corps de son mari. Ensemble, ils sortirent le contenu des paquets et Yasmine transféra dans le réfrigérateur ce qui devait être conservé au froid. Le poulet et une bonne partie des fruits atterrirent sur la table. Abdullah raconta en détails le rendez-vous improvisé au palais présidentiel. Sa femme l'écouta attentivement en plissant le front de temps en temps.

–Qu'est ce que tu en penses ? Demanda Abdullah. Yasmine resta pensive. Elle ferma légèrement les yeux, comme elle le faisait souvent quand elle réfléchissait intensément.

–Enfin, c'est arrivé. Tu y es, tu y restes. Ce n'est pas vraiment une surprise pour moi, mais ça m'inquiète un peu. Pour vous parler franchement, ça ne me plaît pas du tout.

–Qu'est ce qui t'inquiète ?

–J'ai peur de te perdre. J'aurais aimé que tu restes disponible pour moi et le chantier en cours. Cette affaire risque de t'éloigner davantage, de prendre le peu de temps qui te reste après les cours de l'université.

–Non, pour toi je serai toujours aussi disponible qu'avant. Tu passes avant tout le reste. Et puis ce travail avec l'équipe des conseillers du président n'est qu'à temps partiel. Il n'exige pas une présence permanente au palais présidentiel.

–Sois prudent, dit-elle enfin.

–Tu redoutes quelque chose ? Tu penses qu'il y a un piège ?

–Tout arrive trop vite. J'ai peur que tu ne fasses des jaloux. Cet homme est entouré par des fauves. Tu viens à peine d'arriver. Tu n'as pas encore maîtrisé les règles du jeu. Il faut éviter de bousculer qui que ce soit. Déjà la construction de l'usine doit faire jaser.

Abdullah reconnut en lui-même que sa femme avait raison.

–Je tiendrai compte de tes conseils, dit-il. Autre chose encore, maintenant que la liste de nos activités s'allonge, j'ai eu l'idée de faire venir ma voiture Honda de Montréal.

–C'est une bonne décision. On va se renseigner sur les compagnies de transport.

–Demain, je prends contact avec une agence de transport international qui a un bureau ici à Kaboul et au port de Gwadar ou de Karachi. Ensuite, je demanderai à Hassan de s'occuper des modalités d'embarquement.

–C'est un modèle qui est parfaitement adapté aux conditions d'ici, admit Yasmine.

–Entre temps, tu vas garder la jeep que nous avons, tu me déposes à l'université avant de te rendre au chantier et de continuer tes courses.

–Tôt ou tard, il va falloir engager un chauffeur aussi, suggéra Yasmine.

–Il sera payé sur le budget de la Yasma Ittihad Production. Je crois que je devrais commencer à me renseigner sur l'éventualité d'acheter le terrain sur lequel l'immeuble commercial sera construit, ajouta Abdullah. Après chaque jour qui passe, les terrains deviennent plus chers. Et les meilleurs emplacements sont toujours très convoités. C'est pourquoi il faut faire vite.

–Ce serait peut-être mieux d'acheter ce terrain avant d'entrer dans l'entourage présidentiel pour éviter que les mauvaises langues ne t'accusent d'avoir tiré profit de cette position, déclara Yasmine qui pensait à tout.

–Tu as raison, je vais me renseigner auprès de la Mairie. Le repas était terminé et Yasmine commença à manifester des signes de fatigue.

–À chaque jour suffit sa peine n'est-ce pas ? On va se reposer, nous l'avons largement mérité, dit-elle en lançant un regard éloquent à son mari.

Moudjahid n'attendit pas d'avoir un bureau à la Présidence ou la publication du Décret pour se mettre au travail. Il commença dès le lendemain à mettre au point le document réclamé par le président. Dans son introduction, il commença par rappeler très brièvement l'historique de son pays depuis le siècle dernier. Il montra ensuite dans quelques paragraphes où en était le pays sur le plan économique et sécuritaire. Il brossa de façon concise où le pays veut aller, comment y arriver et à quel prix. Il développa ensuite les impératifs socio-économiques, sécuritaires et religieux auxquels le pays devra répondre obligatoirement pour sortir de la crise. Il esquissa les coûts approximatifs.

Sur le plan administratif, il proposa une nouvelle répartition territoriale basée sur un regroupement de trois ou quatre

Provinces en une seule, de façon à ne garder que dix provinces au total. Il montra les avantages de cette nouvelle répartition, notamment une meilleure utilisation des ressources disponibles, une plus grande rationalisation des infrastructures, un renforcement de l'unité du pays, avec une plus grande cohésion sociale, ainsi qu'un décollage économique plus rapide, pour chaque province. Il donna quelques exemples de regroupement mais à titre indicatif.

Sur le plan militaire et sécuritaire, il proposait la mise en place d'une division militaire dans chaque nouvelle province restructurée. Ses brigades, ses bataillons, ses compagnies jusqu'aux sections, couvriraient toute la province et le déploiement pourrait même être suivi à l'ordinateur, avec des moyens de transport et de communication appropriés. Dans ces conditions, la sécurité de la population serait assurée. Il proposait ensuite la mise en place de certaines infrastructures dans chaque province, tel que des terrains de sport pour occuper la jeunesse, ainsi que des établissements d'enseignement secondaire, supérieur et professionnel à côté des activités industrielles. Sur le plan religieux, il affirmait d'abord que l'Afghanistan n'est pas un territoire al-harb, habité par des infidèles qu'il faut combattre et convertir. L'Afghanistan est un pays de croyants, un pays de l'Islam. Il n'y avait pas lieu d'y mener une guerre sainte. La guerre doit être déclarée terminée dans le pays, disait-il. Il proposait la fin de tout antagonisme religieux pour que la paix, l'amour et le respect entre tous les Afghans, quelle que soit leur tendance confessionnelle, soit une règle absolue. Ils priaient tous le même Dieu. Il n'y a qu'un seul Dieu pour tous et Muhammad est son prophète. Il suggérait la mise en place d'une autorité religieuse reconnue par tous, seule habilitée à émettre des fatwas ou à servir de recours interprétatif en cas de conflit d'application de telle ou telle règle du Coran, pour que la paix règne enfin entre tous les Afghans.

Sur le plan économique, son projet était encore plus ambitieux. Il promettait le développement à son pays, le travail à tous les Afghans, des logements convenables pour tous dans quelques années. Il promettait la nourriture, l'eau potable, les soins de santé, l'électricité, les transports publics pour tous dans un avenir proche.

En contrepartie, il demandait aux Afghans d'aider à la réussite du projet des réformes et la fin de la guerre, de dénoncer toute personne opposée à la ligne du gouvernement, y compris les insurgés. Il promettait aux Afghans de les sortir du bloc des pays les plus pauvres du monde, pour rejoindre les Dragons du Sud-Est Asiatique grâce à un projet ambitieux du développement scientifique et technologique.

Dans le domaine industriel, le plan prévoyait la construction en urgence d'une aciérie moderne, pour traiter les métaux dont le sous-sol afghan regorge et produire de l'acier. Aucun pays ne peut construire son industrie sans traiter le métal sur son sol. Il souhaitait implanter l'industrie automobile dans son pays, et cela paraissait impensable, tant que le pays ne pouvait pas produire son acier et d'autres alliages d'aluminium, de cuivre, de bronze ou de produits thermo-plastiques très résistants. Pour cela, le plan prévoyait le développement rapide de l'industrie minière et gazière, car l'Afghanistan devait rejoindre ses voisins dans l'espace dans moins de 20 ans. Si son pays voulait rattraper le très lourd retard accumulé depuis un demi-siècle, il n'y avait pas de temps à perdre.

En agissant ainsi, nous formerons la meilleure communauté suscitée par les hommes et les paroles du Prophète seront réalisées. Notre peuple, dit-il dans sa conclusion, est un peuple de guerriers, un peuple tenace qui aime les défis et ne baisse jamais les bras. Il faut placer la barre à un très haut niveau pour le tenir occupé. Mais la construction de stades et l'engagement dans plusieurs compétitions sportives, vont canaliser son esprit combatif. L'autre part de l'énergie sera orientée dans les professions techniques et mécaniques de très haut niveau. La rivalité anglo-russe a empêché notre pays dans le passé, d'assumer le rôle qui lui a été dévolu par l'histoire, celui d'être la plaque tournante du développement de toute l'Asie centrale. Le moment est venu de réparer ce tort du passé. Une fois de plus, nous déclarons que la guerre est finie sur tout le territoire afghan, nous demandons à notre peuple de l'accepter, et de faire tout ce qu'il faut pour que cela soit une réalité. Toute personne qui détient une arme à feu, sans en avoir le droit et la compétence, est priée de la remettre à l'autorité militaire la plus proche.

Pour terminer, il demandait à tous les combattants étrangers qui sont venus se battre en Afghanistan aux côtés des insurgés de déposer les armes, et de choisir entre rentrer chez eux ou de demander à rester dans le pays après la régularisation du dossier de chacun. L'Afghanistan est un pays d'accueil, prêt à ouvrir ses frontières à toute personne qui vient lui demander asile, ou qui désire lui apporter ses bras, son amour et son travail dans le respect des lois. Il demandait aux partenaires de l'OTAN de mettre à la disposition du gouvernement une partie des fonds qui servaient à financer la guerre pour soutenir les projets de réforme.

Trois semaines plus tard, Abdullah Moudjahid remit son document au comité des conseillers, avec une copie au Président Mohammadzaï Khan. Le document portait ce titre : « Le Plan Mohammadzaï de Sortie de Crise et de Fin de la Guerre ». Le professeur Moudjahid savait par expérience, ce qu'un tel travail aurait coûté s'il avait été commandé à un Cabinet International de Consultants de Washington, de New York ou de Paris. Mais lui, Abdullah Moudjahid, l'avait préparé pour son pays, sans demander un dollar.

En remettant le document, il demanda en même temps au Président de la République, de suspendre le projet du décret qui devait l'engager comme conseiller à la présidence. Il était prêt à faire tout ce qui lui sera demandé à titre bénévole, car il était encore sous contrat avec l'université de Kaboul. Il rassurait toutefois l'équipe des conseillers du président qu'il serait toujours disponible chaque fois qu'on aurait besoin de lui. Une semaine plus tard, le plan Mohammadzaï fut intégralement avalisé par les conseillers du président. Lors de la présentation devant le Conseil des ministres, le professeur Moudjahid fut invité à y participer, afin de fournir quelques explications en cas de besoin. Les différentes parties du plan furent diversement commentées. Les ministres reconnurent à l'unanimité que le Plan Mohammadzaï, quoique destiné à mettre fin à la guerre, et à faire de l'Afghanistan la meilleure communauté jamais suscitée par des hommes, était aussi révolutionnaire à plusieurs égards.

Le Plan de réforme administrative fut approuvé sans beaucoup de résistance, même si le schéma initial devait être retouché et réajusté selon les contraintes naturelles du relief. Sur le volet religieux, l'idée de mettre fin à tout antagonisme d'origine confessionnelle ne les rassurait pas, car cela supposait remettre en cause la suprématie de la mouvance sunnite sur les chiites, mais l'idée était belle, même si elle pouvait inciter quelques récalcitrants à vouloir continuer les combats, pour imposer cette suprématie. Par contre, l'idée de créer un poste de grand Mufti du pays était bien accueillie.

Les idées contenues dans le chapitre consacré aux réformes économiques et industrielles suscitèrent beaucoup d'enthousiasme, même si certains restaient sceptiques en pensant que c'était trop beau pour être réaliste.

La réforme militaire suscita elle aussi des interrogations. Mais le ministre de la défense, le général Ayub Wali Khan, rassura le Conseil des ministres sur la qualité du projet.

–La proposition est excellente dit-il. Si vous réussissez à mettre en œuvre la réforme administrative et à réduire la répartition territoriale à dix Provinces, auxquelles correspondraient dix ou douze divisions militaires, cela va fonctionner parfaitement et s'ajuster comme un gant dans une main. Les services de sécurité de l'armée ou de la police vont compléter les services administratifs à la perfection. La couverture militaire et sécuritaire s'étendra sur tout le territoire de façon rapide et professionnelle, sans qu'il y ait ni vide, ni incohérence ni chevauchement, assura-t-il. Nous pouvons remercier le professeur Moudjahid d'avoir fait une proposition qui apporte plus d'harmonie et d'efficacité entre l'autorité civile et militaire.

Dans l'ensemble, le Plan Mohammadzaï paraissait réalisable et susceptible de ramener la paix dans le pays. Le ministre en Charge des Affaires Religieuses comprenant notamment la promotion de la Vertu et la Répression du Vice, apprécia particulièrement la main tendue aux étrangers ayant combattu aux côtés des insurgés. Au lieu de les diaboliser, le plan les traitait comme des frères, tout en se donnant les moyens de pouvoir les contrôler. Cette ouverture était astucieuse car après des années de séjour, beaucoup d'entre eux s'étaient liés aux familles afghanes par le mariage. Cette main tendue était de nature à apaiser les tensions. Le Conseil des ministres avalisa le plan à l'unanimité, en déclarant qu'il était intéressant et porteur d'espoir. Il ne restait qu'à le présenter aux partenaires de l'OTAN et à la population, ensuite à le mettre en application.

Une question demeurait cependant. Comment l'auteur du plan pourra-t-il participer à sa mise en application, afin d'en assurer le suivi et garantir son succès ? La plupart des ministres voyaient dans le volet développement économique et industriel des possibilités d'investissements incroyables, mais ne savaient pas par où commencer. Il fallait absolument que ce diable de Moudjahid, qui venait de démarrer la construction d'une usine de ciment à lui tout seul, chose jusque-là impensable pour un Afghan, soit associé à la mise en application du Plan Mohammadzaï. Mais à quel titre, puisque personne ne voulait lui céder sa place ? À la

fin des travaux du Conseil, Abdullah Moudjahid reçut les félicitations de tous les ministres et du Président Mohammadzaï.
Ils étaient heureux de voir ce Plan élaboré par un Afghan, qui
connaissait les réalités de son pays et son peuple, sans qu'il soit
conçu à Washington ou à Islamabad. Les dirigeant afghans
étaient de plus en plus frustrés par la domination pakistanaise
sur le double plan civil et militaire. Ils accueillaient avec suspicion tout ce qui venait de l'autre côté de la frontière. Non seulement ils étaient allergiques à toute forme de domination d'où
qu'elle vienne, mais encore ils brûlaient d'impatience de retrouver leur fierté et leur splendeur d'antan. Une fois avalisé par le
Conseil des ministres, le Plan Mohammadzaï, qui théorique-
ment devait mettre fin à la guerre qui déchirait l'Afghanistan
depuis plus de dix ans, avait encore un long chemin à faire. Le
professeur Moudjahid, auteur du plan en était conscient. Le
plan devait être présenté à l'Assemblée nationale, la Loya Jirga,
ensuite aux partenaires de l'OTAN et à la population.

Pour réussir cette autre étape aussi cruciale, le président avait
besoin d'une bonne équipe de communication, capable de
faire passer le message et de déjouer les pièges du parcours. Un
bon projet peut dérailler suite aux erreurs commises lors de la
mise en application. Moudjahid devait suivre cette étape délicate, afin de s'assurer que l'entourage du président disposait des
compétences nécessaires. Il savait aussi que tout un ensemble
législatif sera nécessaire pour encadrer les différentes réformes.
C'était une autre étape décisive, avant de s'attaquer aux âpres
négociations avec les partenaires de l'OTAN pour obtenir le
financement de ce gigantesque projet. Négocier une bagatelle
d'environ cent milliards de dollars sur dix ans ne serait pas une
mince affaire. Comparée à la taille de l'enjeu, cette somme était
raisonnable et le projet suffisamment rentable. Le professeur
Moudjahid avait aussi des doutes sur d'autres points. Les pays
industrialisés souhaitaient-ils véritablement que les pays sous-

développés sortent du cercle vicieux de la pauvreté, pour devenir des concurrents sur le marché ? Moudjahid n'en était pas sûr. De leur côté, les bailleurs de fonds des insurgés et des trafiquants d'armes tiraient profit de ce désordre. Tout ce monde ne souhaitait pas la fin de la guerre, mais cela ne devait pas le décourager. Pour surmonter tous ces obstacles, il fallait absolument une équipe de communication performante.

Une chose était sûre : les armées engagées dans le bourbier afghan cherchaient une voie de sortie. À défaut d'une victoire militaire sur l'insurrection, une autre voie pacifique qui ne faisait ni vainqueur ni vaincu, arrangeait tout le monde et permettait à toutes les parties de sauver la face.

–Ce qui compte pour moi, c'est la paix et le développement de ce pays, se dit-il. Les intérêts égoïstes des uns et des autres ne m'intéressent pas. Personne n'a le droit de réaliser de misérables profits, en versant le sang du peuple afghan, ou celui des militaires, qui sont engagés dans une guerre qui n'est pas la leur. En arrivant à la maison ce jour-là, Abdullah Moudjahid fut accueilli par une nouvelle plutôt réconfortante.

–Ta voiture est arrivée. Déclara Yasmine en lui tendant le fax de l'agence des transports internationaux. Le coût total de l'opération s'élevait à trois mille dollars.

–C'est une très bonne chose et le prix est raisonnable, reconnut Abdullah. Une autre voiture aurait coûté dix fois ce prix, ajouta-t-il. À part ça, comment avancent les travaux sur le chantier ?

–C'est fantastique. La compagnie chinoise travaille vite et bien. Le terrassement est terminé, la fondation est déjà posée, les bâtiments qui doivent abriter les machines et les bureaux commencent à prendre forme.

–Les machines sont déjà commandées n'est-ce pas ?

–Oui. Les fours rotatifs, les broyeurs à boulets, les dépoussiéreurs, les refroidisseurs à grilles sont déjà en route, déclara Yasmine, avec fierté.

–Ce qui est plus intéressant, c'est que des gisements de roches calcaires et autres carrières d'argile qui fourniront les matières premières de base sont abondantes dans la région. Et ce sont des roches d'une grande concentration. Avec quelques ajouts nécessaires, qui se trouvent aussi en abondance dans la proximité, nous produirons un ciment de qualité supérieure, affirma Abdullah.

–Qu'est ce qui détermine les qualités recherchées pour dire qu'un ciment est de bonne qualité ou non ? Demanda Yasmine.

–Le ciment est un liant. Il est de bonne qualité quand il permet une prise rapide et possède des propriétés de résistance élevées, dit Abdullah.

–Des propriétés de résistance à quoi ?

–De résistance à l'usure, aux chocs, aux variations de températures ou autres. Compte tenu de la qualité de nos matières de base, notre production sera parmi les meilleures.

–J'en suis convaincue, admit Yasmine.

–J'ai renoncé à ce poste de conseiller à la présidence, annonça Abdullah à sa femme.

–C'est une belle surprise, dit-elle. Pourquoi as-tu renoncé ?

–Je me sentirais coupable si je te laissais tout le travail de supervision du chantier avec l'installation des machines. Ce ne serait pas correct de ma part. Et puis, plus ta grossesse avance, plus tu as besoin de moi, car tu dois ménager tes efforts.

–Tu as tout à fait raison. Il ne faut pas prendre des risques, mais ils vont insister. Ils ne vont pas te laisser partir comme ça. Ils ont besoin de toi pour finaliser le projet. En toute logique, il serait déraisonnable de ne pas t'associer à la mise en application, conclut-elle.

–S'ils insistent, nous réfléchirons. Je vais demander à Robert Dufourg de m'indiquer la liste des employés prioritaires afin de préparer le recrutement du personnel, dit-il.

–Je pense qu'il est temps. J'ai déjà reçu des demandes provenant des anciens employés de l'usine de Baghram.

–Qu'est ce que tu réponds ?

–Je remercie pour la manifestation d'intérêt, je garde les dossiers et je leur dis d'attendre.

–Tu devrais peut-être installer un secrétariat provisoire quelque part en ville.

–Je pense qu'il est temps, reconnut Yasmine. Tout d'un coup, le téléphone se mit à sonner. C'était le ministre de l'intérieur Yussufzaï Habibullah. Il voulait l'inviter à une réunion importante le lendemain à 14 heures au Ministère de l'intérieur.

–Nous tenons beaucoup à votre présence, insista le ministre.

–Je serai à l'heure sans faute, promit Moudjahid.

–Je t'ai dit qu'ils ne vont pas lâcher, s'exclama Yasmine.

Convoquée par le ministre de l'intérieur et de l'Administration Territoriale, la réunion débuta comme prévu à 14 heures. Les autres participants à la réunion étaient : Le ministre de la défense, le général Ayub Wali Khan, le gouverneur de Kaboul, Barzaï Loghar, le Chef d'etat-major, le général Sayyed Zazaï, le Chef des services de renseignements, le Colonel Omar Noandesh, ainsi que le conseiller politique du Président Faqeer Hanifullah. Le ministre de l'intérieur, à qui reviendra la très lourde charge de mettre en œuvre la réforme administrative sur laquelle reposait tout l'édifice du Plan de paix Mohammadzaï, avait voulu écouter l'opinion des dirigeants militaires, avant le lancement du plan concocté par le professeur Moudjahid. Celui-ci arriva en même temps que le gouverneur de Kaboul. Tous les participants avaient la copie du Plan Mohamadzaï devant eux. En introduisant la réunion, le ministre de l'intérieur commença par expliquer les raisons de l'invitation.

–Le succès de ce Plan de paix dit-il, repose essentiellement sur le succès de la réforme administrative et militaire. Êtes-vous convaincus qu'à l'état actuel des choses, ces deux réformes sont susceptibles de réussir ? Autrement dit, la refonte administrative destinée à ramener la division territoriale à dix provinces auxquelles correspondraient dix à douze divisions militaires pourra-t-elle se faire avec succès ? Le ministre de la défense expliqua à ses collaborateurs les propositions contenues dans le projet de réforme militaire.

–Je trouve que cette idée est excellente, répondit aussitôt le chef d'état-major qui avait lu attentivement le plan avant de venir dans la réunion. Cette restructuration permet à l'armée de s'acquitter de sa mission d'assurer la sécurité du territoire.

–Cela permet aussi au Département du renseignement de bien coordonner ses activités sur toute l'étendue du territoire, déclara le Colonel Omar Noandesh. Elle nous place dans une position très confortable. La collecte, le traitement, la coordination et l'exploitation de l'information deviennent plus faciles, ajouta-t-il.

–Ce qui est sûr, glissa le gouverneur de Kaboul, c'est que l'armée devra à son tour se faire respecter, et convaincre de sa capacité à défendre le pays et à contenir l'insurrection. Les insurgés ne sont pas des extraterrestres. Ils vivent parmi la population et sont nourris par elle. C'est là que l'armée devra se montrer plus forte et convaincre la population de cesser son soutien aux insurgés et de les dénoncer, même s'ils sont leurs frères ou leurs enfants.

–C'est un aspect important que soulève le gouverneur, intervint Moudjahid. Il appartient à l'armée de convaincre la population, que le gouvernement en place représente le bon côté et qu'il est capable de défendre la population contre les représailles des insurgés.

–C'est bien noté, reconnut le chef d'état-major. En revanche, il appartient à l'Administration de convaincre de sa capacité à promouvoir les intérêts du peuple et le bien-être de la population, par des actions économiques tangibles et par une gestion transparente de la chose publique en général.

–Absolument, reconnut Moudjahid. Sans cela, aucune réforme ne peut aboutir.

–Et que pensez-vous maintenant de la Réforme Administrative, demanda le ministre de l'intérieur. Est-elle aujourd'hui en mesure de répondre aux besoins de la population ? Permet-elle une cohabitation pacifique et rationnelle des groupes tribaux concernés et des autorités habituées à l'autonomie ?

–J'aimerais savoir en détail comment le professeur Moudjahid voit cette nouvelle répartition, demanda le gouverneur de Kaboul. Abdullah Moudjahid expliqua le principe d'abord, sa raison d'être et son impact sur les différentes tribus.

–Une entité administrative plus grande est économiquement plus viable, dit-il. En regroupant ensemble trois ou quatre provinces en une seule, telle que nous l'avons décrit dans le plan à titre indicatif, nous rationalisons la répartition et l'exploitation des infrastructures. Nous développons de nouvelles relations basées sur les échanges et le partage d'un espace commun, entre les habitants de ces régions et un sentiment plus national et moins tribal. Nous standardisons dans toutes les Provinces, la mise en place d'un certain nombre d'infrastructures de base. Nous créons des entités administratives plus fortes et plus attractives pour les investisseurs. L'administration locale devient plus décentralisée, plus responsable, plus redevable envers la population. Les détails de fonctionnement seront précisés dans un projet de loi que les experts du Ministère de l'intérieur vont préparer.

–Et la Réforme Administrative est une étape majeure pour la réussite du Commandement et des Opérations Militaires, rassura le chef d'état-major. Sans elle, la coordination militaire et les autres services de sécurité comme la police et les renseignements, manque d'envergure, d'équilibre et de cohésion. La réforme administrative prépare le terrain d'un meilleur déploiement militaire, plus coordonné, plus opérationnel, plus efficace, répéta le général Sayyed Zazaï. Les deux réformes seront mises en œuvre simultanément, même si la réforme militaire ne fait pas l'objet de plusieurs déclarations publiques. Mais nous parlerons inévitablement de la Première, de la Deuxième, de la Troisième ou de la Quatrième Division Militaire, acheva-t-il.

–Le Ministère de l'intérieur sera-t-il en mesure de préparer rapidement le cadre législatif permettant la mise œuvre du projet ? Demanda le ministre de la défense.

–Certainement, répondit le ministre de l'intérieur. Au besoin, nous ferons appel à l'expertise du professeur Moudjahid pour encadrer nos techniciens.

–À court terme, le Plan mettra fin à la guerre. À moyen terme, les Réformes Économiques dont on parle dans le plan devront suivre sans tarder pour renforcer les acquis administratifs et militaires, signala le chef d'état-major.

–Là aussi, intervint Moudjahid, il s'agira de bien négocier avec les partenaires de l'OTAN, de bien cibler les projets prioritaires et rentables, créateurs d'emplois à haute intensité de main d'œuvre et à haute valeur ajoutée. Ensuite, il faudra utiliser cet argent dans la transparence la plus stricte. Dans le passé, notre gouvernement a souvent été accusé de mauvaise gestion. Cela doit s'arrêter. Il nous faudra placer des garde-fous, assurer le contrôle, afficher des résultats. Le Ministère de l'Economie ou de la Planification du Développement devra être très performant dans la conception des projets et dans leur exécution, qu'ils soient du secteur public ou du secteur privé. Sans cela, nous ne réussirons pas à créer des richesses ou à élever le niveau de vie de la population. Le peuple afghan nous attendra dans ce tournant-là. Autour de lui, les hommes se mirent à rire.

–Il a raison, glissa le chef d'état-major.

–Quelqu'un aurait-il encore une question ? Demanda le ministre de l'intérieur.

–Apparemment non, constata le ministre de la défense.

–Nos équipes peuvent alors se mettre au travail sans attendre la présentation du plan au parlement, conclut le ministre de l'intérieur.

–Je voudrais avant de partir demander au professeur Moudjahid s'il a une autre recommandation à faire pour la réussite du plan, demanda le conseiller du président.

–Oui, j'en ai une. Préparez une bonne équipe de communication pour bien transmettre le message à tous les niveaux. Certains aspects du plan peuvent surprendre et susciter des réticences ou de la méfiance. Une bonne communication sera nécessaire pour vaincre d'éventuelles résistances. Le Plan de Paix et de Sortie de Crise est un tout indivisible. C'est comme le corps d'un homme. Une plaie au pied fait souffrir le corps tout entier et peut immobiliser la personne au lit. C'est la même chose pour un pays. Nous devons le prendre dans sa totalité. Le pays est malade, il a besoin d'un traitement énergique, qui doit être pesé, mesuré, suivi, afin de bien gérer les effets et d'ajuster le traitement à chaque étape de la guérison. C'est pourquoi une bonne communication est nécessaire, pour nous assurer que la thérapie est bien administrée. Nous sommes sûrs que le traitement est bon, nous devons éviter qu'il soit refusé ou rejeté. Dans ces conditions, nous garantissons le succès. Au besoin nous soumettrons le projet de réforme, surtout administrative au référendum, conclut-il.

–Nous remercions une fois de plus le professeur Moudjahid, qui n'a pas voulu apprendre à soigner le corps de l'homme comme son père, mais qui a préféré apprendre à soigner le corps social, déclara Habibullah. Pour la première fois depuis son retour dans le pays, Abdullah Moudjahid fut secoué d'un grand éclat de rire. La séance fut levée dans une ambiance conviviale. En se dirigeant vers la sortie, tous les participants se demandaient si leur pays allait retrouver la voie de la paix et de la fraternité. Le conseiller politique du président n'avait pas eu à prendre des notes car tout était enregistré.

Une semaine à peine s'écoula et Moudjahid fut de nouveau invité à la présidence. Le secrétaire particulier du président lui précisa qu'un chauffeur du service viendrait le chercher. À l'heure convenue, une luxueuse Lincoln blanche de la Présidence se gara devant sa porte, mais Moudjahid préféra monter dans sa Honda CRV et suivit la Lincoln. Il trouva le président Mohammadzaï en compagnie de son conseiller politique et du ministre de l'intérieur. Après l'échange des formalités de politesse, le président aborda le sujet qui le préoccupait.

–Professeur Moudjahid, au cours de la dernière réunion tenue en présence des responsables de la défense, vous avez évoqué la nécessité d'une équipe de communication très performante, et l'éventualité de soumettre le Plan de Paix et de Sortie de Crise au référendum.

–Pouvez-vous expliquer davantage ce que vous voulez dire par une équipe de communication performante ?

–Monsieur le Président, le Plan comporte plusieurs points novateurs. Cette réforme administrative et d'autres projets qui suivront, vont transformer le pays en profondeur. Dès qu'ils seront mis en œuvre, le pays ne sera plus comme avant. Un nouvel Afghanistan sera né. C'est pourquoi le Plan de paix a besoin d'une bonne préparation du terrain pour qu'il soit réceptif, comme un agriculteur qui prépare son champ avant la semence. Nous aurons besoin d'une excellente couverture médiatique. Plusieurs descentes sur le terrain seront nécessaires pour conquérir l'adhésion populaire. Sans cela la réforme risquerait de rester incomprise, et partant compromise.

–Vous avez signalé aussi l'éventualité de soumettre le Plan de paix au Référendum, est-ce un passage obligé ou une simple éventualité ? Demanda le ministre de l'intérieur.

–Non, ce n'est pas un passage obligé. Mais le projet de réforme administrative a besoin de l'adhésion populaire. Le peuple aura besoin de comprendre où le gouvernement veut l'amener et pourquoi. Ce sera plus facile de faire passer les autres projets de réforme contenus dans le Plan de Paix et de Sortie de Crise.

–Professeur Moudjahid, j'aimerais connaître votre avis sur un point dont parlent de nombreux observateurs. La plupart de nos partenaires évoquent la possibilité de négocier avec les insurgés, alors que vous n'avez même pas fait allusion à cette éventualité dans notre Plan de paix et de création d'un pays nouveau, demanda le président.

–Moi aussi, depuis que je suis dans le pays, j'ai eu des échos, mais je reste sceptique. Les insurgés n'ont pas une structure organisationnelle connue. Nous ne connaissons ni leurs revendications, ni leur programme politique, économique et social. Seuls sont connus leur vœu du retrait des troupes étrangères et de l'instauration d'un état islamique. Pour ce qui est du retrait des troupes étrangères, le Plan de Paix et de Sortie de Crise en fait une priorité. Quant à l'instauration d'un état islamique, nous n'avons pas attendu les poseurs de bombes pour faire de l'Afghanistan un pays islamique. Il l'est à cent pour cent depuis plus de deux siècles.

–Que répondez-vous à ceux qui parlent de négocier directement avec les insurgés ? Demanda le conseiller politique.

–Aujourd'hui, toutes les conditions ne sont pas réunies. Le moment viendra sans doute quand le gouvernement se trouvera en position de force. Nous avons préparé un projet de société qui vise à assurer le bien-être du peuple afghan et à mettre fin à la guerre. Complétées par la mise en route de nos projets économiques, les deux réformes administrative et militaire placeront le gouvernement en position de force pour faire entendre sa voix, et peut-être, dicter sa loi lors d'éventuelles négociations. Mais le moment qui nous garantit le succès autour d'une table de pourparlers n'est pas encore arrivé. Notre force s'imposera après la mise en route de réformes accompagnées par une victoire progressive sur le terrain.

–Professeur Moudjahid, nous rencontrerons bientôt les représentants du corps diplomatique et nos partenaires de l'OTAN. Les mêmes questions, et d'autres encore, nous seront posées. Préparez cette rencontre en collaboration avec les ministres des finances et des affaires étrangères. Nous réussirons à concrétiser notre projet, conclut le président.

–Professeur Moudjahid, intervint encore le conseiller politique, il y a une semaine, en présence des dirigeants du ministère de la défense, vous avez dit « Notre pays est malade ». Notre traitement est bon, mais il faut s'assurer que le malade avale bien son traitement et ne le rejette pas. Je suis d'accord avec vous. Mais, le malade peut très bien avaler son traitement et ne pas guérir. Dans ce cas, que faut-il faire ? Abdullah Moudjahid se mit à réfléchir. La question le surprenait et l'intéressait à la fois.

–Vous soulevez là une question importante, Monsieur Hanifullah. En d'autres termes, vous me demandez si le traitement est adapté à la maladie. Vous dites, d'accord le traitement est bon, mais répond-il à la maladie ? Autrement dit, avons-nous fait un bon diagnostic de la maladie ? Je reconnais que c'est une très bonne question. Cela nous amène à nous interroger sérieusement sur les vraies causes de la crise actuelle. Cela revient à se demander : « Quel est le vrai problème de fond ? Pourquoi cette insurrection traîne-t-elle en durée ? Pourquoi les recrues de l'armée ou de la police désertent-elles pour aller grossir les rangs de l'insurrection ?

–Vous m'avez compris, affirma le conseiller politique. Notre Plan, continua-t-il, est excellent. Il apporte incontestablement le développement. Mais l'inquiétude subsiste. Une question lancinante se pose. Et si tout cela ne répondait pas au problème de fond ? Cette question ne quitte pas les esprits, acheva-t-il.

–Je reconnais que vous avez raison, déclara Moudjahid. J'ai focalisé davantage mes efforts sur les préoccupations du développement socio-économique, tel qu'un professeur d'économie qui a passé plus de la moitié de sa vie dans les universités occidentales les perçoit, et vous me rappelez une réalité brutale. Si notre approche n'apporte pas de réponse à la question de fond ? Si les gigantesques moyens militaires engagés dans cette guerre ne s'attaquent pas au problème de fond ? Le constat est incontournable. Notre pays est engagé dans un conflit à la fois idéologique et politique dont l'origine plonge peut-être ses racines hors de nos frontières. J'aimerais connaître votre opinion là-dessus, Monsieur Hanifullah.

–Je dois dire d'abord que toutes les propositions contenues dans le Plan de Paix et de Sortie de Crise sont excellentes, et porteuses d'espoir, déclara Faqeer Hanifullah. Mais il y a des questions auxquelles nous n'avons pas apporté de réponse.

Pourquoi l'insurrection se concentre-t-elle d'abord et avant tout dans les provinces du sud et de l'est, le long de la frontière avec notre puissant voisin du sud ? Pourquoi les chefs de l'insurrection se cachent-ils là-bas, et lancent des attaques à partir du pays voisin ? Pourquoi les camps d'entraînement sont-ils là ? Pourquoi nos frères pashtounes civils et militaires des provinces annexées par notre voisin du sud hébergent-ils le commandement de l'insurrection et se chargent de l'entraînement des combattants ?

Il y a certainement une raison. Notre plan, qui met l'accent sur les réformes socio-économiques et sur le développement, ne répond pas à ces questions fondamentales. Autrement dit, sans minimiser la qualité et la valeur du contenu, le plan demeure incomplet. Il ne s'attaque pas à la question de fond. Il s'attaque aux symptômes sans toucher à la cause. Nous devons le compléter. Le problème de notre pays n'est pas seulement l'ignorance et la pauvreté. L'origine du problème actuel est ailleurs. C'est tout ce que j'avais à dire.

–Je remercie sincèrement le conseiller politique du président. Cette observation est importante. Si nous n'abordons pas la question de fond, nous ne gagnerons jamais cette guerre, quels que soient les moyens engagés et les concessions faites. Nous avons le choix entre discuter de cette question maintenant, ou partir y réfléchir et nous rencontrer de nouveau dans quelques jours, ici ou ailleurs, pour en débattre. Les trois hommes se regardèrent. Le ministre de l'intérieur demanda la parole.

–Pour avoir osé ne fût-ce que montrer du doigt ce problème, nous avons fait un grand pas. Les questions soulevées par le conseiller politique sont assez révélatrices. Il ne sert à rien de nous voiler la face. Nous devons prendre le taureau par les cornes. À côté de la pauvreté, de l'ignorance et du sousdéveloppement de notre pays, il y a quelque chose d'autre. Il est vrai que certains groupes sociaux de notre pays longtemps défavorisés dans le passé, considèrent que la monarchie a été remplacée par une bureaucratie corrompue, identique à celle qui entourait le palais du roi.

Ces groupes rêvent encore d'une révolution radicale comparable à celle de Téhéran qui chassa le shah, pour installer à la tête du pays, des mollahs ou des imams. Mais ce n'est qu'un écran de fumée. Derrière cela, il y a autre chose. Monsieur Hanifullah a parlé du problème de nos frères pashtounes des deux Waziristân et du Pundjab annexés à notre voisin. Ces régions ont été des laissées pour compte. Elles n'ont pas connu le moindre développement contrairement au reste du pays. Nos frères pashtouns de ces régions se tournent aujourd'hui vers leur pays d'origine. Dans sa course pour égaler la population de son ennemi indien, notre voisin du sud a connu une croissance de la population sans précédent depuis sa création et son indépendance. Le pays étouffe sous le poids de la pression démographique, qui est l'une des plus fortes au monde. Il est au bord de l'explosion. Ses généraux, spécialistes en géostratégie le savent. Bloqué par la chaîne des Himalaya d'un côté, et par la mer de l'autre côté, le seul tuyau d'échappement, c'est-à-dire sa seule zone d'expansion terrestre, ne peut être que l'Afghanistan. Originaires de ces régions, les généraux pashtouns cherchent à installer un pouvoir qu'ils contrôlent à Kaboul, pour continuer à piller nos ressources d'abord, affaiblir progressivement le pays, prolonger son agonie, avant de l'annexer définitivement dans les années à venir.

Voilà pourquoi les camps d'entraînement des combattants qui attaquent notre pays sont implantés là-bas. Voilà pourquoi l'insurrection se concentre dans les provinces frontalières avec notre voisin. Voilà pourquoi toute la logistique de l'insurrection est fournie à partir de là. Le reste, c'est de la diversion. Ça ne sert à rien de se le cacher. Nous devons avoir le courage de regarder la vérité en face, si nous voulons crever l'abcès.

Un silence total s'abattit sur la salle. Le ministre de l'intérieur avait finalement osé dire ce que l'ensemble de la classe politique afghane murmurait tout bas sans le dire à haute voix de peur de s'attirer les foudres de l'insurrection.

–Est-ce que vous partagez le point de vue du ministre de l'intérieur ? Demanda gravement le professeur Moudjahid.

–Il a malheureusement raison, répondit le président Mohammadzaï d'une voix accablée. Notre voisin du sud ne veut pas de notre pouvoir, ni de notre stabilité quels que soient nos efforts. Il nous est difficile de contourner cet obstacle. Et puis, nous dépendons trop de lui aujourd'hui, de ses ports, de ses routes et de son industrie. C'est pourquoi les insurgés cherchent à couper l'axe Jalalabad –Kaboul, pour nous étrangler.

–Nous allons vaincre cet obstacle, déclara Moudjahid après un moment de réflexion. Pour cela, il nous faut établir de nouvelles mesures d'accompagnement de notre plan initial, sans remettre en cause les réformes proposées dans le plan. Tout le monde le regarda avec une certaine incrédulité.

–Professeur Moudjahid, croyez-vous sincèrement qu'il existe une toute petite possibilité de vaincre cet obstacle ou de le contourner ? Demanda le président Mohammadzaï, visiblement partagé entre le doute et l'espoir.

–Oui, je le crois, dit-il avec force. Et nous allons gagner. Soulagé, le président Mohammadzaï décida d'arrêter les débats pour laisser au professeur Moudjahid le temps de mûrir son idée, ensuite d'en discuter en privé, avant de l'exposer publiquement.

–Nous avons suffisamment travaillé aujourd'hui, arrêtons les débats ici, nous y reviendrons plus tard, déclara un Président Mohammadzaï soudain rempli d'optimisme. Il se tourna ensuite vers Abdullah.

–Professeur Moudjahid, préparez-moi ces mesures d'accompagnement qui complètent le plan initial. Dès que vous serez prêt, appelez mon bureau directement, pour que nous puissions en discuter, dit-il.

–Vous aurez le document d'ici une semaine, assura Moudjahid avec confiance.

A u volant de sa voiture sur la voie du retour, Moudjahid pensait encore aux révélations du ministre de l'intérieur et du conseiller politique à propos de la révolution manquée et des visées expansionnistes de leur voisin du sud.

–Si leur analyse est exacte, et tout indique qu'elle l'est, la situation est grave. Elle nécessite une révision complète de la stratégie, surtout militaire. L'implication des généraux et, par leur intermédiaire des services secrets du pays voisin, expliquait les succès de l'insurrection et les revers militaires essuyés par l'armée malgré les renforts massifs des troupes internationales. Une réorganisation totale de l'armée, et une révision globale de la stratégie militaire, s'imposaient pour renverser la situation. Avant de mettre au point les Mesures d'accompagnement du Plan Mohammadzaï, il appela Barzaï Loghar, le gouverneur de Kaboul.

–Monsieur le gouverneur, dit-il dès qu'il l'eut au bout du fil, j'aimerais vous rencontrer le plus tôt possible.

–Je t'invite à dîner demain à l'hôtel Golden Star à 12 h30, lui dit-il.

–C'est parfait, à demain, Inch'Allah. Il raccrocha.

Le lendemain, à 12h30 précises, le professeur Moudjahid se gara dans le stationnement de l'Hôtel Golden Star. Presque en même temps, Barzaï Loghar émergea de sa voiture et les deux hommes se dirigèrent l'un vers l'autre.

–Salam Alekum, Professeur Moudjahid.

–Alekum Salam, répondit Abdullah en tendant la main au gouverneur. Ils entrèrent au restaurant de l'hôtel. Curieusement, les clients n'étaient pas nombreux à cette heure de la journée. Le Directeur de la réception qui les avait vus entrer, vint lui-même prendre leur commande.

–Qu'est-il arrivé, Professeur Moudjahid ? Demanda Barzaï.

–Rien de grave, mais j'ai besoin de votre avis sur un point important pour compléter le Plan de Paix et de Sortie de Crise. Dernièrement, le conseiller politique du président a soulevé un point important qui mérite réflexion. Il a fait observer que notre plan s'est davantage soucié des réformes socio-économiques sans répondre nécessairement à la question de fond. Et le ministre de l'intérieur l'a complété en parlant de l'implication de notre voisin du sud et de ses généraux, particulièrement des membres de la communauté pashtoune originaires des provinces voisines avec notre pays.

Selon son analyse, ces derniers seraient largement impliqués dans le soutien de l'insurrection, et auraient des visées sur notre pays. Selon lui, là est la question de fond. Et notre plan ne s'attaque pas aux racines du problème, ce qui réduit ses chances de succès. Qu'en pensez-vous ?

Barzaï Loghar garda un moment le silence avant de confirmer l'analyse du ministre de l'intérieur et du conseiller politique.

–Ils ont raison, dit-il. C'est la vérité. C'est la raison pour laquelle la plupart des attaques viennent du sud ou de l'est. Et l'état-major de l'insurrection se cache de l'autre côté de la frontière chez notre voisin.

–Il paraît même que les camps d'entraînement sont là-bas, glissa Abdullah.

–C'est exact. Les camps d'entraînement sont là-bas. Sans s'attaquer à la base même du problème, il sera difficile de mettre fin au conflit. Il faut absolument trouver une solution.

–Il affirme que les membres de la communauté pashtoune originaires des régions annexées par le colonisateur au pays voisin aimeraient à la longue prendre le contrôle du pouvoir dans leur pays d'origine avant de l'annexer définitivement.

–C'est aussi une évidence.

–Dans ce cas, nous faisons face à une guerre à la fois politique et géostratégique qui dépasse le cadre socio-économique, l'emballage religieux n'est qu'un prétexte de mobilisation ?

–C'est très clair, reconnut le gouverneur.

–Croyez-vous que le président Mohammadzaï est suffisamment armé pour affronter l'adversaire sur ce terrain ? Demanda Moudjahid.

–Visiblement non, sinon l'insurrection ne gagnerait pas du terrain comme elle le fait.

–Vous soulevez un autre point important, pourquoi l'insurrection est-elle en train de s'implanter même dans des provinces qui étaient auparavant hors de son influence ?

–À cause sans doute des faiblesses de notre armée, et des insuffisances du renseignement. Cela prouve que tout l'appareil est déficient.

–Dans ce cas, il y a quelque chose qui ne tourne pas rond. Est-ce l'incompétence des personnes en charge ou des lacunes dans la stratégie ?

–Je dirais les deux à la fois, car ce sont les personnes en charge qui élaborent la stratégie.

–La guerre est politique, idéologique et géostratégique. Le plan Mohammadzaï doit prévoir des mesures d'accompagnement, parmi lesquelles une stratégie de riposte sur le terrain politique et idéologique, conclut Moudjahid.

–Quel est l'organe qui serait chargé de mettre cette stratégie en action ?

–L'armée elle-même.

–Comment ?

–Par la création d'un département politico-idéologique et religieux au sein de toutes les unités de l'armée.

–Jusqu'à présent cette branche n'existe pas, répondit le gouverneur.

–C'est pourquoi un certain pourcentage des recrues de l'armée gouvernementale désertent et vont renforcer le camp des insurgés. L'entraînement militaire ne définit pas correctement l'ennemi qu'il faut combattre.

–Vous avez probablement raison, c'est très compliqué, admit le gouverneur.

–Qui est responsable de l'entraînement des nouvelles recrues, ou de vos soldats en général ? Demanda Moudjahid.

–Les instructeurs de l'OTAN très expérimentés surtout dans la contre-insurrection, associés aux éléments de l'armée gouvernementale, répondit le gouverneur.

–Cela devrait changer rapidement, expliqua Moudjahid. Les troupes étrangères ne doivent pas former notre armée. C'est une lacune grave que nous devons corriger en urgence. L'armée afghane existe depuis plus d'un siècle. Elle doit trouver en elle-même suffisamment de cadres compétents et de patriotes capables d'assumer cette charge, et dispenser en même temps une formation politique, idéologique et même religieuse en fonction de l'objectif à atteindre.

C'est très urgent si nous voulons gagner la guerre sur le terrain militaire. Un combattant sans motivation patriotique ne peut pas gagner la guerre. Nous devons inverser la tendance, retourner même les insurgés et les convaincre de quitter l'insurrection pour se battre aux côtés de l'armée gouvernementale. Sans cela, aucune réforme ne peut aboutir.

–Professeur Moudjahid, je ne suis pas sûr que les dirigeants de notre armée possèdent cette dimension, ou s'ils font la même lecture de la guerre.

–C'est ce qui explique les défaillances sur le terrain. Devant une insurrection comme celle-là, il faut une armée politisée et sensibilisée sur la cause patriotique. C'est pourquoi une formation politico-militaire et même religieuse s'impose d'urgence au sein de l'armée. Cela doit faire partie des mesures d'accompagnement.

–C'est à vous de préparer ce plan, vous avez la carte blanche du président.

–Je vais certainement faire des recommandations dans ce sens. Nous ne pouvons pas confier la formation de nos militaires et d'autres forces de sécurité aux étrangers, et espérer gagner la guerre. Il y a aussi des mercenaires parmi les étrangers, paraît-il ?

–Oui, parmi ceux qui assurent la sécurité, il y a des sociétés militaires privées. C'est une sorte de mercenaires, reconnut le gouverneur.

–Et vous vous étonnez que l'insurrection gagne du terrain devant une situation pareille ? Notre peuple qui a fait reculer l'élite de l'armée soviétique ne peut pas supporter la présence de mercenaires sur son sol. L'orgueil du peuple a été blessé et les manipulateurs de l'insurrection n'hésitent pas à exploiter au maximum cette corde sensible pour justifier leur prétendue guerre sainte. Ses succès ne m'étonnent pas, ajouta Moudjahid.

–Que faut-il faire ? Demanda le gouverneur.

–Le plan Mohammadzaï doit recommander le départ immédiat de tous les membres des sociétés militaires privées. Leur travail doit être confié aux Afghans eux-mêmes. Ils en sont parfaitement capables, après une courte formation dispensée à cet effet par des patriotes nationaux. À côté d'une formation dans le domaine de la sécurité, ils reçoivent un cours d'éducation politique et religieuse destiné à cimenter leurs convictions patriotiques.

–Qui doit dispenser ce cours ? demanda encore le gouverneur.

–Des formateurs spécialisés. Ils doivent apprendre aux modèles sociaux l'histoire de leur pays, son évolution, sa situation socio-économique, ainsi que sa place dans le contexte géopolitique régional et mondial. C'est le même cours qui doit être dispensé aux combattants militaires, à côté du maniement des armes à feu. Sans cet encadrement politico-idéologique, le militaire n'est qu'un tueur en puissance, il ne peut pas gagner une guerre comme la nôtre.

–Je vous comprends, mais je dois reconnaître que ce modèle de formation n'a jamais été dispensé. Les insurgés qui consacrent plusieurs heures d'endoctrinement dans les camps d'entraînement, possèdent une importante longueur d'avance sur nous dans ce domaine, avoua le gouverneur. Si j'ai bien compris, vous recommandez que l'entraînement des combattants soit confié exclusivement aux instructeurs afghans, ensuite le retrait immédiat des sociétés militaires privées, et leur remplacement par des Afghans formés à cet effet. Le ministère de la défense se chargera des modalités..

–J'ai encore une autre question, reprit Moudjahid.

–Vous pouvez la poser, nous sommes ici pour ça.

–Les responsables de la défense et des autres services de sécurité sont-ils des gens parfaitement fiables, compétents et patriotes ? Demanda-t-il.

–Certains accusent des défaillances. Ne sois pas surpris si demain ou après demain tu apprends le remplacement de tel ou tel.

–Nous nous engageons dans une phase délicate de la guerre.

Nous ne pouvons pas nous permettre une défaillance à des niveaux de responsabilité très sensibles. Non seulement le succès de la guerre en dépend, mais la vie des gens est en jeu, par exemple la mort récente du Colonel Jonathan Perkins, tué par l'explosion d'un véhicule piégé lancé contre son convoi, avant même de sortir de la capitale Kaboul. Vous avez besoin des compétences sans failles. Et l'armée afghane a certainement des hommes capables de relever ce défi.

–Je suis parfaitement d'accord.

–Comme nous l'avons dit, le Plan Mohammadzaï de sortie de crise est un tout indivisible. Il s'agit de mettre en route des réformes administrative et socio-économique d'un côté, mais de l'autre, il s'agit d'engager une restructuration du système de la défense, basée sur une armée et des autres services de sécurité ayant reçu une éducation politique et patriotique dispensée par des Afghans eux-mêmes. La guerre sera gagnée à coup sûr.

–Je ne sais pas si nous aurons assez de ressources humaines pour mener à bien ce projet, mais je partage votre avis.

–Nous allons les former, assura Moudjahid. Le dîner était terminé. Le gouverneur régla l'addition. Ils sortirent ensuite de l'hôtel. De retour chez lui, Moudjahid se mit à préparer ce qu'il appelait les Mesures d'Accompagnement du Plan de Paix et de Sortie de Crise qui devait mettre fin à la guerre. Elles comprenaient notamment, le lancement d'une campagne de sensibilisation sociale basée sur des cours condensés d'éducation politique, d'amour patriotique, de l'histoire de leur pays et de sa place dans le monde, des notions de sociologie des peuples, des enjeux économiques et géopolitiques, sans oublier la place de la religion dans la vie de chacun. Ce cours, disait-il, était destiné à favoriser une prise de conscience patriotique, à former un esprit ouvert, tolérant et pacifique chez les citoyens. Il devait s'étendre jusqu'aux membres des forces armées et des autres services de sécurité. Et l'entraînement de l'armée devait être confié essentiellement aux instructeurs afghans, sauf pour de rares cours spéciaux dans lesquels les instructeurs étrangers seraient plus avancés.

Un chapitre spécial était consacré à une approche stratégique qui devait sécuriser le pays dans un délai de six à douze mois. La finalisation en revenait aux experts du ministère de la défense. Seule la prise de conscience patriotique du peuple tout entier pouvait contrecarrer les visées expansionnistes cachées derrière l'insurrection. Pour couronner le tout, il recommanda la création au sein du gouvernement, d'un secrétariat chargé de la Promotion de la Femme et de l'Intégration Sociale. Il fallait absolument associer les femmes à toutes les réformes, même si ce geste risquait d'attiser l'agressivité des insurgés qui refusaient obstinément le changement du statut de la femme. Pour les défenseurs de ce mouvement insurrectionnel inspiré d'un islam radical et conservateur, les femmes étaient perçues comme des êtres inférieurs, qui doivent quitter la maison uniquement pour se rendre à la mosquée. Cela ne pouvait pas continuer. Avant de conclure, il aborda brièvement la question des négociations qui fut à l'origine de l'élaboration de ce document. Il n'y a aucun danger à envisager un jour les négociations avec les insurgés, écrit-il. Une fois que le gouvernement sera en position de force, les négociations s'imposeront automatiquement pour tendre la main aux dirigeants des insurgés, et leur ouvrir une porte de sortie. Mais le gouvernement doit d'abord se placer en position de force pour convaincre. Le moment venu, une commission spéciale se penchera sur la question et déterminera la stratégie à adopter, en fonction des arguments en présence. Il clôtura son document et le déposa entre les mains du chef de cabinet du président quatre jours après la discussion menée au palais présidentiel. En attendant le rendez-vous avec le président, il retourna à ses occupations avec le sentiment d'un devoir accompli. Il pouvait de nouveau se concentrer sur ses obligations.

Les machines sont arrivées, lui dit Yasmine, en lui tendant le bordereau d'expédition et un fax envoyé par l'agence internationale des transports.

–C'est fantastique! S'exclama Abdullah. Où en sont les bâtiments ?

–Les toitures sont déjà posées, les machines seront directement installées. D'ici un mois, les travaux d'essai pourront commencer. Et si tout va bien, d'ici deux à trois mois, les premiers sacs de la Yasma Ittihad Production seront sur le marché, ajouta Yasmine avec fierté.

–Je voudrais faire un tour au chantier maintenant. Est-ce que tu peux venir avec moi ?

–J'appelle d'abord le directeur des travaux pour m'assurer qu'il soit là.

Ils montèrent ensuite à bord de la Honda CRV d'Abdullah et se rendirent au chantier. Abdullah apprécia énormément l'aménagement du site, les bâtiments presque achevés, la cheminée qui s'élançait vers le ciel, les bureaux administratifs, les fours de cuisson et de refroidissement qui produiront le clinker, le silo de séchage et de broyage, les laboratoires de contrôle de qualité, les cantines pour employés, les petites allées entre les jardins, tout avait été conçu et exécuté par une entreprise visiblement expérimentée.

–Tu as fait un travail formidable, dit-il à sa femme en posant un doux baiser sur sa joue.

–Ce n'est pas moi, ce sont les ingénieurs de la Jiangxi Construction Inc, répliqua Yasmine profondément flattée.

–C'est le premier cadeau que nous allons offrir à notre pays, reprit Moudjahid.

–Quel sera le deuxième ? Demanda Yasmine en regardant son mari dans les yeux.

–L'enfant que tu portes en toi, répondit Abdullah en caressant doucement le ventre de sa femme. La visite dura à peu près une heure. Le directeur des travaux leur affirma que la production d'essai commencerait au plus tard dans un mois.

–Nous pouvons déjà commencer le recrutement et la formation du personnel, ajouta-t-il. Au cours de la première année de production, la société chinoise s'était engagée à fournir cinq techniciens, dont le directeur de la production pour encadrer et former leurs successeurs afghans. Mais les techniciens chinois ne seront pas obligés de rentrer chez eux à la fin de ce contrat. La Yasma Ittihad Production envisageait de leur proposer un contrat de plus longue durée. De retour du chantier, Abdullah emmena sa femme manger à l'hôtel Safi Land Mark.

En lisant le document consacré aux Mesures d'Accompagnement du Plan de Paix et de Sortie de Crise qui portera son nom devant la postérité, le président Mohammadzaï fut surpris de constater que l'auteur du document se concentrait essentiellement sur les aspects militaires et de sécurité. L'annexe du plan contenait un certain nombre de nouveautés. Il appela immédiatement le chef d'état-major de l'armée, le général Sayyed Zazaï pour lui demander son avis, avant de discuter pleinement avec l'auteur du document. Le général Sayyed Zazaï arriva au Palais une heure plus tard. Sans être inquiet, le général se sentait un peu curieux, car cette sorte d'invitation était la première depuis les deux années qu'il venait de passer à la tête de l'état-major des armées. Il fut reçu par le président lui-même en compagnie de Mohammed Mansour, son secrétaire particulier et de son conseiller politique, Faqeer Hanifullah.

–Général Zazaï, commença le président, comme tu le sais, nous préparons un Plan de Sortie de Crise qui doit mettre fin à la guerre et permettre le retrait des troupes étrangères. Le temps est compté. Tous les pays engagés sont pressés de retirer leurs troupes et ils n'ont pas tort. Ils ont assez donné. Ils ont fait assez de sacrifices. L'auteur du premier document consacré presque exclusivement à la réforme administrative et socio-économique a produit un complément consacré cette fois-ci aux questions militaires et de sécurité. Je veux connaître ton avis sur ces Mesures d'accompagnement. Mohammed Mansour lui tendit immédiatement une copie du document classé top secret.

–Pour commencer, l'auteur du document estime que l'instruction militaire à tous les niveaux de l'armée, du recrutement initial aux cours de perfectionnement des officiers et sous-officiers, doit être confiée aux Afghans eux-mêmes et non plus aux instructeurs étrangers. Que penses-tu de cette mesure ? Est-elle réaliste avec garantie de bons résultats ? Demanda le président. Ému jusqu'aux larmes, le général Zazaï s'essuya les yeux avec ses deux mains avant de dire quelque chose.

–Allah Akbar! Monsieur le président. L'auteur de ce document est non seulement un homme d'expérience, mais c'est aussi un bon musulman et un grand patriote. Et il connaît son peuple pour lequel il a beaucoup de respect.

–Que voulez-vous dire ?

–Cette mesure est possible. Je peux même dire que nous avons tardé à l'adopter. Je ne pouvais pas l'espérer. C'était pour moi un rêve. Oui, je vous le confirme, cette responsabilité incombe aux Afghans eux-mêmes et ils en sont capables.

–Ce n'est pas tout, reprit le président. L'auteur du document recommande une réorganisation des forces militaires sur le terrain, avec le déploiement des seules forces afghanes d'abord dans les régions du nord, de l'ouest, et de l'est jusqu'au corridor du Wakhan, ainsi que des environs de Kaboul. Ce déploiement devrait selon lui, s'accompagner d'un retrait progressif des troupes étrangères stationnées dans ces zones. Elles seraient alors repliées vers le sud, avant leur retour définitif dans leurs pays d'origine. L'armée afghane et les autres services de sécurité dit-il, seraient capables d'assurer la sécurité totale de ces régions de façon à ne plus entendre même l'explosion d'une grenade.

Pensez-vous que cette prévision soit réaliste ? Le général Zazai réfléchit un moment.

–C'est un défi, mais c'est un objectif que nous devons atteindre. Comment l'auteur du document entend-il réaliser cette sécurisation totale ? Demanda le général Zazaï.

–Pour lui, les soldats afghans entraînés par des Afghans, ayant reçu une éducation politique appropriée, appuyés par d'autre cadres sociaux eux-mêmes politiquement formés, devraient être capables de convaincre la population de cesser tout soutien offert aux insurgés et à les dénoncer s'il le faut.

Et puis l'auteur du document conseille de ne plus tuer les insurgés attrapés sur le champ de bataille, car ce sont eux aussi de êtres humains qui doivent être protégés. Il conseille une autre forme de prise en charge, basée sur une rééducation dispensée dans des centres d'apprentissage installés à cet effet, pour leur donner une chance de retourner se battre aux côtés de l'armée gouvernementale. Subitement, la face du Général Zazaï s'éclaira. Un grand sourire, qui mettait en évidence des dents blanches bien alignées sous une moustache épaisse et bien coupée, illumina son visage.

–Monsieur le Président, c'est un défi qui vaut la peine. L'auteur de ce document devrait faire partie des forces armées. C'est un des nôtres, déclara le chef d'état-major.

–Ce n'est pas tout, reprit le président. Il recommande, notamment le retrait immédiat des sociétés militaires privées, considérées à juste titre comme des mercenaires. Il estime que tout le travail de sécurité non spécifiquement militaire devrait être assuré par des Afghans formés pour ça. Pour lui, il suffirait de leur donner un entraînement adéquat, de courte durée, accompagné par une éducation politique de base. Ils s'acquitteraient parfaitement de ce rôle, affirme-t-il.

–Dans combien de temps cette mesure pourrait-elle démarrer ? Demanda le général Zazaï.

–Le plus vite possible, affirme l'auteur du document. Pour lui, la présence d'un seul mercenaire sur le sol devient une source de légitimité pour l'engagement des combattants étrangers qui se battent dans les rangs de l'insurrection.

–Il a raison, n'est-ce pas ? Reconnut le chef d'état-major. Monsieur le président, il est urgent de ne plus attendre.

–Selon l'auteur du document, après avoir réorganisé l'armée et dispensé l'éducation politique appropriée, elle devrait être capable de sécuriser non seulement le nord et l'ouest, mais aussi toute la région de la capitale, tout le corridor du Wakhan, ainsi que l'axe Kaboul-Jalalabad-Peshawar, et cela dans un délai qui ne dépasserait pas six mois. Qu'est-ce que vous en pensez ?

–C'est la même logique. Une fois la sécurisation du nord et de l'ouest obtenue, sans un seul coup de feu à Kunduz, à Faizâbâd, à Mazaré-Sharif jusqu'à Herat, les méthodes utilisées ayant conduit à ce succès, permettraient aussi la sécurisation du corridor-est jusqu'à Jalalabad. Je dois reconnaître que ce serait une avancée significative majeure.

J'espère que l'auteur du document prévoit d'autres mesures d'accompagnement, cette fois-ci politiques, qui ne sont pas nécessairement détaillées, mais qui doivent être entreprises parallèlement. Dans ces conditions, la réussite de ce plan devient réalisable. Et la victoire dans d'autres régions ne serait plus qu'une question de temps.

–En effet, il recommande d'autres mesures d'accompagnement tel que l'éducation politico-religieuse de base dispensée à tous les niveaux de l'armée et aux cadres de l'administration civile.

–Ce serait un tournant important dans cette guerre, déclara le chef d'état-major.

–Général Zazaï, reprit le président, parmi les mesures recommandées, l'auteur n'hésite pas à proposer une vigoureuse promotion de la femme, afin d'associer cette force, qui ne représente pas moins de cinquante pour cent de la population, à la pacification du pays. Cette audace ne risque-t-elle pas de nous aliéner l'adhésion de ceux qui veulent enfermer les femmes au foyer ?

–C'est certainement un risque, mais qui peut se révéler payant, à moyen et à long terme.

C'est une autre forme de guerre à mener, mais il vaut mieux se battre sur les deux fronts simultanément que séparément. Il invite le peuple afghan à sortir des sentiers battus, à grandir et à devenir adulte. Si cette révolution pacifique mène à la paix, nous acceptons le risque et nous payons le prix. Si la guerre est gagnée dans ces conditions, il est clair que rien ne sera plus comme avant et que nous allons la gagner, conclut le chef d'État-Major.

–Je voulais juste vous prévenir, avoir votre avis sur ces mesures complémentaires, et vous inviter à préparer cette nouvelle phase de la bataille, c'est-à-dire cette réorganisation de l'armée afghane destinée à lui confier toutes les responsabilités, du recrutement aux combats sur le terrain, en passant par l'instruction dans les camps d'entraînement.

–Monsieur le Président, l'auteur du document insiste beaucoup sur les cours d'éducation politico-religieuse dispensés à tous les niveaux de l'armée et aux autres cadres de l'administration civile. Qui va donner ces cours ? Les militaires ne sont pas préparés.

–Cela suppose la création, au sein de l'armée, d'un département politique. Le cours sera d'abord dispensé aux officiers recrutés dans différentes unités. Ils vont constituer la charnière de base. Ensuite le cours s'étendra jusqu'aux plus bas niveaux.

–Vous avez aussi parlé d'une rééducation des insurgés attrapés au front. Est-ce le même cours qui sera dispensé à ces groupes durant la période d'apprentissage ?

–Oui et non, répondit le président. Il y aura des réajustements à chaque niveau, pour adapter l'enseignement aux candidats. Mais l'objectif poursuivi restera le même, ajouta le président Mohammadzaï.

Diplômé lui-même en sciences politiques de l'université de Kaboul, le président Mohammadzaï avait saisi rapidement l'importance de l'éducation politique dispensée aux adultes, dans le cadre d'une mobilisation sociale au service d'une cause.

–J'adhère totalement au plan. Maintenant, nous prenons les choses en mains, et nous savons où nous allons. J'ai une dernière question Monsieur le Président, ajouta le chef d'état-major.

–Je vous écoute.

–Avez-vous l'intention d'opérer quelques réajustements a sein du gouvernement pour accroître son efficacité, en vue de la mise en exécution de ce Plan à la fois de guerre et de paix ? Le président laissa courir sur son visage un sourire malicieux.

–Nous allons y réfléchir, dit-il.

–Je vous remercie, Monsieur le Président. Maximisez les chances de succès de ce plan. C'est un défi de taille, mais l'Afghanistan compte des milliers d'hommes et de femmes capables de relever ce défi. Le chef d'état-major se leva, salua le président et se dirigea vers la sortie. Un optimisme étrange remplissait son cœur. Le Président Mohammadzaï se tourna alors vers le conseiller politique.

–Nous avons maintenant l'avis d'un homme de terrain. Selon lui, notre Plan de Sortie de Crise a une chance d'aboutir. C'est à vous maintenant de me dire ce que vous en pensez, dit-il au conseiller politique. Celui-ci se tourna sur son siège.

–Les mesures d'accompagnement abordent essentiellement le côté militaire. J'aime mieux me fier à l'appréciation d'un professionnel reconnu comme le général Sayyed Zazaï. J'y crois maintenant, même si le plus dur reste à faire.

–Avant de sortir, le chef d'état-major a soulevé un point intéressant en parlant d'un réajustement au sein du gouvernement afin d'aligner une équipe susceptible de gagner le combat. Pensez-vous qu'un réajustement s'impose ? Demanda le président.

–Ce plan est très important dans l'histoire de notre pays. Je dirais même qu'il va marquer un tournant décisif dans notre histoire. Nous devons réunir toutes les conditions pour lui donner une chance de réussir.

–Qu'entendez-vous par là ?

–Il serait par exemple, intéressant d'associer l'auteur du plan à son exécution en tant que membre du gouvernement.

–À quel poste, je veux dire quel ministère lui confier ?

–Nous prendrons le temps d'y réfléchir, je ne ferme aucune porte.

Six mois venaient de s'écouler depuis le lancement des travaux de construction de la nouvelle cimenterie de Kaboul. En contemplant les résultats obtenus, Yasmine n'en revenait pas. Elle était particulièrement excitée cette après-midi, en entendant le ronronnement des machines que les ingénieurs mettaient en essai. Le futur directeur de production affirmait que les premiers sacs de ciment devraient sortir en moins d'une semaine. L'installation des machines était terminée. Les camions déchargeaient chaque jour des tonnes de matières premières. Les laboratoires chimique et physique étaient opérationnels. Yasmine était émue jusqu'aux larmes. Il y avait quelque chose de magique. Elle allait désormais diriger sa propre entreprise et, plus jamais, elle ne demanderait du travail à quelqu'un. Un an auparavant, elle n'aurait même pas imaginé qu'elle franchirait cette étape dans sa carrière. Elle s'était même offert le luxe de participer à la conception du sac d'emballage, marqué du sceau de l'entreprise, qui allait devenir célèbre dans tout le pays. Elle se préparait à lancer la campagne publicitaire et à planifier l'inauguration officielle. Le début de la production coïncidera avec le début de l'été, période au cours de laquelle les travaux de construction sont plus denses. L'idée d'organiser la réception des invités dans les jardins même de l'usine, en plein air, la comblait de joie. Abdullah devra m'aider à dresser la liste des invités, pensa-t-elle. Je ne connais pas encore beaucoup de monde ici à Kaboul, se dit-elle. Arrivée à la maison, Yasmine aborda aussitôt le sujet de l'inauguration avec son mari.

–Tu devras dresser la liste des invités, moi je ne connais pas encore beaucoup de monde, dit-elle.

–Ce n'est pas difficile, répondit Abdullah. Nous allons identifier les entreprises cibles qui forment des clients potentiels, auxquelles vont s'ajouter certaines personnalités officielles et des journalistes de la radio et de la télévision. Est-ce que tu as déjà fixé la date de l'inauguration ? Demanda-t-il.

–Pas encore. Nous allons la fixer ensemble. J'aimerais aussi inviter notre famille de Montréal. C'est une belle occasion d'inviter ta mère et nos enfants, pour qu'ils viennent assister à l'événement, et m'aider à préparer la fête.

–C'est une excellente idée, reconnut Abdullah. Ainsi ma mère pourra décider si elle reste ici ou si elle retourne à Montréal.

–J'espère qu'elle acceptera de rester avec nous. Ce serait un grand plaisir pour moi.

–Je respecterai son choix. Je ne ferai rien pour l'influencer, déclara Abdullah. Nous l'invitons d'abord, ensuite on verra.

–J'ai déjà une idée de son travail, si elle accepte de rester, avança Yasmine.

–De son travail! Qu'est-ce que tu veux qu'elle fasse à 75 ans ?

–On pourrait monter le projet d'une garderie et lui demande de la superviser pendant quelques années.

–Tu es géniale, je n'aurais jamais pensé à la sortir de sa retraite. Elle peut accepter car elle a toujours été très active dan sa vie. Elle n'aime pas rester assise à ne rien faire

–Et si on invitait Marie-Anne en même temps ? Elle a exprimé le désir de venir à Kaboul. Ce serait pour elle une belle occasion, dit Yasmine.

–Essaie toujours. Si son emploi du temps le lui permet, ce serait intéressant.

–Tu prépares la liste des invités, moi j'appelle Montréal lui dit-elle.

–Je suis d'accord, déclara Abdullah en prenant une feuille et un stylo, tandis que sa femme soulevait le téléphone, pour appeler la famille à Montréal. Elle commença par sa belle-mère et eut Samina immédiatement au bout du fil. Elle lui exposa l'idée et sa belle-mère se dit enchantée, en acceptant de venir.

–Quelle est la date de l'inauguration ? Demanda-t-elle.

–Laissez-moi demander à Abdullah, dit-elle.

–Dans combien de temps allons-nous organiser l'événement ?

–Mettons dans un mois, pour donner à tout le monde le temps de se préparer, répondit-il.

–C'est dans un mois, dit-elle à sa belle-mère, la date exacte sera précisée plus tard, je voulais seulement obtenir votre accord de principe.

–Est-ce que les enfants viendront aussi ? Demanda Samina.

–C'est ce que nous souhaitons, mais ça dépendra de leur disponibilité. Je dois leur parler d'abord. Elle appela ensuite Marie-Anne qui promit à son tour de faire de son mieux pour faire le voyage. Ce fut ensuite le tour des enfants. Elle commença par son fils aîné Aziz. Elle obtint l'accord de principe.

–Je n'ai pas beaucoup de temps, lui dit Aziz. J'aurai à peine 24 à 48 heures, pas plus. Il était en compagnie de son petit-frère Hassan. Ce dernier arracha presque le téléphone des mains de son frère pour parler à sa mère.

–Mes examens et tous les travaux scolaires sont terminés Maman, je vais sauter dans le premier avion, et je viens t'aider à faire les préparatifs, dit-il. Yasmine accueillit la nouvelle avec beaucoup de joie. Elle n'en fut pas surprise car Hassan, son second fils lui était très attaché.

–Laissez-moi appeler Nasla pour m'assurer qu'elle sera aussi disponible, dit Yasmine.

–Nous ferons tout pour l'amener Maman, affirma Hassan qui croyait posséder une certaine autorité sur sa sœur, dans les affaires d'ordre familial. Et Yasmine parla à sa fille.

–J'avais l'intention de chercher un emploi de vacances ici à Montréal. Tu n'as rien pour moi ? Tous les postes sont déjà occupés ? Demanda-t-elle en riant.

–Nous verrons quand tu seras sur place. Sa fille remercia à l'avance et raccrocha.

–Les enfants ont accueilli la nouvelle avec enthousiasme. Ils viendront tous assister à l'inauguration, dit-elle à son mari.

–C'est une bonne nouvelle, se félicita Abdullah. Tu as trouvé une raison de les motiver. Yasmine sourit, heureuse de réunir ses enfants autour d'elle.

–Et si on sortait dîner au restaurant maintenant ? Demanda Abdullah.

–Je me sens fatiguée. J'aimerais mieux ne pas sortir. Sauf si on commande le repas, et on l'amène ici, dit-elle.

–Dans ce cas, je vais le chercher, ne te dérange pas, dis-moi ce que tu aimerais manger.

–Je te laisse le choix, je mangerai avec plaisir ce que tu choisiras. J'ai des fruits ici.

–Tu fais la commande au téléphone, et moi j'irai la chercher suggéra Abdullah.

–C'est parfait, dit-elle. Il nous reste maintenant à préciser la date de l'inauguration, pour que je puisse préparer les cartes d'invitation, de préférence en fin de semaine. Son mari comptait inviter aussi Robert Dufourg.

–Je l'appellerai après avoir fixé la date, se dit-il.

L e professeur Moudjahid franchissait à peine le portail d'entrée de l'université, lorsqu'il entendit la sonnerie de son téléphone portable. Il ralentit l'allure, se dirigea vers le stationnement et prit son téléphone. Il reconnut aussitôt la voix du directeur de cabinet du président.

–Le président veut te voir. Quand est-ce que tu seras libre ? Lui demanda-t-il.

–Cette après-midi à 15 heures, si cela vous convient, répondit Abdullah.

–À 15h30, c'est encore mieux, répondit Mohammed Mansour.

–Nous sommes d'accord pour 15h30, je serai là. Mansour lui souhaita une bonne journée et raccrocha.

À l'heure convenue, Abdullah Moudjahid fut de nouveau reçu par le président Mohammadzaï.

–Professeur Moudjahid, commença le président, chaque jour qui passe, la pression devient de plus en plus forte non seulement sur nous, mais aussi sur nos partenaires. Vous avez suivi comment le général Craig Magnus, commandant des forces armées de la plus grande puissance militaire du monde, a eu un malaise devant une commission du Sénat, qui lui demandait d'indiquer le calendrier, même provisoire, du retrait de leurs troupes ?

–Oui, j'ai suivi. Il a eu un malaise, et les débats furent reportés au lendemain.

–Cela montre à quel point la guerre dans notre pays est devenue un terrible casse-tête pour les autres. Nous devons agir, et nous devons réussir. Nous n'avons plus le temps d'attendre. C'est une course contre la montre.

–Je suis conscient de l'urgence, reconnut Moudjahid.

–Je vous ai appelé pour planifier la phase d'action. J'ai discuté des mesures d'accompagnement du Plan de paix avec le chef d'état-major, il est parfaitement d'accord avec les propositions faites. Il a déclaré qu'il était prêt à vous accorder un grade dans l'armée, et que vous méritez de les rejoindre.

–Son compliment est un honneur pour moi. Dites-lui que nous sommes tous prêts à endosser l'uniforme pour défendre l'honneur de la patrie.

–D'après ce que j'ai compris, avant de procéder au nouveau déploiement des troupes et de lancer les grandes batailles destinées à rétablir la sécurisation des zones du Nord, de l'ouest, du centre et partiellement de l'est, en attendant de se diriger vers le sud, d'après vous, il faut commencer par dispenser rapidement le cours d'éducation politique, aussi bien aux forces armées qu'aux cadres de l'administration civile ?

–C'est exact, répondit Moudjahid.

–Mais le cours n'est pas prêt. Combien de temps sa préparation prendra-t-elle ?

–Très peu de temps à mon avis, ça dépend des personnes qui en seront chargées.

–À qui doit-on confier ce rôle ?

–Tel que je le conçois, le cours doit contenir un condensé de l'histoire de notre pays, un chapitre sur l'évolution de l'homme et des sociétés à travers les âges, un chapitre sur l'économie politique, dans lequel on parlerait des enjeux nationaux, régionaux et mondiaux, ainsi que des priorités d'une nation en vue des objectifs à atteindre. Un autre chapitre serait consacré au patriotisme, au nationalisme et à l'impérialisme, pour inciter notre peuple à faire très attention aux manipulations cachées derrière la guerre des insurgés. Un autre chapitre, qui serait jugé pertinent comme la place de la religion dans la vie des citoyens et de la nation serait aussi inclus. Le document de base, pour chaque chapitre rédigé de façon synthétique et accessible aux gens ordinaires, serait préparé par une compétence reconnue dans la matière tel que des professeurs d'histoire, de sociologie, d'économie, des sciences religieuses et autres. Je me chargerai, par exemple, du chapitre consacré à l'économie politique, au patriotisme et au nationalisme. Le cours doit être synthétique et simplifié, les détails approfondis seront abordés au cours des débats, en fonction du niveau de l'auditoire, conclut Moudjahid.

–Je comprends l'importance et la portée, répondit le président.

–Le dernier chapitre, mais qui n'est pas le moindre, parlerait de la promotion de la vertu et de la prévention du vice dans une société donnée. Il aurait pour but de montrer à notre peuple que notre gouvernement est profondément attaché aux valeurs de l'Islam, que tout bon musulman doit observer et promouvoir, sinon Allah n'accepterait aucune de nos prières. On demanderait à un Ouléma modéré de le préparer. À mon avis, ce cours serait complet. Il suffirait pour atteindre notre objectif de conquérir l'adhésion massive et pacifique du peuple.

Cette forme d'éducation est destinée à renforcer la conscience des combattants, car un militaire sans éducation politique et une conscience patriotique ne peut pas gagner la guerre. Le Président Mohammadzaï fit plusieurs fois oui de la tête, pendant que Mohammed Mansour enregistrait tout ce qui se disait.

–Faut-il demander au ministre de l'éducation d'identifier les personnes compétentes, ou faut-il confier ce travail aux cadres du parti ?

–Les deux à la fois. L'important dans tout ça est que la personne qui dispense le cours soit elle-même imprégnée d'une bonne dose de patriotisme pour convaincre son auditoire. Les personnes qui auront suivi ce cours doivent être en mesure de le dispenser à leur tour. À la fin, tous les cadres de l'administration civile auront assimilé le contenu du cours, et s'en serviront comme outil de mobilisation pour le développement.

–Comment le cours sera-t-il dispensé au sein des forces armées ? Demanda le président.

–En accord avec les dirigeants du ministère de la défense et de l'état-major, le cours sera d'abord dispensé à tous les commandants des divisions, des brigades, des bataillons, et des unités spécialisées au cours d'un séminaire. Ensuite le cours descendra progressivement aux plus bas niveaux, jusqu'aux soldats des tranchées et des nouvelles recrues. À côté du maniement des armes, ce cours constituera la formation patriotique de base. C'est pourquoi l'entraînement des troupes doit être confié aux Afghans eux-mêmes, capables d'offrir cette fondation spirituelle et patriotique. Le rôle des instructeurs étrangers a atteint ses limites. L'éducation politique se poursuivra alors dans toutes les unités de l'armée partout sur le terrain. Elle sera dispensée par des militaires choisis et formés à cet effet. Cela veut dire que chaque bataillon, chaque peloton aura son conseiller, ou commissaire politique selon le terme choisi. Le Président Mohammadzaï, lui-même formé en sciences politiques, comprenait l'importance de l'enjeu.

–Tous les cadres du parti et de l'Administration civile doivent à leur tour le maîtriser.

–C'est une évidence. C'est l'outil de base de mobilisation sociale, bien emballé dans des principes religieux, pour plaire à ceux qui ont besoin d'entendre ce langage.

Grâce à cette éducation politique, le peuple sera préparé à accueillir les prochaines réformes administratives et socio-économiques qui vont bouleverser profondément le paysage social de notre pays, acheva Moudjahid.

–C'est vrai que rien ne sera plus comme avant, reconnut le président.

–Nous avons un jour parlé d'une bonne équipe de communication, mais ça va aller plus loin. Même les acteurs des médias suivront ce cours. C'est pourquoi il doit reposer sur des bases théoriques fiables, quoique très simplifiées pour être accessibles.

–Professeur Moudjahid, nous n'aurons peut-être pas le temps de revenir sur la question. Bientôt nous passerons à la phase d'action. Il est certain que nous aurons besoin d'ajuster notre équipe gouvernementale, vous connaissez la structure de mon gouvernement. Y a-t-il un département à ajouter ou à modifier pour la réussite de notre Plan de paix qui engagera notre pays dans une sorte de Révolution tranquille ? Moudjahid réfléchit d'abord à la question, comme si elle le prenait par surprise.

–À mon avis, il serait intéressant de condenser certaines choses, dit-il.

–Comme quoi par exemple ?

–La création d'un ministère chargé de l'Industrie, des Mines, de l'Energie et du Développement Durable, serait bénéfique au développement économique. Et puis, la création d'un département chargé de la Planification et la Coordination des Réformes Institutionnelles qui travaillerait étroitement avec le ministère des finances, renforcerait l'efficacité du gouvernement. Mais le corps gouvernemental doit fonctionner comme le corps humain. Chaque organe joue son rôle, tout en étant complémentaire avec les autres et au service de l'ensemble. D'autres gestes d'accompagnement destinés à renforcer les acquis seront posés au fur et à mesure.

–À quoi pensez-vous en particulier ?

–Par exemple aux relations particulières et privilégiées, qui doivent exister entre nous et notre voisin du sud. Nous devons déclarer à haute voix, au besoin devant le parlement d'Islamabad, que c'est un pays frère avec lequel nous voulons lier des relations exceptionnelles de coopération et de fraternité. Notre voisin doit être convaincu et l'intégrer dans sa politique, que nos deux pays, tout en respectant l'indépendance l'un de l'autre, travaillent ensemble, main dans la main, et regardent dans une même direction. Aucune agression ne doit venir de l'un vers l'autre. Au besoin, nous allons créer un département au sein du ministère des affaires étrangères, chargé des relations avec nos voisins, et particulièrement notre voisin du sud. Nous ne devons pas oublier qu'il héberge autant de pashtounes que notre propre pays. Même si le cordon ombilical a été coupé, pour que chaque pays devienne adulte et assume son destin, nos liens du sang sont indéfectibles. Nous sommes des pays frères alliés pour le meilleur et pour le pire. Nous sommes liés par le sang et par l'histoire.

–Je comprends le message et son but, déclara le président Mohammadzaï. C'est pourquoi cette guerre ne peut être gagnée que par nous, et par personne d'autre. Le rôle des armées étrangères est terminé. À nous de gagner la guerre, conclut le président.

–Permettez moi un autre petit détail, reprit Moudjahid. Vous m'avez demandé mon avis sur une éventuelle modification à apporter à l'équipe gouvernementale. La création d'un ministère de la Promotion Féminine, de l'Intégration Sociale et de la Protection des Minorités serait une manifestation claire de notre engagement à ne laisser personne derrière le train du développement.

–Je vous remercie, Professeur Moudjahid, que la paix d'Allah soit avec vous. Nous nous reverrons sans doute bientôt.

–Inch'Allah! Répondit Moudjahid en se retirant.

Quelques jours plus tard, le président Mohammadzaï exposa de nouveau le Plan de Paix et de Sortie de Crise, complété par les Mesures d'accompagnement devant le conseil des ministres. Après les débats du conseil, le plan pouvait être porté à la connaissance du peuple afghan et des missions diplomatiques représentées à Kaboul.

Il révéla à ses ministres, sans entrer dans les détails, que le ministère de la défense serait profondément restructuré, pour que la sécurité soit totalement assurée sur tout le territoire national. Certains ministres restèrent un peu sceptiques, mais s'abstinrent de tout commentaire, en voyant l'assurance inhabituelle affichée par le chef de l'État.

–Dans quel sens le ministère de la défense sera-t-il restructuré, afin d'atteindre cet objectif ? Demanda le ministre de l'information.

–Nous ne pouvons pas encore parler dans les détails de ce projet, que les experts du ministère de la défense sont en train de finaliser, mais d'ores et déjà, je peux vous dire que nous avons l'intention d'annoncer le départ prochain des troupes étrangères, pour que la responsabilité de la défense du territoire soit assumée en totalité par l'armée nationale. C'est l'objectif même de ce Plan de paix. Le retrait sera progressif. Il commencera par les régions du nord, de l'ouest, de l'est et se poursuivra vers le sud.

–Dans combien d'années comptez-vous réaliser cet objectif ? Demanda encore le ministre.

–Selon les experts du ministère de la défense, les opérations devraient durer entre 12 à 18 mois au maximum. En tout cas dans une année, trois quarts du pays seront entièrement sécurisés, selon toujours l'avis des experts.

–Vous avez bien dit une année ? Demanda le ministre des affaires étrangères.

–Oui, une année, vous m'avez bien compris, répondit le président.

–C'est une bonne nouvelle que je vais apporter au corps diplomatique. Ils vont bien sûr me demander où nous avons tiré la potion magique, mais si c'est vous qui le dites, c'est que vous avez des raisons de le croire. Certains ministres se mirent à rire. Le président lança un regard glacial à ceux qui prenaient ses paroles pour de la naïveté. Heureusement, le ministre de la défense était absent ce jour-là. Il aurait été embarrassé puisqu'il n'avait pas été associé à l'élaboration du projet. Les faibles résultats obtenus par le général Ayub Wali Khan au cours des trois dernières années, le poussaient visiblement vers la sortie.

–La potion magique, reprit le président, c'est la longue souffrance du peuple afghan qui doit prendre fin. Il a trop souffert. Il est temps pour lui de jouir de la paix, afin d'espérer la prospérité. Même si certains ne le croyaient pas encore au fond d'eux-mêmes, ils étaient de plus en plus convaincus que Mohammadzaï était devenu un autre homme. À la fin du conseil des ministres, le président demanda au ministre de l'éducation nationale, en collaboration avec son conseiller politique, d'identifier les personnes capables de préparer le cours d'éducation politique, suivant le contenu et les critères définis par le professeur Moudjahid.

Diplômé lui-même en Philosophie et Histoire, auteur d'un certain nombre d'ouvrages, Mumtaz Salahudin, le ministre de l'éducation, se porta candidat pour rédiger le chapitre condensé sur l'histoire de leur pays. Il y associa aussi le chapitre consacré à l'esclavagisme, à l'impérialisme, au colonialisme, au nationalisme et au patriotisme, pour montrer à quel point les peuples et les nations ont toujours cherché, tout au long de l'histoire, à imposer leur domination aux autres nations, afin de les exploiter à leur profit. C'était un complément logique au chapitre concernant l'histoire du pays. En moins d'une heure, les deux hommes avaient dressé une courte liste des personnes potentiellement capables de préparer et de dispenser les chapitres composant le cours d'éducation politique et patriotique, qui devait aider l'armée et le peuple afghan à gagner la guerre contre l'insurrection. Le chapitre de la conscience et de la pratique religieuses, incluant la prévention du vice et la promotion de la vertu pour le bien-être et le développement d'une nation islamique, fut confié au Chef des Oulémas de Kaboul, qui était connu pour être un érudit dans la matière, et un soutien inconditionnel du Président Mohammadzaï. Les personnes identifiées pour ce rôle, devaient se rencontrer le plus tôt possible, pour se concerter sur l'objectif poursuivi et sur le délai. Le ministre de l'éducation se chargea de les contacter et de les inviter à une rencontre qui devait se tenir au ministère même de l'éducation en moins d'une semaine.

–Le professeur Moudjahid est l'un des concepteurs du projet, lui dit le conseiller politique. Vous pouvez le contacter à tout moment pour discuter des détails. Mais vous avez aussi la copie des Mesures d'accompagnement du Plan de paix.

–J'ai déjà lu ce document, mais il est encore plus intéressant de discuter avec le concepteur d'un projet. Le document n'est souvent qu'un résumé. Le jus du fruit, c'est la pensée de l'auteur. Parfois, des détails importants restent dans sa tête. Donnez-moi son numéro, je l'appellerai dès que possible. Le conseiller du président lui tendit une feuille de papier sur lequel il avait noté le numéro de téléphone de Moudjahid. Tard dans la soirée, Mumtaz Salahudin appela Moudjahid et aborda le sujet. Les deux hommes discutèrent de la question pendant environ une demi-heure et le ministre de l'éducation fut définitivement convaincu que le projet était bon. Il commença alors à contacter les autres personnes figurant sur la courte liste, en leur expliquant ce qu'on attendait d'elles. Chacun promit de se présenter à la rencontre préparatoire avec un texte non finalisé qui servirait de base de discussion. Mumtaz Salahudin venait de mettre sur pied le comité chargé de préparer le cours d'éducation politique et patriotique. Trois jours plus tard, le comité fut réuni au ministère de l'éducation nationale. Toutes les personnes invitées se présentèrent sans exception. Le comité aborda le sujet avec enthousiasme. Les professeurs de l'université qui étaient invités à y participer connaissaient déjà le professeur Moudjahid. Par ces interventions fréquentes, Abdullah ne put cacher qu'il avait été associé à la conception du projet. Ils s'étaient tous munis de leur texte de base. Le comité aborda les thèmes un par un. Elu président du comité de coordination, le ministre de l'éducation présenta le thème consacré à l'histoire du pays, comme pour donner le ton. Il montra les grands moments qui avaient marqué des tournants décisifs, jusqu'au gouvernement des Talibans de 1996 à 2001. Le texte mettait particulièrement en évidence des moments qui furent mal gérés, afin d'interpeller tout Afghan et de l'amener à une prise de conscience et de responsabilité, pour sauver la nation. Consacré au nationalisme, au colonialisme et à l'impérialisme, le thème suivant qui constituait une suite logique du premier chapitre, avait été confié au directeur du Centre Afghan de Recherche et des Sciences politiques. Il interpella lui aussi dans sa conclusion, les Afghans en leur demandant de soutenir leur gouvernement et d'abandonner le soutien aux insurgés, dont le combat était à la solde d'un nouvel expansionnisme qui ne dit pas son nom, mais qui menaçait l'intégrité nationale. Le message était très clair. Le troisième thème fut consacré à l'économie politique, aux enjeux nationaux, régionaux et internationaux. Il complétait les deux premiers, en montrant aux Afghans le péril régional, et la menace qui pesait sur leur pays s'ils ne faisaient pas tout ce qu'il faut pour sortir de l'anarchie, et pour permettre à leur gouvernement de bâtir un pays nouveau et de les conduire à la prospérité. Le professeur

Moudjahid, qui présenta le sujet, demandait avec force aux Afghans, d'abandonner le soutien offert aux insurgés, de les dénoncer au besoin, pour mettre fin à la guerre et se consacrer au développement de leur pays. Le gouvernement promettait à son tour, le respect de tous et la fin de la pauvreté, avant la fin de la décennie. Nous voulons que tous les Afghans aient du travail d'ici quelques années, et un travail bien rémunéré pour nourrir convenablement leurs familles. Il promettait à son peuple de lui rendre sa dignité. Même les autres membres du comité, pourtant rompus aux débats politico-idéologiques, étaient touchés. Abdullah Moudjahid était convaincant. Le Chef des Oulémas de Kaboul, Cheikh Ahmad Ben Zakhil, qui rencontrait Moudjahid pour la première fois, lui posa une question.

–Professeur Moudjahid, je veux bien m'adresser à mes compatriotes, mais je ne voudrais pas prendre le risque de leur raconter des mensonges, ou leur faire de fausses promesses, de peur qu'Allah ne refuse toutes mes prières. Croyez-vous, sincèrement ce que vous dites, ou vous nous exhortez à mentir et à faire de la propagande ?

Avant de répondre, Abdullah Moudjahid sortit une carte d'invitation de son porte document. Il marqua dessus le nom de Cheikh Ahmad Ben Zakhil sur la carte.

–Je vous invite à l'inauguration de la Yasma Ittihad Production dans deux semaines, lui dit-il, en lui tendant la carte. Venez inaugurer l'usine de production du ciment de l'unité. Si je promets à notre peuple que nous allons créer des conditions qui permettent à tout Afghan d'avoir du travail, et de vivre dans la dignité, croyez-moi, ce n'est pas de la propagande, ou de fausses promesses. La construction de cette usine a été réalisée avec mes maigres moyens. Imaginez ce que nous allons faire avec les moyens d'un état, lui dit-il avec douceur. Investissez-vous dans la pacification du pays, et le gouvernement vous rendra des comptes. Cheikh Ben Zakhil fut convaincu. Moudjahid apprendra plus tard, que le président Mohammadzaï crut aussitôt en la victoire, en apprenant ce qui s'était passé avec le chef des Oulémas, Cheikh Ben Zakhil.

Le thème suivant fut réservé aux réformes administratives et économiques. Il avait été confié au conseiller politique du président, qui maîtrisait parfaitement le sujet.

–Cela fait partie, dit-il dans sa conclusion, de ces conditions dont a parlé le professeur Moudjahid, que le gouvernement mettra en place, pour réaliser les promesses faites à la nation. Après sa présentation, Faqeer Hanifullah fut longuement acclamé. Ce fut ensuite le tour du Chef des Oulémas de Kaboul, qui présenta le thème réservé aux questions religieuses, à la promotion de la vertu et à la prévention du vice. Cheikh Ben Zakhil exposa son sujet avec l'éloquence digne de son rang.

–Je n'invente rien, dit-il. Je ne répète que les paroles du Saint Coran, la seule vraie référence pour les croyants. C'est le respect et l'observation de ces valeurs qui distinguent les croyants des impies et des infidèles, dit-il en conclusion.

–Et notre gouvernement s'engage à observer et à promouvoir toutes ces valeurs dans le respect du droit et de l'équité pour tous les Afghans, déclara solennellement le ministre de l'Éducation. Le dernier chapitre, qui clôturait le cours d'éducation politique était réservé au rôle de la population dans le maintien de la sécurité et de la défense du pays. Il avait été préparé par le général Sayyed Zazaï. Il lançait un appel à tous les Afghans, en les invitant à s'investir dans la lutte pour la paix, car la paix est une affaire de tous. Il leur demandait d'abandonner le soutien offert aux insurgés, en cessant de les nourrir et de les cacher, en les dénonçant, car le gouvernement est leur défenseur légitime. Il promettait le départ des troupes étrangères dans un bref délai, et l'engagement total de l'armée nationale à sécuriser le pays du nord au sud. Tant que l'insurrection va miner les routes et les ponts, le gouvernement ne pourra pas mettre en œuvre ses réformes et développer l'économie. À partir des questions posées et des critiques formulées, chacun des participants partit finaliser son thème, avant de remettre son texte au président du comité de coordination dans un délai de 48 heures.

Une semaine plus tard, le cours d'éducation politique et patriotique destiné à tous les citoyens, à commencer par les membres des forces armées, les cadres de l'administration et de la société civile, et à tous ceux qui étaient en contact avec la population, sortait de l'imprimerie. Ecrit en pachto-urdu, en attendant la traduction en anglais, français, allemand, russe et chinois, il avait été condensé dans un livre d'environ deux cents pages. L'ouvrage fut préfacé par le président Mohammadzaï lui-même.

La première journée de présentation du cours fut réservée aux officiers supérieurs de la région de Kaboul et de ses environs. Invités dans la plus grande discrétion pour un séminaire de deux jours, une centaine d'officiers, y compris ceux de l'état-major, eurent l'occasion de suivre le cours, et d'en discuter le contenu, ayant reçu chacun, un exemplaire de l'ouvrage de référence. À la fin du séminaire, selon l'avis de tous les participants, les dirigeants de l'armée eurent le sentiment que l'Afghanistan entrait dans une ère nouvelle. Les paroles du professeur Moudjahid, qui comparait les souffrances de son peuple aux douleurs de l'enfantement, s'étaient nichées au fin fond de la conscience de chacun, elles résonnaient étrangement dans les oreilles de tous. « Seuls des militaires animés par une forte conscience patriotique peuvent gagner cette guerre », avait-il répété. La mitrailleuse seule, sans les convictions politiques et l'engagement patriotique, ne gagne pas la guerre.

Moudjahid osa même taper sur l'orgueil des officiers afghans, en leur posant une question embarrassante.

–Pourquoi, leur demanda-t-il, notre voisin a-t-il réussi à fabriquer l'arme nucléaire en quelques années ? Par orgueil et par patriotisme, leur dit-il. Il ne voulait pas qu'un jour ses ennemis viennent lui marcher sur les pieds.

Et vous, vous acceptez que quelqu'un nous marche sur les pieds éternellement ? Les officiers quittèrent le séminaire avec la mission de diffuser le même cours à tous les niveaux de l'armée, par l'intermédiaire des commissaires politiques.

Pour les nouvelles recrues, la sensibilisation politique et religieuse destinée à cimenter le patriotisme, devait constituer l'élément primordial, avant qu'un soldat ne puisse endosser l'uniforme et prendre un fusil dans sa main. C'est seulement par cette voie que l'armée allait vaincre l'insurrection.

À quelques jours de l'inauguration, sur la colline de Bibi Mahroo Hill, au siège de la Yasma Ittihad Production, les préparatifs semblaient presque terminés. Depuis quelques jours, le spot publicitaire passait régulièrement à la radio et à la télévision. Les commerçants grossistes de Kaboul s'arrachaient les premiers sacs de ciment sortis de l'usine. Celle-ci avait même introduit un nouveau mode de commande et de payement. La commande pouvait se faire par téléphone ou par internet, et le bordereau de payement envoyé par fax. Les premiers témoignages des spécialistes de la construction affirmaient à l'unanimité, que l'usine produisait un ciment de très bonne qualité. Il avait déjà été baptisé et portait le nom de Ittihad Ciment, autrement dit le ciment de l'unité.

Les enfants du couple commençaient à arriver de Montréal. Hassan, le deuxième fils en compagnie de sa sœur Nasla, venait d'arriver. Leur père se rendit lui-même à l'aéroport pour les accueillir alors que Yasmine était à l'usine. Abdullah les emmena directement à la maison pour déposer les bagages avant de se rendre à l'usine, pour embrasser leur mère. Âgé respectivement de 24 et de 22 ans, Hassan et Nasla Moudjahid étaient déjà des adultes achevés.

Nés à l'étranger et n'ayant jamais visité l'Afghanistan auparavant, leur émotion était très forte. Nasla ne put retenir ses larmes en voyant les bazars de Kaboul. Hassan réussit à se contenir et observa tout ce qui l'entourait dans le silence. Une foule de questions affluait dans sa tête. Il ne savait pas par quoi commencer.

La mère d'Abdullah, Samina Moudjahid, arriva deux jours plus tard, en compagnie de Marie-Anne. Celle-ci avait réussi à obtenir un ordre de mission de son journal, pour un reportage de 15 jours. Après l'inauguration de l'usine prévue le lendemain, elle comptait se rendre au bureau de la mission diplomatique de son pays d'abord, d'où elle aurait les nouvelles de Tobby, avant de visiter le quartier général de la Force internationale basée près de Kaboul. Une fois familiarisée avec le terrain, elle se rendrait dans la province de Kandahar au sud, voir le travail accompli par les troupes de son pays. Elles étaient basées dans la région. S'il lui restait encore un peu de temps, elle prévoyait de se rendre à l'est du pays, pour voir le corridor du Wakhan, qui se faufilait au pied de la chaîne des montagnes la plus haute du monde. Le reste du temps serait consacré à la vie des Afghans au quotidien et à leurs perspectives d'avenir.

La date présumée de retrait des troupes de son pays approchait et les milieux politiques étaient partagés entre un retrait total, qui signifiait se désolidariser avec les autres partenaires de la Force internationale et une révision de leur position, dans le sens de la prolongation. Comme l'insurrection semblait gagner du terrain et frappait des coups parfois spectaculaires, le doute avait surgi. Les troupes pouvaient-elles se retirer en abandonnant une mission inachevée ? À quoi toutes les victimes tombées sur le sol afghan auraient-elles servi si le pays retombait à la case départ ? L'image du pays et le prestige de son armée n'en souffriraient-ils pas aux yeux de l'opinion internationale en cas de retrait unilatéral ? C'est pour tenter de répondre à toutes ces questions que le directeur du journal avait consenti à lui signer un ordre de mission. Les médias avaient un grand rôle à jouer pour informer l'opinion publique et influencer les décideurs politiques.

En débarquant à Kaboul, après plus de 30 ans d'exil, Samina Moudjahid se sentait elle aussi profondément troublée. Elle éprouvait une intense joie du retour dans ce pays qu'elle n'avait jamais cessé d'aimer, tout en se rappelant les circonstances de son départ et la mort de son mari. L'inévitable question revenait la hanter. Le pays était-il guéri de ses démons ? Elle avait une folle envie de revoir sa ville natale de Kunduz, où résidaient encore quelques membres de sa famille, avant de décider si elle retournerait à Montréal ou non. À 75 ans, Samina était consciente qu'il lui restait peu d'années à vivre, dix ou quinze ans au maximum, elle souhaitait consacrer les derniers jours de sa vie à sa mère-patrie. Mais le pays est-il guéri de ses démons ? Se répétait-elle.

Aziz Moudjahid, le fils aîné et sa femme Chantal Feghali, une chrétienne d'origine libanaise, arrivèrent le matin même du jour de l'inauguration. Ils avaient voyagé toute la nuit, et leur séjour ne devait durer que 48 heures. Les enfants Moudjahid furent tous surpris et enchantés de voir la grossesse de leur mère. Elle avait retrouvé, disaient-ils, une nouvelle jeunesse, avec l'éclat de sa beauté. Aziz regretta de ne pas être là le jour de la naissance du bébé, mais promit de lui envoyer un bouquet de fleurs depuis Montréal. Ensemble, ils visitèrent les installations de l'usine. Chantal Feghali demanda la signification du mot Ittihad, et apprit que le mot signifiait unité, en Arabe et en Urdu.

–Nous avons voulu produire le symbole de l'unité et de la solidité pour ce pays, expliqua Abdullah.

–Et Yasma vient de ? Demanda Nasla en riant.

–De Yasmine bien sûr, répondit son frère Hassan. Ils exprimèrent, une fois de plus, leurs félicitations à leurs parents.

Le jour de l'inauguration fut un grand événement. Une équipe de la radio-télévision de Kaboul s'était rendue sur les lieux la veille, pour faire un reportage complet et Yasmine leur accorda une grande interview qui fut diffusée toute la journée. Plusieurs personnalités de la politique et du monde des affaires, de Kaboul à Jalalabad assistèrent à l'événement. Le fait que l'usine soit l'œuvre d'un Afghan faisait la fierté de tous. La cérémonie commença par une Doua prononcée par Cheikh Ahmad Ben Zakhil. Dans sa prière destinée à implorer les bénédictions d'Allah, le chef des Oulémas de Kaboul remercia Allah pour sa bonté, sa grandeur et sa générosité. Il demanda à Allah de bénir cette action réalisée par un fils des croyants, pour qu'elle soit bénéfique au pays des croyants et à tous ses enfants. Habillé d'un costume traditionnel, Abdullah Moudjahid déclara dans son intervention, que cette action destinée à faciliter la reconstruction du pays et à donner du travail aux Afghans n'était qu'un début. Par la volonté d'Allah dit-il, d'autres réalisations encore plus importantes suivront partout dans le pays.

–Je suis revenu dans mon pays après trente ans d'exil pour aider mes frères à retrouver la paix, le bien-être et leur dignité déclara-t-il. Je devrais demander pardon à vous tous pour avoir été aussi longtemps absent, mais ce n'est pas de ma faute si cela été ainsi. Même aujourd'hui, d'autres fils du pays restent encore dehors, éloignés de vous, et l'hémorragie continue. Ce n'est pas de leur faute. C'est pourquoi je demande à tous mes frères, que l'on dit engagés dans ce qu'on appelle l'insurrection, de cesser les combats, de nous tendre la main, et de saisir notre main tendue, pour que nous puissions bâtir ensemble.

Je les invite à venir partager ce que nous avons et à travailler davantage pour aller chaque jour plus loin. Nous voulons le bien-être de tous les Afghans. C'est un peuple brave, héroïqu e et généreux, mais il ne doit pas épuiser sa force et sa générosité dans un combat douteux. Aux yeux du monde nous sommes couverts de honte. Quand on parle de nous, on dit que nous avons la violence dans le sang, que nos enfants naissent avec un fusil entre les mains.

Pourtant, vous savez vous-mêmes que ce n'est pas vrai. Vous savez à quel point notre peuple est courageux, généreux et hospitalier. Du fond du cœur, les Afghans ne demandent qu'à vivre en paix avec tout le monde, à aimer leurs familles, et à éduquer leurs enfants dans la dignité. Je suis revenu dans mon pays avec ma famille, pour aider mes frères à réaliser ce rêve auquel vous êtes tous attachés.

Ensemble, par la bonté et le soutien d'Allah, par notre travail par la générosité et l'amour, par le partage et nos efforts mis en commun, je vous le promets, nous bâtirons la meilleure communauté jamais suscitée par des hommes, telle que l'a annoncé le Prophète. Il demanda ensuite à sa femme, à sa mère et à se enfants de venir saluer le public.

–Je voudrais dire à ceux qui veulent encore retarder l'éducation des filles et le travail des femmes, en affirmant qu'elles doivent quitter la maison uniquement pour se rendre à la Mosquée, qu'ils ne sont pas dans la bonne direction. Ma femme que vous voyez ici, et qui dirige cette usine, a toujours travaillé depuis que je la connais. Cela ne l'a pas empêché d'éduquer ses enfants comme il faut, et de rendre son mari heureux. Même ma mère que vous voyez a toujours travaillé pour nous aider à vivre. Sans elle et sans son travail, sans le travail de ma femme, je n'aurais certainement pas réussi à faire ce que j'ai fait.

Je n'aurais jamais réussi à apporter à mon peuple cette unité de production et d'autres qui suivront, car le meilleur est encore à venir. Inch'Allah !

–Inch'Allah! Répéta l'assistance d'une même voix.

Une réception fut organisée dans la maison des hôtes et dans les jardins de l'usine, au pied de Bibi Mahroo Hill.

Grâce à Abdullah, Marie-Anne rencontra deux hommes de la mission canadienne au cours de la réception. Le secrétaire de l'ambassade, Steve Bossin, vint féliciter le couple Moudjahid pour cette réalisation. Il fut aussitôt présenté à la journaliste canadienne. Steve Bossin lui souhaita la bienvenue, et lui tendit sa carte. Il lui présenta aussi son compatriote, Jim Carson, un collègue de travail à l'ambassade, lui dit-il. Par son regard scrutateur dissimulé derrière des lunettes Ray Ban, Marie-Anne devina d'instinct que cet homme appartenait aux services de sécurité, et qu'il était chargé d'assurer la protection des diplomates en déplacement. Marie-Anne tendit elle aussi sa carte à Bossin.

–Je vous connaissais de nom, déclara Marie-Anne, Robert m'a brièvement parlé de vous, de retour de Kaboul, quand il est venu rapatrier le corps de mon mari.

–Oh! Vous êtes la veuve du cinéaste tué dans l'attentat de l'Hôtel Nowshak ?

–C'est exact.

–Je vous présente encore une fois mes condoléances, déclara Bossin, je ne doute pas que cela a été dur pour vous. J'espère que vous vous remettez petit à petit du choc.

–Ça été dur en effet, dit-elle. C'est vous qui avez gardé Tobby ?

–Oui.

–Est-il encore chez vous ? Est-il en bonne santé ?

–Oui. Il se porte très bien.

–Je n'ai jamais compris pourquoi il n'a pas voulu rentrer à la maison avec le corps de Bernard. Auriez-vous une idée de la cause ?

–Peut-être, c'était pour que vous puissiez venir le chercher vous-même, dit-il.

–Robert était là.

–Robert n'est pas vous.

–Maintenant je suis venue, on verra s'il accepte de quitter Kaboul. Nous ne pourrons jamais vous remercier assez de l'avoir gardé pendant tout ce temps. Mon mari avait beaucoup d'affection pour lui.

–Tobby est très aimable, il est bien éduqué, ça été un plaisir de le voir rester en ma compagnie, déclara Bossin.

–Je viendrai le voir à la première occasion, dit-elle, avant de se perdre parmi les autres invités. Steve Bossin la poursuivit du regard et la trouva très belle.

La quarantaine à peine, Bossin était perçu comme un bel homme, même si la vie sédentaire de la capitale afghane lui apportait quelques kilos de trop. Il essayait pourtant d'entretenir son corps par quelque quatre heures de tennis hebdomadaire, mais ce n'était pas assez. Divorcé depuis cinq ans, et père d'un enfant qui vivait avec sa mère, il n'avait pas eu le temps de réorganiser une vie de famille. En poste à Kaboul depuis trois ans, il n'avait pas réussi à dénicher la perle rare capable d'accrocher son cœur. La plupart des femmes qu'il rencontrait à Kaboul étaient souvent engagées ou trop indépendantes, avec un plan de carrière parfois incompatible à une vie de famille. Il n'osait pas non plus se lier à une jeune fille afghane, quoiqu'elles fussent parfois très belles, de peur de se voir entraîné dans un scandale susceptible de compromettre sa carrière. Les femmes afghanes sont souvent d'une grande beauté, mais les mâles de leurs familles sont très protecteurs, méfiants envers les étrangers de surcroît non musulmans. Et puis, il était très rare de rencontrer une fille adulte qui soit encore libre. Les filles se mariaient très jeunes et ne divorçaient presque jamais.

Toutes ces contraintes le poussèrent à observer une longue abstinence dont il ressentait le poids. La chaleureuse poignée de main de cette montréalaise lui apporta une sorte de bouffée d'oxygène. Le fait qu'elle soit venue en Afghanistan pour un reportage, sur une invitation d'un couple de nationalité canadienne et d'origine afghane, prouvait que Marie-Anne avait un grand sens de l'amitié.

Bossin se félicita d'être venu assister à l'inauguration de l'usine.

–Ce n'est pas tous les jours que nous rencontrons nos compatriotes, se dit-il, en la poursuivant des yeux à travers la foule des invités.

Installé confortablement dans son bureau, avec le conseiller politique à ses côtés, le président Mohammadzaï suivit intégralement l'inauguration de la Yasma Ittihad Production à la Télévision. Il fut agréablement surpris de constater que son compatriote ait réussi une telle performance.

Il fut définitivement convaincu que Moudjahid était non seulement un homme de principes et un théoricien visionnaire, mais aussi un homme d'action.

–C'est quelqu'un qui réalise ce qu'il promet, et qui n'a pas peur des risques, dit-il.

–Cette unité de production en est la preuve, reconnut le conseiller politique. Lorsque Abdullah Moudjahid prononça son discours, et invita les frères afghans engagés dans ce qu'on appelait « l'insurrection » à rejoindre le camp de la paix, pour unir leurs efforts à ceux qui se battaient pour reconstruire le pays et le bien-être des afghans, le président Mohammadzaï fut touché par le courage de cet homme. Peu d'Afghans osaient se risquer sur ce terrain, de peur de s'attirer des représailles de la part des insurgés. Même certains membres du gouvernement surveillaient leur langage pour éviter de se compromettre. Le professeur Moudjahid, sans aucun lien avec le pouvoir, sans défendre un poste quelconque, osait lancer un appel solennel en faveur de la paix. Mohammadzaï Khan prit immédiatement sa décision. Abdullah Moudjahid devait faire partie de son gouvernement.

–Que pensez-vous de l'entrée de cet homme au gouvernement, pour nous aider à mettre en œuvre le Plan de paix et des Réformes dont il a été en partie l'artisan ? Demanda-t-il à son conseiller politique.

–Ce serait un bon choix, il le mérite, dit-il. Le Président Mohammadzaï ne fut pas le seul à s'intéresser à l'inauguration de la Yasma Ittihad Production.

Pour des raisons opposées, dans différents endroits de l'Afghanistan et du Pakistan, plusieurs personnes s'intéressèrent à cet événement et à ce discours. Dans la ville de Jalalabad, à 100 kilomètres à l'est de Kaboul, Ahmad Boldak, un ancien politicien converti dans les affaires, suivit avec intérêt le discours du professeur Moudjahid. Ahmad Boldak tirait l'essentiel de sa fortune de la contrebande et de l'importation de plusieurs marchandises à partir du Pakistan voisin. Il était l'un des principaux fournisseurs du marché de Kaboul. Le ciment importé d'Islamabad occupait, à lui seul, plus de quatre-vingt pour cent de son chiffre d'affaires. Depuis les quatre dernières années, devant les efforts de reconstruction et de modernisation de la Capitale, Boldak faisait varier le prix du ciment selon sa volonté. Soutien indéfectible de la guérilla depuis la chute du gouvernement des Mollahs à la fin de l'année 2001, Ahmad Boldak décidait quand il fallait perturber le trafic qui reliait la capitale à la frontière orientale, pour créer la pénurie sur le marché de la capitale, et faire monter les enchères. Le démarrage de la Yasma Ittihad Production portait un coup sévère à ses affaires, et l'inquiétait sérieusement.

Pire encore, le discours du fils du docteur Ibrahim Moudjahid, dont il avait connu le père dans le passé, le troublait profondément. En osant tendre la main à ses frères engagés dans ce qu'on appelle l'insurrection, cet homme le surprenait par son courage et sa détermination. En promettant l'édification de la meilleure communauté jamais suscitée par des hommes, telle qu'annoncée par le Prophète, l'homme parlait un langage nouveau susceptible d'ébranler le fondement même du soutien populaire dont jouissait le mouvement insurrectionnel. Non seulement il portait gravement atteinte à ses affaires, mais plus grave encore, il sapait les bases de l'insurrection.

–Cet homme est dangereux, pensa Ahmad Boldak. Il prit immédiatement son téléphone et appela un numéro de Kandahar. Youssaf Zameen, un riche homme d'affaires de Kandahar, dont la compagnie de transport était la plus importante du pays, était au bout du fil. Il reconnut aussitôt le téléphone de Boldak.

–Zameen, c'est Boldak, dit-il.

–Qu'y at-il Ahmad ? Demanda Zameen d'une voix douce.

–Avez-vous suivi la télévision de Kaboul ?

–Oui, j'ai vu.

–Avez-vous suivi l'inauguration de la Yasma Ittihad Production ?

–Oui, j'ai suivi tout, répéta-t-il.

–Avez-vous suivi le discours du propriétaire ?

–Boldak, qui est-il cet homme ? Serait-il le fils du docteur Moudjahid qui a travaillé ici à Kandahar il y a presque quarante ans ?

–Oui, c'est lui.

–Ça alors!

–Pourquoi, vous l'avez connu ?

–Tout le monde connaissait le docteur Ibrahim Moudjahid. Et tout le monde l'aimait ici à Kandahar. Il a probablement mis au monde un ou deux enfants parmi mes frères.

–Que pensez-vous de son discours Zameen ? Il a déclaré vouloir tendre la main à ses frères engagés dans l'insurrection, pour bâtir la meilleure communauté jamais suscitée par des hommes.

Croyez-vous qu'il est au service du gouvernement Mohammadzaï ?

–Je ne sais pas encore, mais tout porte à le croire, même si Mohammadzaï n'a pas assisté à l'inauguration. Son usine perturbe votre marché n'est-ce pas ?

–C'est évident, je ne vendrai plus un seul sac de ciment à Kaboul, et la capitale consommait environ quatre vingt pourcent de mes importations. Ce sera déjà un miracle si je réussi à écouler les stocks qui sont ici. Je suis obligé d'annuler la commande que je venais d'envoyer à Islamabad.

–C'est très grave. Cela va entraîner un trou dans les finances de l'organisation.

–Pensez-vous qu'il soit nécessaire de prendre des mesures à l'encontre de cet homme ? Moi je pense qu'il faudrait le neutraliser, avant qu'il ne soit trop tard, dit-il.

–Laissez-moi un peu de temps, on va voir. L'homme paraît être un vrai patriote et un bon croyant. Appelez-moi plus tard.

Je vais y réfléchir. Il raccrocha, troublé à son tour. Président de la chambre de commerce de Kandahar, Zameen était un homme puissant et redouté. À lui seul, il contrôlait au moins la moitié du trafic d'armes et de pavot qui transitait par la province du Sud vers ou en provenance de la ville de Guetta et du port de Karachi, sans parler des autres secteurs du commerce, du transport ou de l'immobilier. Il avait même des entrepôts dans le grand port de Karachi. Un problème de conscience tracassait Youssaf Zameen.

Si l'homme qu'il avait vu à la télévision était le fils d'Ibrahim Moudjahid, et apparemment il n'y avait aucun doute, il lui devait une dette d'honneur. Sa deuxième femme, Shakeela, originaire de Farah, était cousine à sa femme Yasmine. Shakeela l'avait aussitôt reconnue à la télévision. Mais encore, les Moudjahid avaient hébergé un de ses fils, Ashraf Zameen, parti étudier à Washington dix ans plus tôt. Shakeela avait simplement téléphoné à Yasmine, à l'époque où son mari travaillait à la Banque mondiale, et la famille accepta d'accueillir son fils, sans exiger quoi que ce soit. Ce geste l'avait touché. Youssaf Zameen était fidèle au Pashtoun wali, le code d'honneur pashtoune. Il respectait ses valeurs fondamentales, parmi lesquelles la générosité, le sens de la famille et l'hospitalité. Son fils considérait la famille

Moudjahid comme sa propre famille. À ce titre, lui, Youssaf Zameen ne permettrait jamais à quiconque de lui faire du mal, sinon ce serait trahir le code d'honneur. Et il était croyant malgré tant d'années passées parmi les infidèles.

– Et s'il est lié au gouvernement Mohammadzaï ? Se demandat-il, mal à l'aise. Zameen prit le téléphone et appela le général Gulam Shamshat à Peshawar. Commandant pashtoune de la tribu réputée guerrière des Wazirs, né à Mingora dans la vallée de Swat, le général Gulam Shamshat, simplement Sham pour les intimes, fut détaché par l'armée pakistanaise au début des années quatre-vingt . Il joua un rôle de premier plan dans l'entraînement et la lutte des moudjahiddines contre l'armée soviétique, aux côtés d'instructeurs américains. Il supervisa l'encadrement des combattants talibans, jusqu'à leur arrivée au pouvoir en 1996. Depuis l'engagement de l'armée américaine aux côtés de l'Alliance du Nord, pour chasser du pouvoir le gouvernement des mollahs après l'attentat du 11 septembre, il fut retraité pour des raisons tactiques, afin de mieux se consacrer à l'encadrement de la résistance contre le nouvel envahisseur, qui perturbait le plan expansionniste de son peuple. Officier brillant d'infanterie, spécialiste reconnu des opérations de guérillas, le général Shamshat était un homme mythique dans toute la province du Nord-Ouest du Pakistan, et même en Afghanistan. Il était en réalité le vrai chef militaire de l'insurrection afghane.

Il supervisait toujours l'entraînement des troupes et les opérations sur le terrain. Le soi-disant ministre de la défense de l'insurrection, n'était que son subordonné.

Quoique certains officiers américains fussent ses compagnons d'armes pendant la guérilla moudjahidine des années 1980, le général Shamshat retourna ses armes contre ces derniers sans état d'âme. Le jour où les bombardiers américains F16 et B52 déversèrent leurs bombes sur les grottes de Tora Bora et sur la vallée de Swat, les Américains devinrent automatiquement ses ennemis et le passé partagé cessa d'exister. Officiellement, le général dirigeait une compagnie de consultants en sécurité, ayant son siège à Islamabad et des succursales à Peshawar et à Rawalpindi, le quartier général des forces armées pakistanaises. Mais l'essentiel de ses revenus provenait d'une société d'import-export, qu'il gérait conjointement avec d'autres hommes d'affaires, comme Youssaf Zameen ou Ahmad Boldak, et d'autres frères basés à Karachi. La sonnerie du téléphone le surprit dans son bureau de Peshawar. Il reconnut immédiatement la voix de Youssaf Zameen.

–Je viens de recevoir l'appel de Boldak, lui dit simplement Zameen.

–À propos de quoi ?

–L'inauguration d'une usine de production de ciment près de Kaboul l'inquiète sérieusement. Auriez-vous suivi la télévision de Kaboul ?

–Oui, j'ai vu.

–Auriez-vous entendu le discours ?

–J'ai tout suivi, répondit calmement le général Shamshat.

–Connaissez-vous l'homme qui l'a prononcé ?

–Il paraît que c'est un professeur d'université.

–Que pensez-vous de son discours ? Demanda encore Zameen.

–Que c'est un démagogue, un infidèle qui veut se faire passer pour un croyant.

–Croyez-vous qu'il soit en contact avec le gouvernement de Kaboul ?

–C'est l'un des conseillers les mieux écoutés du palais aujourd'hui.

–En êtes-vous sûr ? Demanda Zameen le souffle coupé. Il savait sa question superflue car le général Sham ne lâchait jamais une information sans en être sûr.

–Absolument sûr, répondit Gulam Shamshat. J'ai toutes le preuves sous mes yeux. Youssaf Zameen marqua un temps d'arrêt.

–Quel genre de preuves ? Demanda-t-il.

–Il est l'auteur de son Plan de Paix et de Sortie de Crise que le président Mohammadzaï se prépare à soumettre à ses partenaires de l'OTAN, et de beaucoup d'autres choses encore, dont vous n'allez pas tarder à entendre parler.

–Est-ce que vous parlez sérieusement ?

–Nous suivons tous ses mouvements depuis son arrivée. Les documents qu'il a produits pour le compte de Mohammadzaï sont à la base d'une importante réforme qui sera bientôt lancée dans le but de gagner la guerre. Les documents sont ici devant moi.

–Pensez-vous qu'il soit inquiétant ? Demanda Zameen qui allait de surprise en surprise. Le général Shamshat hésita avant de répondre, chose qui lui arrivait rarement.

–Pour vous parler franchement, jusqu'à maintenant je suis partagé. Il ne parle pas comme un ennemi de notre peuple, mais il constitue une menace certaine pour notre mouvement.

–Croyez-vous qu'il va falloir prendre des mesures ?

–Nous devons y réfléchir, au besoin convoquer une réunion du comité pour en discuter, conclut le général.

–Contactez aussi le Mollah Bashir Rahimyar pour entendre son avis. Tôt ou tard, on aura besoin de lui.

–Je vais essayer de lui parler, promit Gulam Shamshat. Il coupa ensuite la communication et resta songeur. Il connaissait très bien le Mollah Rahimyar, dirigeant de l'université de tous les savoirs vertueux de Peshawar, l'une des plus grandes écoles coraniques du pays, et qui a fourni tant de combattants au mouvement. En sortant de l'université, munis de tous les savoirs vertueux, gonflés de haine contre l'Amérique et l'occident chrétien, tous les étudiants étaient prêts à rejoindre les rangs de la guerre sainte en Afghanistan, et à offrir leur vie en shahid, en martyr. Sans devoir le lui demander, le général Shamshat connaissait l'intransigeance du mollah pashtoun, qui était considéré comme un saint dans tout Peshawar. Une réunion du Comité de coordination de l'insurrection était nécessaire.

Le soir même de l'inauguration de la Yasma Ittihad Production, Marie-Anne rencontra à son Hôtel une journaliste d'une chaîne de télévision française installée à Kaboul depuis deux mois. Les deux femmes s'étaient croisées pendant la réception dans les jardins de l'usine, mais n'avaient pas eu le temps de faire connaissance. En la croisant de nouveau au restaurant du Heetal Plaza Hôtel, Marie-Anne l'invita à partager sa table.

–Mon nom est Marie-Anne Dufourg dit-elle, je travaille pour le quotidien La Mission de Montréal.

–Enchantée de faire votre connaissance, moi, c'est Mélanie Delcourt de la chaîne de télévision MMC.

–Tu m'as dit que tu viens de passer deux mois ici ?

–Oui, c'est mon troisième reportage en Afghanistan depuis le déploiement des troupes internationales, déclara Mélanie.

–Tu es courageuse. Beaucoup de gens ont peur de venir ici, et ils n'ont pas tort.

–Tu as tout à fait raison, reconnut Mélanie, car faire un reportage ici présente un certain risque. Mais le risque fait partie de notre métier. Et puis, quoiqu'on dise, l'Afghanistan est un pays attachant.

–Moi je viens à peine d'arriver, je n'ai pas encore eu le temps de voir grand-chose.

–Laisse-moi te dire, les glaciers de l'Hindou-Kouch sont d'une beauté saisissante, et quand tu te diriges vers l'est, vers le corridor du Wakhan, je n'ai rien vu de semblable ailleurs dans le monde. Quand tu te trouves au pied des montagnes dont les sommets constituent le toit du monde, tu as le sentiment d'être allé véritablement au bout du monde et au bout de toi-même. C'est incroyable, conclut Mélanie.

–Comment évolue la situation ?

–Il y a des progrès certes, mais plus la Force internationale augmente le nombre de troupes, plus l'insurrection réagit en conséquence et accélère ses recrutements. Et ce n'est pas la main-d'œuvre qui lui manque, car les provinces du Nord-Ouest pakistanais comptent plusieurs millions d'habitants.

–Crois-tu que la Force internationale a une chance de gagner la guerre ?

–Ce serait un miracle. Les Forces internationales sont pressée de partir. Après 10 ans, elles n'ont pas beaucoup de choix. Selon les commandants de la Force internationale, ils aimeraient laisser un pays qui n'est pas parfait selon leurs propres termes, mais capable de faire respecter la paix et la sécurité pour sa population, et pour le reste du monde.

–On est encore loin de cet objectif n'est-ce pas ? Conclut Marie-Anne.

–Je dirais oui et non. Il paraît que le président Mohammadzaï est en train de préparer un Plan de Paix et de Sortie de Crise accompagné de réformes majeures qui devraient toucher tous les secteurs. Si ce plan réussit, l'objectif des Forces internatio-nales sera atteint. Sinon, le fiasco sera total, et il n'existe pas de plan alternatif, car l'insurrection ne constitue pas une alter-native crédible. Sans prendre de notes, Marie-Anne essayait d'enregistre les détails de cette conversation dans sa mémoire.

–D'où vient le Plan de paix ? Serait-ce une inspiration améri-caine ?

–Curieusement non. D'après mes sources, le plan serait afghan à cent pour cent. L'un des auteurs de ce plan serait le professeur Moudjahid, celui-là même qui a inauguré une usine de ciment. Je ne sais pas comment tu as réussi à faire par-tie de ses invités. Tout Kaboul en parle maintenant, quoique de façon confidentielle, presque de bouche à oreille, mais cet homme serait en train d'exercer une influence grandissante dans l'entourage du Président Mohammadzaï. Il serait, paraît-il, le véritable artisan caché derrière le Plan de paix selon la rumeur qui circule dans les milieux proches du pouvoir.

–Je l'ai connu à Montréal. Je venais d'arriver juste pour un reportage, ce fut une pure coïncidence.

Marie Anne n'avait pas encore achevé sa phrase lorsqu'un employé de l'hôtel vint lui dire que quelqu'un voulait lui parler au téléphone. Elle se leva et suivit l'employé.

–Qui est à l'appareil ? Demanda-t-elle.

–Steve Bossin, de la mission canadienne. Que faites-vous en ce moment ?

–Je suis avec une collègue journaliste au restaurant de l'hôtel.

–Puis-je venir vous chercher pour faire un tour, vous avez exprimé le souhait de voir Tobby, le leo-berger de Bernard.

–Ce serait fantastique. Dans combien de temps à peu près ? Je n'ai pas encore fini de manger.

–Mettons dans une heure, il est maintenant 16h.

–C'est parfait. Ça vous dérangerait si je viens avec Mélanie, la journaliste française qui est avec moi ?

–Non, ça ne me dérange pas du tout, assura Bossin.

–Alors dans une heure. Elle raccrocha et vint terminer son repas.

–C'est un compatriote de la mission canadienne. Il me demandait si je suis disponible pour faire un tour. J'ai dit que je suis avec toi. Est-ce que ça te dérange si on y va ensemble ? Mélanie réfléchit. Elle remarqua que Marie-Anne a dit un compatriote et non un ami. Elle se décida à l'accompagner.

–Non, ça ne me dérange pas, dit-elle. Après avoir terminé leur repas, les deux femmes montèrent se changer dans leur chambre.

À l'heure entendue, Steve Bossin avec Jim Carson à ses côtés, se garèrent devant l'Hôtel Heetal Plazza. Les deux journalistes en blue-jeans se tenaient devant l'entrée de l'hôtel. Steve Bossin sortit ouvrir les portières. Il avait prévu d'emmener sa compatriote voir certains sites touristiques, comme les Jardins Bâbur ou le Parc Shar-e Naw, le Mausolée Timur Shah Durani, ou la Mosquée Abdol Rahman Khan. Selon Bossin, ces monuments constituaient des échantillons représentatifs de l'histoire de ce pays.

À 18h30, il emmena les deux femmes chez lui, pour que Marie-Anne puisse voir Tobby, le chien de son défunt mari. En voyant Marie-Anne, Tobby la reconnut aussitôt. Il vint en gémissant quémander une caresse, en levant vers elle des yeux tristes. Il se dressa finalement le long de son corps et Marie-Anne, doucement le couvrit de caresses. Tobby grogna de satisfaction. L'animal était visiblement en bonne santé, mais Marie-Anne comprit, par son regard, que le chien n'était pas complètement guéri de la douleur causée par la mort de Bernard. Il n'était pas heureux.

–Comment se porte-t-il Steve ?

–Il a souvent pleuré, seul dans son coin, mais petit à petit, il s'est remis à jouer, comme s'il retrouvait la joie de vivre. Marie-Anne accentua sa caresse sur la tête de l'animal, et Tobby se sentit enfin réintégré dans la famille.

Bossin installa ses invités à la terrasse de la villa du Quartier Wazir Akbar Khan, pour que les deux femmes puissent admirer la douceur du soleil couchant. Il offrit un excellent jus au raisin aux deux journalistes. Jim Carson opta pour le café, tandis que lui se contentait du thé, car il devait conduire. La consommation de l'alcool était strictement interdite à Kaboul, mais les diplomates pouvaient s'offrir ce luxe à l'intérieur de leurs propriétés, à condition de ne pas conduire en état d'ébriété. Comme Steve Bossin devait reconduire les deux femmes à l'Hôtel Heetal Plazza, il préférait ne pas toucher à l'alcool.

Partout où il se trouvait, il s'imposait les mêmes règles de conduite obligatoires dans son pays, tel que ne pas conduire avec des facultés affaiblies. Il savait à quel point cette mesure était stricte. Il l'observait partout où il était, avec une attention particulière dans un pays musulman où la consommation de l'alcool est prohibée. Tobby resta couché tout près de Marie-Anne durant tout le temps que les deux femmes passèrent à la résidence de Bossin.

–Il n'a pas été une charge pour vous ? Demanda-t-elle.

–Non, c'est un chien bien éduqué, discipliné et très beau. Tous ceux qui viennent ici l'aiment bien. Et puis, j'ai toujours eu un chien dans ma famille. Mon père avait un beagle très grand et très beau, tandis que ma sœur avait un Labrador très doux. La conversation se poursuivit sur des sujets mineurs. Marie Anne évitait délibérément d'entraîner son compatriote sur des sujets touchant à la politique intérieure afghane en présence de la journaliste française.

–Croyez-vous qu'il acceptera de rentrer avec moi cette fois-ci ? Mon fils m'a demandé de l'amener, sinon il viendra le chercher lui-même, m'a-t-il dit.

–Quel âge a-t-il votre fils ? Demanda Bossin.

–Six ans déjà.

–Et comment s'appelle-t-il ?

–Omer.

–Tu vas essayer avec Tobby. S'il est d'accord, je ne m'y opposerai pas. Marie-Anne se pencha sur l'animal et lui posa la question.

–Tu es prêt à rentrer avec moi cette fois-ci Tobby ? Comme si l'animal avait compris la question, il se leva doucement et se coucha près de Bossin comme s'il lui demandait de ne pas le laisser partir.

–On dirait qu'il n'a pas l'intention de prendre l'avion, dit-il. Il faudra peut-être que ton fils vienne le chercher.

–C'est difficile, ce n'était qu'un caprice d'enfant. Et puis se grands-parents ne le laisseraient jamais venir en Afghanistan.

Ils sont devenus très protecteurs après la mort de Bernard, et il n'ont pas tort. Marie-Anne croisa un regard discret de Mélanie et comprit que la jeune femme lui suggérait de se retirer. Marie-Anne s'exécuta.

–La journée a été très chargée pour nous tous, il est temps d'aller nous reposer, dit-elle.

–Moi aussi j'ai du mal à garder mes yeux ouverts, ajouta Mélanie.

–Je vous dépose à l'hôtel, déclara Bossin en se levant. Alors que Marie Anne se dirigeait vers la porte, Tobby se mit à tirer avec ses dents sur son pantalon. Marie Anne le regarda avec des yeux étonnés.

–Qu'est-ce que tu fais Tobby ? Au lieu de passer devant et rentrer avec moi, tu me tires vers l'arrière ? Dit-elle en grondant l'animal.

–C'est comme s'il ne voulait pas te laisser partir, déclara Bossin, tout heureux de voir le chien exprimer à sa place ce qu'il aurait aimé proposer à la jeune femme. Marie-Anne se mit à rire, et Bossin la trouva irrésistible. Satisfait d'avoir fait comprendre son désir, Tobby se relaxa visiblement, et s'accrocha de nouveau le long de la hanche de Marie-Anne.

–Allons Tobby, il faut te décider à rentrer avec moi. Au lieu d'obéir, il passa devant elle et lui barra le passage. Cette fois-ci, Bossin éclata de rire.

–Décidément, Tobby ne veut pas que tu sortes de cette maison.

–Malheureusement, ce n'est pas lui le maître des lieux, dit-elle en ouvrant la porte pour se glisser dehors. Bossin les déposa à l'hôtel et revint se coucher.

Cette nuit, Steve Bossin dormit mal. Il se retourna plusieurs fois dans son lit sans trouver le sommeil. Il ne cessait de penser à la journaliste montréalaise. Le visage de Marie-Anne avec ses cheveux noirs et ses yeux bruns, ne le quittaient pas. Son sourire merveilleux révélait un cœur généreux. Curieusement, la jeune femme n'avait pas cet excès d'assurance que l'on trouve chez certains journalistes, qui se prennent pour des faiseurs de rois. Il y avait plutôt en elle, une modestie attachante, sans parler de la douceur de sa peau. En prenant sa main dans la sienne, Bossin avait décelé les traces d'une parenté indienne, dans la généalogie de la jeune femme. Comme sa propre grand-mère était d'origine algonquine, il reconnaissait facilement, la présence d'une telle parenté chez son interlocuteur. Ce trait l'attacha encore plus à Marie-Anne. Il eut envie de la revoir.

–Je trouverai un moyen, j'inventerai n'importe quel prétexte, mais je dois la revoir, se dit-il, avant de plonger dans un sommeil agité.

Invité de nouveau au palais présidentiel le lendemain de l'inauguration de l'usine, Moudjahid dut reporter à plus tard la sortie qu'il avait prévue de faire avec sa mère. Elle voulait visiter toute la ville, voir le quartier qu'elle habitait trente ans plus tôt, voir s'il y avait encore des visages qu'elle reconnaîtrait et d'autres petites choses de ce genre. En apprenant que son fils était invité au palais présidentiel, elle accepta de reporter son programme à elle.

Le Président Mohammadzaï reçut le professeur en présence de son chef de cabinet.

–Professeur Moudjahid, je te félicite d'abord pour cette action qui va soutenir la reconstruction de ce pays, déclara le président.

–Nous devons concrétiser nos promesses par des actes, répondit-il.

–Professeur Moudjahid, nous avons décidé de remanier notre gouvernement et d'inclure quelques nouveaux départements, comme tu l'as toi-même suggéré. J'ai décidé de te confier le Ministère de l'Industrie, de l'Energie, des Mines et du Développement Durable, avec la coordination des réformes. Es-tu prêt à assumer cette responsabilité ? Abdullah Moudjahid leva ses deux mains en toute humilité.

–Je vous remercie, Monsieur le président. Grâce à l'aide d'Allah et à sa miséricorde, je trouverai la force d'accomplir ce devoir.

–L'opinion générale accuse mon gouvernement et notre administration en général de corruption. Tu n'entres pas au gouvernement pour t'enrichir, mais pour enrichir les Afghans. Je compte sur toi pour m'aider à corriger cette image négative en montrant l'exemple à suivre.

–Monsieur le Président, cette nomination est à la fois un honneur et un défi. Un honneur, car elle me donne l'occasion de participer à la mise en application de ce projet de société que nous avons devant nous. C'est aussi un défi car nous sommes devant une obligation de résultats. Je sais que nous n'avons aucun droit ni à l'erreur ni à l'échec.

–C'est exact, reconnut le président Mohammadzaï. Nous n'avons pas de temps à perdre, nous devons accélérer la mise en oeuvre du Plan de paix. Est-ce que tu crois en notre victoire, Professeur Moudjahid ?

–J'y crois entièrement. Si je n'y croyais pas, je n'accepterais pas d'assumer cette responsabilité. Par la volonté et la force d'Allah, nous gagnerons ce combat, car la raison est de notre côté, conclut Moudjahid.

–Tu peux retourner à tes occupations, le communiqué officiel sortira bientôt. Abdullah Moudjahid remercia le président, et sortit. Le président devait sans doute recevoir encore quelques personnes, qui devaient entrer ou quitter le gouvernement.

Deuxième partie :

Le sorcier de Kaboul

A lors que toute la famille Moudjahid était réunie autour de la table pour partager le repas du soir, le communiqué annonçant le remaniement du gouvernement fut diffusé par la Radiotélévision Nationale Afghane après le journal de 20 heures. Nasla Moudjahid fut la première à sauter dans les bras de son père pour le féliciter, suivie par son frère Hassan. Yasmine se contenta de sourire, effrayée par tout le travail de l'usine qui, désormais reposait entièrement sur ses épaules.

–Nous devons prier beaucoup pour que tu ne subisses pas le sort de ton père, déclara sa mère sans cacher son inquiétude. Elle ne faisait pas encore confiance à son pays.

Moudjahid nota quelques changements opérés dans l'équipe gouvernementale. Le ministre de l'intérieur, Yussufzaï Habibullah, à qui revenait la charge de piloter la réforme administrative, était maintenu à son poste. Par contre, le ministre de la défense, le général Ayub Wali Khan, était remplacé par le général Sayyed Zazaï, ancien chef d'état-major. Quelques jours plus tard, le général Ayub Wali Khan fut nommé ambassadeur à Islamabad, la mission diplomatique la plus importante aux yeux de Kaboul. Moudjahid nota aussi la création de deux ministères nouveaux. Il nota d'une part, la création du Ministère de la Promotion de la Femme, de l'Intégration Sociale et de la Protection des Minorités, qui était confié à Zaïnabo Zakhiliwal, une ancienne journaliste afghane diplômée en philosophie et sciences politiques, de l'université de Nangarhar, à Jalalabad. Il enregistra d'autre part, la création du Ministère de la Promotion de la Vertu et de la

Prévention du Vice, qui était confié au Mollah Mahmud Haq, sorti de l'Université de Tous les Savoirs Vertueux de Peshawar. Ce dernier était connu surtout pour avoir des liens étroits avec les dirigeants de cette université, en particulier son recteur, le très respecté et généreux donateur, Cheikh Bashir Rahimyar, dont l'influence sur les milieux religieux conservateurs était notoire. Abdullah Moudjahid nota avec satisfaction que le ministre de l'éducation, le docteur Mumtaz Salahudin qui supervisa le comité de rédaction du cours d'éducation politique restait à son poste. Même le ministre des affaires étrangères, le docteur Ehsan Durani, était maintenu. Dans l'ensemble, il n'y avait pas eu un grand chambardement.

–Que deviendra la gestion de l'usine ? Demanda sa mère.

–Elle restera entre les mains de Yasmine, son Directeur Général actuel, répondit Abdullah avec une certaine fierté. Elle en est capable. Son fils Hassan, effrayé par le poids de la responsabilité qui tombait sur les épaules de sa mère, posa la question qui trottait dans sa tête depuis son arrivée à Kaboul.

–Papa dit-il, mes études de Génie Mécanique sont terminées. J'ai une offre d'emploi chez Kahnawaki Motors, un constructeur automobile du sud de Montréal. J'ai déjà réussi tous les tests de recrutement. Je commence à travailler dès mon retour. Aimeriez-vous que je reste pour donner un coup de main à l'usine ? Son père réfléchit en regardant tour à tour son fils et sa femme.

–Pas encore, dit-il enfin. Va faire ton travail à Kahnawaki Motors. Le temps viendra. Prépare-toi à venir travailler pour l'usine de construction automobile qui sera implantée à Kaboul. Nous allons la démarrer d'ici quelques années. Nous devons d'abord mettre quelques infrastructures en place, comme la production de l'acier et des autres pièces métalliques, ensuite l'usine va démarrer, peut-être en partenariat avec Kahnawaki Motors. Toute la famille se tourna vers Hassan.

–Papa, c'est une plaisanterie, ou tu parles sérieusement ? Demanda sa fille Nasla.

–Je parle sérieusement bien sûr, répondit son père.

–Tu veux dire que le meilleur est encore à venir ? Demanda encore Nasla.

–Exactement. Devant l'assurance de son père, Nasla éprouva une grande admiration pour lui. Elle eut envie d'aller l'embrasser, mais n'osa pas poser ce geste devant sa mère.

–Papa, est-ce que l'entrée au gouvernement est une bonne chose pour toi, est-ce que cela te fait plaisir ? Demanda encore son fils Hassan. Surpris par la question, Abdullah hésita avant de répondre.

–C'est une bonne chose dans ce sens qu'elle me permet de participer à la prise des décisions et à la mise en œuvre d'un projet de société dont le pays a grandement besoin. Mais le plus dur commence. Ce n'est pas le tapis rouge qui m'attend. Je vais marcher sur un terrain miné, et je dois surveiller chacun de mes pas. Mais l'expérience vaut la peine d'être tentée.

–Bonne chance, conclut Hassan.

–Bonne chance à toi aussi à Kahnawaki Motors. Le téléphone se mit à sonner. Pendant plus d'une heure, Moudjahid reçut des appels de félicitations provenant des gens connus et inconnus. Il prit son agenda et nota tous les appels. L'appel le plus inattendu vint de la ville de Kandahar au sud du pays. Il venait de Shakeela Zameen, la cousine de Yasmine et la mère d'Ashraf Zameen qui habita chez les Moudjahid à Washington pendant une année, dix ans plus tôt. Elle appelait sa cousine pour la féliciter, après l'inauguration de l'usine et envoyait en même temps, les félicitations à Abdullah Moudjahid, de la part de son mari Youssaf Zameen. Abdullah s'en réjouit, nota l'adresse des Zameen à Kandahar. Il promit de leur rendre visite dès que possible. Il demanda en même temps les nouvelles de son fils Ashraf. Celui-ci avait terminé ses études de génie civil, il travaillait pour les affaires de son père à Kandahar, mais il rêvait de rejoindre la capitale Kaboul. Abdullah nota toutes ces informations et promit de garder le contact. Il passa ensuite le téléphone à Yasmine et les deux femmes parlèrent brièvement de leur famille. Tard vers minuit, Abdullah partit se reposer auprès de sa femme.

Pressentant que sa journée serait très chargée, Abdullah se leva tôt, vers quatre heures du matin. Il prit une douche rapide avant de préparer un petit déjeuner léger, sans faire beaucoup de bruit, pour ne pas réveiller toute la maison. Il s'installa ensuite derrière sa table de travail. Il devait enseigner de 8 à 11 heures. Il se rendrait ensuite au palais présidentiel, pour recevoir quelques informations supplémentaires et des documents relatifs à sa nomination comme membre du gouvernement. Avant de se rendre à l'université, et avant de commencer son travail de ministre, il avait un dossier urgent, qu'il tenait à mettre au point. Il avait l'intention de créer une Société Financière de Développement qui s'occuperait de ses affaires. Il se mit à rédiger rapidement l'Avant-Projet des Statuts de la Société dénommée « Société Financière de Développement Aman-Ittihad. Comme il avait l'intention d'associer ses enfants, il voulait obtenir leurs signatures avant leur retour à Montréal. Il entendait faire de la Société de Développement Aman Ittihad, un instrument de financement, de mobilisation des capitaux et de création d'emplois à travers la participation dans le capital des autres entreprises privées ou mixtes, ou dans des projets industriels qu'il comptait lancer dans le pays. L'associé majoritaire serait la Yasma Ittihad Production, représentée par sa femme et lui-même, Abdullah Moudjahid. Il envoya ensuite le document à un cabinet d'avocats, qui devait finaliser les statuts. Une fois ce travail terminé, il prit sa voiture et se rendit à l'université. Il rassura le doyen de la faculté, il continuerait à dispenser ses cours jusqu'à la fin de l'année académique.

−Peut-être va-t-il falloir réaménager l'horaire, en tenant compte de mes nouvelles obligations, mais j'irai jusqu'au bout de mon contrat, dit-il.

L es nouveaux membres du gouvernement furent invités prêter serment devant les deux chambres du Parlement afghan.

Ils promirent solennellement de servir le peuple dans la transparence et l'équité et dans le respect des préceptes du Coran.

Le Président Mohammadzaï, à qui revenait la parole de circonstance, prononça l'un des plus grands discours de sa carrière en tant que président. Devant les caméras du monde entier, les représentants du corps diplomatique réunis et les commandants de la Force internationale, il annonça à son peuple le Plan de Paix et de Sortie de Crise, accompagné d'importantes réformes. Il promit le retour de la paix, la sécurisation prochaine du territoire, et le départ des troupes internationales dans un délai de douze mois. Il invita ses compatriotes encore engagés dans l'insurrection à déposer les armes, et à rejoindre rapidement son gouvernement, pour bâtir un pays nouveau.

−Lorsque vous avez pris les armes dit-il, vous croyiez défendre votre pays, vos familles et vous-mêmes. Vous n'aviez peut-être pas une autre alternative. Aujourd'hui, elle existe, car nous avons un projet pour ce pays. Nous nous engageons, solennellement, à bâtir ici, un pays auquel tous les Afghans se sentiront fiers d'appartenir. D'importantes réformes seront bientôt mises en œuvre. Nous demandons aux Afghans de les soutenir, car elles sont destinées à les conduire au bien-être. Il clôtura son discours et partit offrir une modeste réception aux invités. Le premier conseil du nouveau gouvernement était prévu pour le lendemain.

En compagnie de Steve Bossin, qu'elle avait repéré parmi les diplomates, Marie-Anne s'approcha du professeur Moudjahid.

−Félicitations, dit-elle, en lui tendant la main. Elle embrassa ensuite Yasmine, qui se tenait aux côtés de son mari. Sa grossesse était visiblement avancée, et des signes de fatigue se lisaient sur son visage. Elle présenta Steve Bossin que Yasmine ne connaissait pas. Elle voulut profiter de l'occasion pour évoquer certains points du discours présidentiel. Abdullah, qui ne voulait pas parler beaucoup, la présenta au ministre de l'intérieur, Yussufzaï Habibullah.

–Voici la personne la mieux indiquée pour te donner plus d'informations sur les projets de réforme, dit-il à Marie-Anne. Elle se présenta et montra sa carte de presse au ministre. Celui-ci l'invita à passer le lendemain à 14h à son bureau. Elle revint alors à Abdullah, en tentant de lui arracher quelques informations supplémentaires.

–Le président a promis le retrait des troupes étrangères dans un délai d'environ douze mois, est-ce possible ? Demanda-t-elle.

–C'est un objectif à atteindre, le gouvernement mettra tout en œuvre pour y parvenir, mais encore une fois, le ministre de la défense paraît mieux indiqué pour vous donner des précisions. Il l'entraîna vers le général Sayyed Zazaï. Marie-Anne se retrouva devant un officier grand de taille, plutôt bel homme, 45 ans maximum, avec un sourire ravageur caché sous une moustache bien coupée, mais elle ne fut pas intimidée. Elle avait l'habitude de rencontrer des personnalités de tout calibre. Elle ne put pas s'empêcher de penser que cet homme aurait pu faire une brillante carrière sous le ciel californien. Le général Zazaï salua la journaliste avec chaleur en lui souhaitant la bienvenue à Kaboul. Marie-Anne se sentit aussitôt à l'aise. Elle se présenta à son tour avant de lui poser une question.

–Général Zazaï, vous êtes nommé ministre de la défense au moment où le président annonce la sécurisation totale du pays et le retrait des troupes étrangères dans un délai de douze mois. Serez-vous l'homme qui accomplira ce miracle ? Le général Zazaï éclata de rire. Mélanie Delcourt, la journaliste de la télévision française, approcha à son tour.

–Non, madame, je ne suis pas un faiseur de miracles. Je ne suis qu'un modeste serviteur de la patrie, lui dit le général.

–Croyez-vous que le retrait des troupes étrangères soit réalisable dans ce délai ?

–Le président de la république l'a promis au peuple et à la communauté internationale. Il a placé le gouvernement et le ministère de la défense en tête devant une obligation de résultats. Nous ferons tout ce qui est en notre pouvoir pour que cette promesse soit respectée. Ce sera fait par la volonté et la force d'Allah, conclut le général.

–Pensez-vous... Le général Zazaï l'interrompit.

–Nous tiendrons une conférence de presse dans deux jours. Je vous donne rendez-vous à l'académie militaire nationale.

Vous aurez l'occasion de poser toutes les questions, dit-il.

Les journalistes étaient émerveillés par le style du nouveau ministre de la défense. Quelques minutes plus tard, les déclarations du Président Mohammadzaï, et l'engagement solennel du ministre de la défense à respecter cette promesse, faisaient la une de toutes les chaînes de télévision du monde. Marie-Anne se promena encore dans les jardins du palais, en glanant plus d'informations, et en faisant de nouveaux contacts. Elle voulait surtout connaître les principaux acteurs politiques, car une telle occasion n'allait peut-être pas se renouveler. C'est toujours intéressant de s'adresser à quelqu'un qui se rappelle vous avoir rencontré, que de foncer vers un inconnu. C'est dans ce cadre qu'elle fut présentée au conseiller du président, Faqeer Hanifullah. Celui-ci l'invita à le rencontrer quand elle le voudra. Elle exprima ensuite le désir de partir, et Steve Bossin se porta volontaire pour l'emmner à son hôtel.

Arrivée à l'hôtel, Marie-Anne se mit à rédiger rapidement ses articles. Elle parla du nouveau gouvernement, des projets de réforme à venir, de l'engagement formel du président de la république à sécuriser l'ensemble du pays, ainsi que du retrait des troupes étrangères dans un délai de douze mois. Elle expédia ensuite son article à son journal.

E n lisant le contenu de l'article envoyé de Kaboul, le rédacteur en chef du journal La Mission devina à l'avance l'impact qu'il aurait sur les lecteurs et augmenta le tirage de cinquante mille exemplaires supplémentaires. Ce fut insuffisant. Une fois sorti, le journal fut épuisé dans les points de vente en moins de deux heures. À dix heures du matin, tout le tirage était épuisé. Pendant toute la semaine, Marie-Anne distilla ses informations de façon à maintenir la curiosité des lecteurs. Elle savait à quel point le sujet était sensible et divisait la classe politique de son pays. Le tirage du journal qui tournait d'habitude autour de 150 000 exemplaires se stabilisa à 200 000 exemplaires. La direction du journal demanda à Marie-Anne de prolonger sa mission de deux semaines pour mieux suivre ce mouvement effervescent qui secouait les entrailles de l'Hindou Koush. Elle l'accepta volontiers. Elle n'avait aucune raison de se faire du souci, car son fils était confortablement installé chez ses grands-parents.

L e premier conseil du nouveau gouvernement de Kaboul se tint dans une ambiance particulièrement détendue. À dix heures précises, le président Mohammadzaï prit place dans la salle du conseil. Tous les ministres étaient déjà là. Selon l'ordre du jour, le Mollah Mahmud Haq prononça la Doua d'ouverture. Connu pour sa maîtrise du Coran et des Hadiths, le mollah, dans sa prière, demanda à Allah, grâce à sa miséricorde et à sa bonté, de guider ses fidèles dans leur travail difficile, car à lui seul appartiennent la sagesse et le vrai savoir. Ensuite les travaux commencèrent. Le président demanda à ses ministres de se présenter à tour de rôle, pour que les nouveaux membres du cabinet puissent connaître les anciens, et vice-versa. En principe, ils se connaissaient tous ou presque. Même

Moudjahid qui habitait à Kaboul depuis seulement neuf mois, connaissait la plupart des ministres. Le Président Mohammadzaï souhaita la bienvenue à tous et brossa l'orientation générale du gouvernement.

La mission principale de ce gouvernement dit-il, est de conduire le pays à la paix. La sécurisation totale du territoire national est notre priorité numéro1, leur dit-il. Tout doit être fait pour atteindre cet objectif. La réforme administrative, qui sera bientôt mise en route, servira à préparer le terrain. Le ministre de l'intérieur devrait soumettre au conseil son Plan de réforme dans les plus brefs délais. Le ministre de la défense, à qui revient la responsabilité de restaurer la paix dans le pays, sait ce qu'il doit faire et ses résultats seront évalués chaque mois. La mise en œuvre du Plan de paix doit se faire en douceur, avec le moins possible de victimes. Le ministre des finances devra à son tour, nous présenter bientôt son Projet de réforme destiné à offrir aux Afghans des salaires qui leur permettent, non seulement de vivre et de nourrir leurs familles dans la dignité, mais aussi d'épargner et d'investir. La paix et la sécurité se paient. Nous devons payer le prix. Le ministère de l'éducation devra moderniser notre système d'enseignement, de façon à s'assurer que tous les enfants afghans en âge scolaire, garçons et filles sans exception, vont à l'école. Je voudrais vous entendre dire que la participation des filles dans les universités et dans les autres instituts d'enseignement supérieur atteint 30 à 40 pour cent et monte vers la parité de 50 pour cent.

Le ministère de la Promotion de la Vertu et de la Prévention du Vice a pour mission principale de se mettre au service de la paix. La première vertu est la protection de la vie. Le premier vice est la violence. Il est inconcevable que des croyants puissent verser le sang d'autres croyants ou détruisent les biens d'autrui. Il n'y a pas lieu de livrer une guerre sainte dans ce pays.

Cette guerre doit s'arrêter. Le nouveau ministère de l'Industrie, de l'Energie, des Mines et du Développement Durable ainsi que de la coordination des réformes, constitue la colonne vertébrale de l'action gouvernementale. C'est à lui de jeter les bases d'un tissu industriel susceptible de créer des emplois, de viabiliser l'économie, et de faire de l'Afghanistan un pays véritablement moderne, le pays où il fera bon vivre, le pays où tous les musulmans du monde entier voudront faire un pèlerinage pour se reposer au bord de nos lacs et de nos montagnes, pour jouir des douceurs de la vie, pour respirer l'air de la paix. Pour la première fois, presque tous les ministres se tournèrent vers Abdullah Moudjahid, en esquissant un sourire. Le Président Mohammadzaï remarqua un certain scepticisme sur quelques visages des membres du conseil.

–Ne soyez pas surpris et n'ayez aucune crainte, leur dit-il. L'objectif ultime de ce gouvernement, dont vous avez l'honneur de faire partie, est de faire de ce pays le meilleur endroit où les citoyens jouiront du meilleur niveau de vie dans toute l'Asie centrale. C'est cela le développement durable. Je n'ai pas le moindre doute. Le professeur Moudjahid est à la hauteur de concrétiser ce rêve, sinon il ne serait pas assis ici parmi nous. Le Président Mohammadzaï brossa ensuite l'orientation générale de tous les ministères, et conclut en rappelant à tous qu'ils ont l'obligation de résultats.

–Faites connaître ce que vous faites, ouvrez largement les portes aux médias et au public. La population doit savoir et suivre ce que vous faites. Mettez-vous à l'écoute de tous, prêtez attention à la réaction du peuple. Pour former la meilleure communauté jamais suscitée par des hommes, comme nous l'a recommandé le Prophète, nous devons former la plus grande démocratie dans la région abritée sous les plus hauts sommets du monde, sous la chaîne des Himalaya. C'est tout ce que j'avais à dire aujourd'hui.

–Si quelqu'un a une question, une proposition ou un commentaire, nous sommes heureux de l'écouter, conclut-il en passant la parole à ses ministres. Quelques ministres prirent la parole et parlèrent des difficultés budgétaires qui attendent leurs départements. Le président les assura : « Les fonds seront disponibles, dès que vos plans d'action seront prêts. » Avant de clôturer les travaux du conseil, il annonça la nomination du Général Ayub Wali Khan comme ambassadeur au Pakistan. Et les ministres approuvèrent cette nomination à l'unanimité.

–Il aura l'obligation de consolider nos relations avec notre puissant voisin, d'obtenir l'arrêt de toutes les incursions des hommes armés à partir de ce pays. Il devra travailler étroitement avec le ministère des affaires étrangères, dont la priorité numéro un est de corriger la mauvaise image de notre pays et de normaliser nos relations avec tous nos voisins, sans exception.

Sur ce point, le président Mohammadzaï clôtura les travaux de ce conseil spécial. Les ministres sortirent impressionnés par le ton et le nouveau style du président. Sans devoir le dire, ils paraissaient désormais convaincus que leur gouvernement allait gagner la guerre et mettre fin à l'insurrection.

Lorsque le conseil du gouvernement se réunit une semaine plus tard, tous les ministres avaient travaillé d'arrache-pied, pour préparer un Plan d'action destiné à concrétiser l'objectif majeur de leur mandat. Grâce à l'intervention de comptables chevronnés engagés pour la circonstance, ils pouvaient tous présenter les tableaux complets des coûts chiffrés des actions à mener. Le conseil des ministres débuta ses travaux à 9 heures contrairement aux habitudes. Ils appréhendaient tous que la journée serait longue. Selon le plan du jour, le ministre de l'intérieur fut le premier à présenter son projet de réforme. En montrant la carte détaillée de son pays, il justifia le bien-fondé d'une nouvelle répartition territoriale destinée à regrouper les provinces et les ramener de 34 à 10 provinces au maximum. Sa proposition consistait à regrouper ensemble trois à quatre provinces.

À titre d'exemple, il groupait en une seule entité administrative les trois provinces du Badakhshan, du Takhar et de Kunduz. Cette province aurait la mission de redevenir le grenier à blé de tout le pays, dit-il. Nous y mettrons les moyens, en commençant par la sécurité, en mettant en place les infrastructures nécessaires, tel que renforcer la faculté d'agriculture, les centres de recherche et d'autres projets de développement agricole dans la nouvelle province. Dans le sud, il regroupait en une seule, les provinces de Kandahar, d'Orozgan et Zabol, tandis que celle de Helmand s'associait à Nimroz et à Farah, pour former une seule province au sud-ouest.

À l'ouest, Herat s'alliait à Badghis et à Ghor. Au nord-ouest, il groupait les provinces de Faryah, de Djodzdjan, de Sarepol et de Balkh. Au centre du pays, il ramenait, en une seule province, Deykand, Ghaznî et Wardak. Il associait ensuite Paktia, Paktika, Khost et Logar. La province de la capitale Kaboul s'associait à Parwan et à Kapisa.

Plus loin à l'est, il regroupait les provinces du Laghman, du Kunar, de Nangarhar et celle du Nurestan. Et pour finir, il proposait la fusion de Baghlan, de Bamiyan et de Samangan au centre-nord du pays.

Parmi les motifs qu'il exposa au Conseil, cette nouvelle configuration permettait d'assurer une bonne répartition des infrastructures routières, aéroportuaires, culturelles et sportives, par exemple. Elle visait, en outre, à briser l'isolement de certaines provinces, à consolider l'unité nationale, et à renforcer l'administration autour d'une économie modernisée. C'est sur cette nouvelle carte provinciale que les autres institutions seraient connectées et harmonisées. Il demanda ensuite à ses collègues d'y apporter leurs suggestions, et d'éventuelles modifications, avant de finaliser le projet et de le présenter au parlement pour le mettre en application.

Presque tous les ministres posèrent des questions et firent des propositions. Le ministre de l'intérieur les rassura. Toutes ces provinces seront reliées par des routes modernes, terrestres ou souterraines qui, au besoin, passeront par le ventre de la montagne. Elles seront dotées d'universités, d'écoles professi-

195

onnelles, d'industries et d'infrastructures sportives dignes de ce nom.

–Tel est mon projet, que je compte présenter au peuple afghan, pour le sortir, non seulement de la guerre, mais aussi de la pauvreté, de l'ignorance et de l'isolement. Les nouvelles provinces seront dotées d'une administration plus adaptée, ayant un organe exécutif et consultatif jouissant d'une grande autonomie de décision, tout en étant en étroite collaboration avec le gouvernement central.

Il présenta ensuite les coûts d'environ cinq milliards de dollars sur cinq ans. Ce fut ensuite le tour du ministre de l'Industrie, des Mines et de l'Energie, qui coiffait en même temps le développement durable et la coordination des réformes. Le professeur Moudjahid resta sobre dans sa présentation. Il s'appuya largement sur le plan du ministre de l'intérieur.

–Nous devons identifier les secteurs prioritaires de l'économie, dit-il. Nous devons lancer très rapidement des industries de base, comme l'exploitation minière, des usines métallurgiques et des aciéries. Nous devons développer notre production énergétique et gazière, pour satisfaire la consommation intérieure, et dégager un surplus d'exportation vers les pays voisins et le reste du monde. Nous devons moderniser notre habitat, lancer d'importants travaux de construction de logements et d'infrastructures hydro-électriques. En peu de mots nous allons mettre en place un appareil de production efficace et bien articulé, ensuite organiser le marché intérieur de la consommation, en disponibilisant les moyens.

Cela veut dire ajuster les salaires des employés afghans, pour équilibre la balance production-consommation, épargne et investissement, et ainsi de suite.

La mise en œuvre de ce programme conduira inéluctablement au développement, au bien-être et à la sécurité. C'est dans ce cadre que je conçois le développement durable, dans une société sécurisée et pacifiée et aux conditions de vie améliorées.

Il remercia ses collègues et leur demanda de lui faire des propositions, qui pourraient enrichir son plan. Ses collègues lui demandèrent si le pays aura les moyens de réaliser un projet social aussi ambitieux. Le professeur Moudjahid leur assura que les moyens sont là.

–Ils attendent dans le sous-sol d'être sortis, pour nourrir le peuple afghan, qui sera un jour envié, car il a été choyé par la nature. Les bénédictions d'Allah seront bientôt répandues sur le sol que l'on croit maudit, et on parlera de nous comme de la meilleure nation de l'Islam. Inch'Allah.

–Inch'Allah, répondirent tous les ministres. Quelques autres ministres eurent aussi l'occasion de présenter leurs plans, mais le plus attendu était le ministre de la défense, le général Sayyed Zazaï. Lorsque son tour arriva, le général Zazaï, avec son sourire de conquérant, évita d'entrer dans les détails.

–Mes chers collègues, dit-il, la paix et la sécurité ont un prix comme l'a dit le professeur Moudjahid. En général, l'explosion sociale et d'autres formes de violence traduisent l'échec politique. Si les projets présentés par les ministres de l'éducation, de l'intérieur, de l'Industrie et du Développement Durable et tous les autres sont mis à exécution, nous n'aurons plus d'insurgés à combattre. Même mes soldats demanderont à être démobilisés pour aller jouir des douceurs de la vie. Cela ne fait aucun doute. L'insurgé s'insurge contre quoi ? Contre la misère et la pauvreté, contre le désordre, contre la honte et l'humiliation. Son combat est une revendication désespérée de sa dignité et des conditions d'existence plus décentes. Si le ministère de l'Industrie et du Développement Durable réussit à mettre en place ce pays de rêve, qui sera envié par les autres nations car devenue la meilleure communauté de l'islam, le ministère de la défense accompagnera ses efforts, et mettra fin à l'insurrection.

Nous avons aussi nos plans qui seront basés sur l'éducation patriotique de notre peuple et de notre armée, et sur la nationalisation de tout notre appareil militaire et sécuritaire. Il ouvrira en même temps, la voie au départ de toutes les troupes étrangères. Si le politique réussit son plan, nous assurerons la sécurité au moindre coût. Mais je vous promets la fin de la guerre et le retour de la sécurité sur tout le territoire national. Et le conseil du gouvernement prit fin sur cette heureuse promesse.

Les ministres connaissaient bien le général Sayyed Zazaï. Il savaient tous que derrière ce sourire et cette allure de séducteur se cachait un caractère trempé et inébranlable. Une fois sorti de l'ombre du Général Ayub Wali Khan, Sayyed Zazaï allait donner toute la mesure de son savoir-faire. Ce qu'il n'avait pas voulu dire publiquement, c'est qu'il avait l'intention de réorganiser l'armée en dix ou douze divisions correspondant aux dix nouvelles provinces, une division couvrant chaque province. Cela veut dire que ses brigades et ses bataillons seraient déployés dans tous les districts du pays jusqu'au village le plus reculé et au sommet de la montagne la plus élevée, au besoin jusqu'au sommet du Nowshak. En agissant ainsi, il était sûr de neutraliser les insurgés les plus récalcitrants sans faire de bruit. Les travaux du conseil étaient terminés.

Comme prévu, Marie-Anne se présenta au rendez-vous au ministère de l'intérieur. Le ministre qui sortait à peine du conseil du gouvernement accepta de la recevoir, à condition de ne lui accorder qu'un quart d'heure au maximum. Une fois commencée, l'interview se prolongea et dura une heure. Marie-Anne apprit ainsi, parmi les premiers journalistes présents à Kaboul, le projet de la Réforme administrative qui allait changer profondément le paysage politique du pays. Elle apprit en même temps, que des projets économiques ambitieux accompagneraient cette réforme. À la fin de l'interview, Marie-Anne était satisfaite. Elle partit rédiger ses articles et les transmit immédiatement à son journal. Elle attendait, avec impatience, la conférence de presse du nouveau ministre de la défense, prévue pour le lendemain à dix heures.

Alors qu'elle venait de boucler ses papiers et se demandait comment utiliser le reste de sa soirée, son téléphone portable se mit à sonner. C'était Steve Bossin. Après avoir échangé les nouvelles du jour, Bossin lui demanda si elle était libre, pour dîner avec lui ce soir. Marie-Anne s'excusa et l'invita pour le lendemain. Bossin l'accepta de bon cœur et promit de passer le lendemain vers 18 heures. La journaliste préférait se concentrer sur la situation politique visiblement en mutation, même si elle n'était pas indifférente à l'attention que lui portait son compatriote. Elle souhaitait rencontrer Bossin après la conférence du ministre de la défense. Elle pourrait ainsi vérifier certains aspects de la politique afghane auprès de quelqu'un qui était plus familier avec le terrain. Elle appela chez les Moudjahid pour savoir la date de départ de Nasla et Hassan, qui devaient retourner à Montréal.

–Ils partiront dans trois jours, lui dit Yasmine. Si tu as un colis à leur confier, tu peux déjà le préparer, lui dit-elle.

–J'ai en effet l'intention d'envoyer un paquet de fruits à mon fils, mais j'ai le temps de le préparer, répondit Marie-Anne. Elle raccrocha. Yasmine se tourna alors vers la porte. Son mari venait d'entrer. Abdullah embrassa sa femme, échangea quelques propos avec ses enfants, avant de se rendre dans la chambre de sa mère. Il revint ensuite dans la salle de séjour, se fit servir un thé, avant d'ouvrir le courrier qui contenait les statuts de la Société de Développement Aman-Ittihad. Il parcourut le document, expliqua le contenu à ses enfants, leur demanda ensuite d'apposer leur signature à la place réservée aux associés.

–Papa, tu nous as dit que le meilleur est encore à venir, je commence à y croire, lui dit sa fille. Son père n'eut pas le temps de dire quelque chose. Son téléphone commençait à sonner. C'était le ministre de la défense.

–Qu'est ce que tu fais en ce moment Abdullah ? Lui demanda Sayyed Zazaï.

–Ma femme vient de m'offrir un thé, je suis en train de le déguster, répondit-il.

–J'ai un sujet important que je voudrais discuter avec toi, tu peux encore sortir ?

–Bien sûr que je peux encore sortir.

–Laisse-moi t'offrir une deuxième tasse de thé à l'Hôtel Intercontinental dans 30 minutes environ. Est-ce que cela te convient ?

–Avec plaisir, déclara Abdullah. Il s'excusa ensuite auprès de sa femme, visiblement déçue de ne pas le garder auprès d'elle. Je reviendrai le plus vite possible, dit-il.

Trente minutes plus tard, Abdullah Moudjahid garait sa voiture dans le parking de l'Intercontinental. En voyant un militaire en faction, il reconnut la voiture blindée du Général Zazaï. Il se dirigea vers la voiture, et vit le général émerger du véhicule blindé. Ensemble, ils entrèrent à l'intérieur de l'hôtel et se dirigèrent vers un coin retiré, où ils n'étaient pas exposés aux regards de tous les clients de l'hôtel.

–Excusez-moi de t'avoir dérangé avec un rendez-vous aussi improvisé, mais je n'ai pas pu faire autrement, lui dit le général Sayyed Zazaï.

–Tu es un frère et un collègue, Général Zazaï, un homme n'est jamais dérangé par l'appel de son frère, quelle que soit l'heure du jour ou de la nuit. Si tu as éprouvé le besoin de m'appeler, je sais que c'était nécessaire, et que cela ne pouvait pas attendre.

–C'est tout à fait exact. J'ai besoin de ton conseil. J'ai pris le risque d'inviter les journalistes pour une conférence de presse. Je n'ai pas l'habitude de ce genre d'exercices et ce n'est pas dans les habitudes du ministère de la défense. Nous sommes habitués à travailler dans l'ombre et dans la discrétion. Qu'est-ce que tu en penses ?

–C'est plutôt une bonne chose. Tu vas communiquer avec le peuple.

–Je n'ai pas l'habitude de parler aux journalistes, je ne suis qu'un militaire habitué à donner des ordres et à en recevoir.

–Avec les médias, tu apprends à faire passer ton message. Tu leur dis ce que tu veux toi-même communiquer à la nation.

–Et les questions-pièges dont les journalistes sont friands ?

–Tu as l'habitude de déjouer les pièges de l'ennemi. Les pièges des journalistes ne sont pas plus dangereux. La technique est la même. Tu te limites au minimum, à ce qui est déjà connu, ou à ce que tu veux faire connaître selon l'effet que tu veux provoquer. Tu es toujours maître de la situation.

–Faut-il parler en détail de la restructuration de l'armée conformément à la réforme administrative ?

–Une fois de plus, tu leur dis ce que tu souhaites faire connaître à l'opinion publique ou à l'ennemi, car celui-ci sera le plus intéressé par tes paroles, et le premier à les exploiter. C'est pourquoi la communication est aussi une arme de combat qu'il faut manier avec tact, en fonction du but poursuivi.

–Certains journalistes sont parfois agressifs ou provocateurs.

–Quelle que soit la provocation, tu ne t'énerves pas, pour ne pas perdre le contrôle de la situation. Tu leur donnes les informations qui servent ton objectif.

–D'après toi, c'est plutôt simple et sans danger ?

–Non, ce n'est pas toujours simple, c'est une étape nécessaire. Mais il n'y a pas de quoi s'inquiéter. Quand on a affronté le feu de l'ennemi comme tu l'as fait maintes fois, la caméra des journalistes ressemble à une séance d'agrément.

–Je suis maintenant rassuré, mes inquiétudes sont dissipées, le sujet me tracassait.

–Tout se passera bien, je suis convaincu, et c'est une bonne initiative.

–Je suis content d'en avoir parlé avec toi. J'ai d'abord hésité.

–Général Zazaï, maintenant que je te rencontre en privé, je voudrais te poser moi aussi une question, déclara Abdullah.

–Je suis à ta disposition, répondit le général.

–Nous nous sommes engagés à mettre fin à l'insurrection et à sécuriser le pays. Connaissez-vous les principaux bailleurs de fonds et les soutiens de la rébellion ?

–En principe oui, pourquoi la question ?

–Est-ce que je peux prendre connaissance de leur identité et de leurs adresses ?

–Pourquoi vous intéressez-vous à ce genre d'informations, Professeur Moudjahid ? Ce sont des gens très dangereux et cela n'a rien à voir avec le développement durable.

–Au contraire, sans la pacification du pays, le développement durable est impensable. Et puis, la lutte contre l'insurrection est souvent multiforme. Derrière le front militaire, il y a des contacts diplomatiques qu'il faut engager. Un autre combat se déroule sous la table.

–Tu penses que la coopération de ces appuis est négociable ?

–Aucune piste n'est à négliger en cas de guerre. Et encore, en analysant bien leurs appuis, nous comprendrons mieux leur motivations, le but caché de cette guerre. Tout ce qui est motivé par l'intérêt est négociable sous une forme ou sous une autre, conclut Moudjahid.

–Je n'ai pas cette liste sur moi, mais les services du Colonel Omar Noandesh doivent posséder un dossier sur chacun d'eux. Tu l'auras demain.

–C'est important pour nous. La guerre ne se gagne pas uniquement par l'affrontement militaire sur le terrain. Il faut une combinaison des moyens.

–Je te comprends parfaitement, mais je te répète que ce sont des gens extrêmement dangereux. Toute initiative de les approcher peut être dangereuse et exposer la vie de nos sources. Une moindre erreur peut te coûter la vie à ton tour. Tu auras la liste, je sais que tu es très professionnel, mais une extrême prudence s'impose. Nous n'avons aucune envie de te perdre.

–Je ne prendrai aucune initiative sans concertation préalable et sans être sûr d'avoir ta couverture.

–Tu m'as compris, déclara le général Sayyed Zazaï. Ils parlèrent ensuite de quelques sujets à bâtons rompus avant de se séparer.

Entouré de quelques officiers du ministère de la défense et de l'état-major, le général Sayyed Zazaï entra dans la salle de conférence de l'Académie Militaire Nationale d'Afghanistan. Plusieurs journalistes de la presse nationale et internationale s'étaient déjà rassemblés dans la salle. Le porte-parole du ministère de la défense lut d'abord le communiqué de presse, avant de laisser le ministre répondre aux questions.

Selon le communiqué, le ministère de la défense demandait aux insurgés de déposer les armes, car le pays avait à sa tête un gouvernement légitime, et était décidé à défendre les intérêts du peuple, sans distinction.

–Le gouvernement a un projet de société, répéta-t-il. Je demande à toute la population de le soutenir. Il annonça ensuite ce qui avait été déclaré dans le conseil des ministres à propos du retrait des troupes étrangères dans un délai de douze mois.

–Nous avons pris cette décision, entendit-on dans le communiqué, car l'armée nationale sera parfaitement en mesure d'assurer la sécurité du territoire et du peuple afghans. La copie du communiqué fut distribuée aux journalistes. Le ministre de la défense se prêta ensuite aux questions.

–C'est la première fois qu'un ministre de la défense s'adresse directement à la presse. Y a-t-il une raison à ce changement de style ? Demanda un journaliste de la télévision néerlandaise.

–Chaque personne a sa façon d'agir, répondit le ministre. Je ne parlerai pas de ceux qui m'ont précédé à ce poste. Je peux seulement vous assurer que, désormais, les médias seront mis régulièrement au courant de l'évolution sur le terrain. Le peuple doit savoir ce que leur gouvernement est en train de faire pour lui.

–Vous avez annoncé le retrait des troupes étrangères dans un délai de douze mois. C'est une responsabilité importante que vous engagez. Vous soulevez un immense espoir parmi les soldats qui veulent retourner auprès de leurs familles. Pourtant on ne voit pas encore les signes avant-coureurs d'une sécurisation imminente du pays. Auriez-vous une potion magique que vous comptez faire boire aux insurgés ? Demanda Marie-Anne. La question souleva un vaste éclat de rire dans la salle et le ministre attendit le retour au calme.

–Nous n'utiliserons pas une potion magique, mais un langage de vérité, répondit le ministre en riant à son tour. Lorsque certaines personnes ont décidé de prendre des armes pour se battre, elles avaient une raison d'avoir peur pour leur sécurité, leurs biens, leur liberté et leur patrie. Aujourd'hui, ces personnes n'ont plus rien à craindre, et n'ont plus de raison de se battre. Nous allons leur prouver que nous avons un projet de société auquel tout Afghan peut adhérer, sans avoir peur d'être abandonné au bord de la route.

Pendant environ deux bonnes heures, le ministre de la défense se soumit aux questions de la presse. Il garda son calme et répondit à toutes les questions, sans s'énerver, de façon plutôt rassurante. Une question banale en apparence, posée par un journaliste de la radio nationale afghane, donna le titre des médias et clôtura les débats.

–Général Zazaï, commença-t-il, à entendre vos déclarations, on croît rêver. Est-ce le moment de dire que notre pays est entré dans une ère nouvelle après quarante ans de déchirements et de souffrance ?

–Oui, répondit sans hésiter le ministre de la défense. Notre pays va entrer dans une ère nouvelle. Nous n'avons plus de temps à perdre. Nous voulons accompagner nos voisins et frères qui sont en train d'effectuer tous des voyages dans l'espace. Ces dernières paroles furent saluées par un tonnerre d'applaudissements lancés par de jeunes officiers de l'académie militaire qui assistaient à la conférence.

–Est-ce qu'il parle sérieusement ou il bluffe ? Demanda Mélanie, la journaliste de la télévision française à Marie-Anne.

–Non, ce n'est pas du bluff. Il sait sans doute ce qu'il dit. C'est quand même le ministre de la défense. Il ne peut pas lancer de tels propos à la légère. Les deux femmes sortirent de la salle de conférence, et revinrent à l'hôtel compléter leurs articles, avant de les envoyer à leurs employeurs. Une heure plus tard « L'Afghanistan entre dans une ère nouvelle » faisait la une de toute la presse mondiale.

La télévision afghane annonça la diffusion intégrale de la conférence de presse du ministre de la défense à vingt heures. En suivant le déroulement, le professeur Moudjahid ne put cacher sa satisfaction.

–Le général a réussi un coup médiatique inespéré, se dit-il. Il l'appela immédiatement au téléphone pour le féliciter. Il ne fut pas le seul. Même le président Mohammadzaï, dont le Gouvernement précédent avait la mauvaise réputation de ne pas briller dans les médias, félicita son ministre de la défense pour sa prestation.

–Quand tu auras gagné la guerre de la paix sur l'ensemble du territoire, tu prendras la diplomatie en charge, lui dit-il en riant.

–Je vous remercie Monsieur le Président, mais d'ici là nous avons encore pas mal d'obstacles à traverser, répondit le général Sayyed Zazaï.

Après avoir expédié son article, Marie-Anne appela Steve Bossin. Elle se sentait elle-même excitée, à l'idée d'être la première à annoncer, dans la presse de son pays, que les troupes internationales basées en Afghanistan se retireraient dans un an. Elle voulait partager cet instant avec un compatriote.

–Steve, c'est moi qui t'invite, viens dîner à mon hôtel, dit-elle.

–J'arrive tout de suite, dit-il. Avant de monter dans sa voiture il sortit du carton une bouteille de Dom Pérignon, l'enveloppa soigneusement dans un emballage-cadeau et la glissa dans sa mallette, pour l'amener avec lui.

Marie-Anne l'attendait à l'entrée de l'hôtel. Steve l'embrassa sur les deux joues et se laissa entraîner à l'intérieur du restaurant, à la table déjà réservée par Marie-Anne.

Une fois le repas servi, Bossin attaqua immédiatement le sujet dont tout le monde parlait en ville.

–Tu as été à la conférence de presse du ministre de la défense ? Demanda-t-il.

–Oui.

–C'est étrange. C'est la première fois depuis que je suis ici Kaboul qu'un général ministre de la défense s'adresse de cette façon à la presse, affirma Bossin.

–Même les journalistes n'ont pas caché leur étonnement.

–Qu'estce qu'il a dit exactement ?

–Il a annoncé la sécurisation prochaine du pays, suivie par le retrait des troupes étrangères d'ici un an.

–Incroyable! S'écria Bossin. Parlait-il sérieusement ?

–C'est la question que tout le monde se pose.

–C'est curieux. L'état-major de la Force internationale n'a pa encore pris connaissance du Plan de retrait. Il prend tout le monde par surprise, déclara Bossin perplexe.

–C'est peut-être une stratégie. Il a voulu provoquer un choc dans l'opinion, dit-elle.

–Avec le risque de se couvrir de ridicule, s'il n'est pas capable d'atteindre cet objectif.

–Il paraissait très sûr de lui.

–J'ai du mal à comprendre sur quoi il base son assurance quand on voit la recrudescence de l'insurrection, même dans le provinces autrefois sécurisées.

–Il a promis que le pays allait entrer dans une ère nouvelle.

–Attendons pour voir, il nous réserve sans doute des surprises.

–Il a dit que le pays n'a plus de temps à perdre, qu'ils veulent accompagner leurs voisins et frères dans le voyage de l'espace.

–Il faisait sans doute allusion à leur voisin de l'ouest, qui a annoncé qu'il enverra un homme dans l'espace d'ici dix ans. Attendons pour voir. Cette région qui abrite, à elle seule, près de la moitié de la population mondiale, va toujours réserver des surprises au monde. Marie-Anne ne savait pas quoi répondre. Ils se mirent tranquillement à manger et changèrent de sujet pour s'intéresser à eux-mêmes.

–Et toi Steve, comment se déroule ta vie ici ? Est-ce que tu as une famille au Canada ? Tout d'un coup le visage du diplomate s'assombrit.

–Marie-Anne, tu soulèves un sujet très sensible en me demandant comment se déroule ma vie ici. Je vis très mal. Heureusement, le travail est intense et ne me laisse pas le temps d'y penser. J'ai une famille au Canada oui. Mes parents et un frère vivent dans la région d'Ottawa, où moi-même je suis né et où j'ai grandi. Mon père Marc Bossin, âgé aujourd'hui de 72 ans, est un ingénieur des travaux publics retraité. Je n'ai pas de famille au sens nucléaire du terme. J'ai été marié, je suis père d'un garçon de huit ans qui vit avec sa mère depuis notre divorce il y a quatre ans de cela.

–Qu'est-ce qu'elle est devenue ta femme ?

–Elle travaille au gouvernement. Elle a épousé un collègue de travail qui a su prendre soin d'elle pendant mes longues absences.

–Que s'est-il passé ? Si ce n'est pas indiscret.

–Je travaillais au ministère des affaires étrangères quand je me suis marié et j'effectuais souvent des missions à l'extérieur. J'étais souvent absent. Et puis je fus affecté à l'ambassade de mon pays au Caire en Egypte. Il y a cinq ans. Six mois plus tard, avant même d'avoir organisé le plan de déménagement de la famille, quelqu'un avait pris ma place. Elle vivait avec un autre. C'est aussi simple que ça.

–Elle a confirmé le principe selon lequel les absents ont toujours tort, dit Marie-Anne.

–En quelque sorte oui. Le divorce fut prononcé en partie l'amiable pour l'intérêt de notre fils. J'ai compris qu'elle n'était pas heureuse avec moi. J'étais devant un fait accompli. Le mariage étant un accord des volontés, lorsque les volontés ne s'accordent plus, personne n'a le droit d'entraver la liberté de l'autre. Je croyais que j'avais tout pour la rendre heureuse, que rien ne lui manquait, mais en réalité je me trompais.

–Mais toi tu lui manquais et c'était plus qu'elle ne pouvait supporter, dit-elle.

–Visiblement oui.

–J'ai connu cela avant la mort de Bernard. Il vivait pour le cinéma avec des absences prolongées jusqu'à être tué dans cet attentat. Je me demandais parfois si je comptais vraiment pour lui. Je m'accrochais à mon travail et m'occupais de mon fils, mais je sentais que cela ne suffisait pas. Ses absences me faisaient terriblement souffrir. Je me demandais si tôt ou tard, on n'allait pas finir par se séparer. Nous étions physiquement séparés. Il ne restait que le lien né du contrat de mariage. Je ne savais pas jusqu'à quand ce lien théorique allait continuer à m'attacher. Je souffrais en silence, sans même oser me confier à ma mère, ou à sa famille. La douleur était personnelle. Depuis sa jeunesse, il aimait passionnément quelque chose, le cinéma. Sa femme et son enfant ne venaient qu'en deuxième position. J'ai sous-estimé cette passion avant notre mariage, sinon je n'allais certainement pas m'engager avec lui. Sa passion l'a amené sur le toit du monde et il est mort pour ce qu'il aimait. Je comprends donc le poids de tes absences sur la vie de ta femme. Steve Bossin l'avait écoutée en silence. Marie-Anne était très belle. Il ne comprenait pas comment un homme normal ait pu la fuir et vivre loin d'elle. Indirectement, il comprenait la souffrance de sa propre femme. Il éprouva pour cette femme assise devant lui, une attirance particulière. Il éprouva le besoin de la prendre dans ses bras, comme si, en la consolant, il se faisait lui-même pardonner pour la souffrance qu'il a causée à sa femme. Steve Bossin eut la révélation brutale que la femme de sa vie se trouvait devant lui. Il ressentit un immense besoin de l'aimer, comme si cet amour réparerait les deux absences. Une sorte de brouillard enveloppa sa mémoire. Il étendit sa main et la posa sur celle de Marie-Anne.

–Je te comprends, lui dit-il. Un courant de chaleur provoqué par le contact de la main de Bossin sur la sienne s'irradia dans le corps de Marie-Anne. Elle sentit quelque chose comme des larmes de bonheur monter dans ses yeux. Pour la première fois elle s'était confiée à quelqu'un, sans y être préparée, sans arrière-pensée. Et cette personne à qui elle s'était confiée la comprenait. Dans ce coin perdu de Kaboul, presque au bout du monde, au pied du Nowshak, sous les glaciers des Himalaya, Marie-Anne se sentit guérie et réconciliée avec elle-même.

–Merci, dit-elle, je craignais de ne pas être comprise. Je n'aurais jamais imaginé que je pourrais confier cela à quelqu'un.

–Je te comprends, puisque j'ai été à la fois coupable et victime de l'absence.

–Une relation humaine est une chose délicate et difficile, dit elle. Nous sommes tous des fruits de l'amour, et c'est lui qui donne un goût et un sens à notre existence. Tout le reste revient à jouer des rôles imposés par la société, ou par les nécessités de la vie. Seul l'amour, qui nous ramène chaque fois aux sources de la vie, nous fait réellement vivre, ajouta-t-elle.

–C'est notre véritable première rencontre, elle mérite d'être fêtée avec du champagne. Malheureusement, nous sommes à Kaboul, nous ne sommes pas à Paris ou à Montréal. Fais-moi l'honneur et le plaisir de monter dans votre appartement, nous n'allons pas rester éternellement au restaurant, demanda gentiment Bossin.

–Avec plaisir, dit-elle. Ils montèrent jusqu'à son appartement du deuxième étage, et Steve Bossin lui offrit son premier cadeau, une bouteille de Dom Pérignon, tout en lui déclarant son amour. Blessés et meurtris tous les deux par l'absence de l'être aimé, ils étaient de nouveau réunis par le souvenir de cette absence partagée.

Après la conférence de presse du ministre de la défense, presque toutes les missions diplomatiques présentes à Kaboul appelèrent le ministère des affaires étrangères. La question posée était la même. Tous ceux qui appelaient voulaient avoir la confirmation officielle, afin d'informer leurs propres pays. Le ministre des affaires étrangères leur confirma l'authenticité de l'information et les invita à une rencontre officielle pour débattre de la question. Il promit de leur envoyer l'invitation immédiatement.

Le Dr Ehsan Durani appela à son tour le bureau du président, et le mit au courant de ces appels et des questions qui lui étaient posées.

–La conférence de presse du ministre de la défense a été une surprise pour moi aussi, nous allons faire une mise au point et dégager une stratégie commune demain au cours d'un conseil spécial, lui dit le président. Ehsan Durani se sentit tranquillisé. Le président appela le secrétaire général du gouvernement Abdul Salam Qazi, et lui demanda d'inviter les ministres à un conseil spécial le lendemain matin à 9 heures.

L'ordre du jour sera consacré exclusivement à la rencontre du ministre des affaires étrangères avec le corps diplomatique, précisa le bureau du président.

Après l'appel du secrétaire général du gouvernement, le ministre de l'intérieur appela à son tour le professeur Moudjahid.

–J'aimerais te rencontrer pour préparer le conseil spécial de demain, lui dit-il.

–Je suis disponible.

–Si on se rencontrait dans une heure à l'Intercontinental, ça vous convient ?

–C'est parfait. Le ministre de l'intérieur appela aussi quelques autres ministres dont celui de l'éducation, le ministre des finances et celui des sports. Les cinq ministres se retrouvèrent dans une salle privée de l'Hôtel Intercontinental à 21 heures.

Une fois installés, avec chacun une tasse de thé devant lui, le ministre de l'intérieur, responsable de l'invitation, prit la parole.

–Le général Sayyed Zazaï a lancé une bombe, et cela nous concerne tous, dit-il.

–C'est vrai que cela nous place devant toute une série de responsabilités, reconnut le ministre de l'éducation.

–Il s'est engagé publiquement devant la nation et devant la communauté internationale. Cela nous place devant l'obligation de réussir, ajouta le professeur Moudjahid.

–Le ministre des affaires étrangères rencontrera bientôt le corps diplomatique, certains d'entre nous devraient l'accompagner. Qu'est ce que nous allons dire, que devons-nous faire pour accélérer la dynamique de paix, et convaincre l'opinion intérieure ? Demanda le ministre des finances. Instinctivement, les ministres se tournèrent vers l'artisan principal du Plan de Paix et de Sortie de Crise.

–C'est vrai, Ehsan Durani ne doit pas être seul devant les représentants du corps diplomatique. Certains d'entre nous, en particulier le ministre des finances doivent être à ses côtés pour parler des mesures d'accompagnement et les projets de réforme pour lesquels le pays aura besoin d'une aide urgente, déclara Moudjahid.

–Parlons exactement de ces projets urgents que nous devons présenter au conseil du gouvernement, et que nous allons entreprendre sans tarder pour convaincre l'opinion, intervint le ministre de l'intérieur.

–La réussite du Plan de paix dépendra, en grande partie, du succès de la réforme. Dès que la loi organique sera promulguée, et que la Réforme administrative sera officiellement lancée, nous devrons entreprendre certains projets sans plus tarder, déclara Moudjahid. Le ministère de l'industrie devra démarrer des projets industriels d'envergure dans un bref délai. Il devra, par exemple, lancer l'exploitation des mines de fer dans la région de Bamiyan et démarrer aussitôt la construction d'une aciérie non loin delà. Nous devons produire et exporter de l'acier et non le métal brut. Cela va générer des centaines d'emplois. Dans le même temps, nous lancerons la Société Afghane des Hydrocarbures, qui se chargera de négocier les contrats d'exploitation et de commercialisation de notre pétrole et du gaz, ainsi que la construction des raffineries.

Ces projets et beaucoup d'autres encore, comme les textiles et les tapisseries, devraient être opérationnelles avant une année pour donner du travail aux Afghans, et occuper une jeunesse désoeuvrée et démobilisée du front de guerre. Pour occuper l'opinion nationale, nous devons entreprendre quelques action concrètes, autour des dix provinces réformées. Le ministère d l'éducation va commencer les travaux d'extension et d'équipement des universités, la construction d'écoles professionnelles dans chaque province. La capacité des écoles ordinaires sera renforcée pour accueillir obligatoirement tous les enfants afghans en âge scolaire.

Le ministère de la Jeunesse et des Sports devrait lui aussi, lancer des appels d'offres pour la construction d'au moins cinq complexes sportifs, dont un stade moderne dans les cinq villes principales de plus de deux cent mille habitants. Les compétitions sportives multidisciplinaires seront régulièrement organisées à travers tout le pays, pour occuper la jeunesse en marge de la formation scolaire et professionnelle.

Dans un délai de six à douze mois, nous devons réussir à mobiliser la jeunesse, la détourner des madrasas et l'orienter vers les formations classiques et professionnelles pour préparer la main d'œuvre de notre industrie. Cela veut dire que très rapidement, chacune des dix provinces devra mettre sur pied des équipes de football, de basket ball, de volley ball, de tennis et autres et organiser des tournois interprovinciaux et interscolaires pour occuper la jeunesse et l'éduquer. Des infrastructures adéquates doivent être aménagées pour cela. Leur budget de financement doit faire partie du coût de la réforme administrative.

Au niveau des infrastructures, nous devons absolument renforcer notre réseau routier dans tout le pays, du nord au sud et d'est à l'ouest. Au besoin nous allons percer la montagne et construire un autre Canal de Salang et d'autres voies souterraines. C'est vous dire jusqu'où nous sommes prêts à aller pour briser l'isolement des montagnes. La circulation interprovinciale doit être facile et fluide. Les populations enclavées dans les montagnes doivent être accessibles et accéder elles-mêmes aux bienfaits du développement. Nous soumettrons la montagne par tous les moyens. C'est pourquoi notre pays deviendra le plus grand laboratoire d'ingénierie dans l'avenir. Pour augmenter nos échanges avec la Chine, nous devrons élargir le corridor du Wakhan. Dans le milieu rural, des investissements importants seront entrepris dans l'agriculture pour faire de notre pays le grenier céréalier qu'il a été dans le passé.

C'est autour de cet axe de gravité auquel s'ajoutera une éducation politique et patriotique à tous les niveaux que le gouvernement va négocier la paix et gagner la guerre.

Tels sont les projets à mon avis prioritaires à court terme, auxquels nous devrons concentrer nos efforts et mobiliser les capitaux nécessaires pour amener notre pays au niveau des autres nations aujourd'hui prospères. Demain, au cours du conseil spécial, les ministères clés qui vont piloter les réformes et le plan de paix pourront développer ces projets de référence. Il ne reste plus à chaque département ministériel concerné qu'à formuler par écrit les modalités de faisabilité de ces projets, c'est-à-dire à les budgétiser pour que le ministère des finances puisse les présenter ensemble dans un document unique qui nous servira de guide et de mobilisation des fonds.

Voilà notre plan d'action qui doit convaincre les Afghans à s'associer à notre plan de paix et à notre projet de société, conclut le professeur Moudjahid.

Le ministre des finances Farooq Khan qui avait suivi attentivement son collègue ne put cacher son admiration.

–Professeur Moudjahid, tu es un véritable magicien. J'aime la façon dont tu combines les aspects économiques purement techniques avec les initiatives apparemment vulgaires à la portée de tous tel que l'occupation de la jeunesse pour réussir notre projet. Il est clair que nous aurons besoin de plus de temps, mais au moins nous savons où nous allons. J'ai une dernière question. Où allons-nous trouver des fonds pour financer nos projets ? Devrons-nous compter uniquement sur la générosité de la communauté internationale ? Demanda le ministre des finances.

–Non, répondit aussitôt Moudjahid. Tous les projets que nous allons entreprendre sont des projets rentables. Il y a partout de l'argent sur les marchés financiers, sans parler des retombées de l'exploitation de nos ressources minières. Le gouvernement est souverain dans sa politique monétaire. Il lui appartient de bien déterminer la masse monétaire dont l'économie a besoin pour lancer la production et organiser la consommation. Cela suppose que l'afflux monétaire destiné à financer la production soit accompagné par l'ajustement proportionnel des salaires offerts aux employés pour équilibrer la balance production et consommation. Cela relève du savoir-faire technique.

–Je te remercie, Professeur Moudjahid, ce que tu dis est parfaitement clair, conclut le ministre des finances.

Satisfaits de leur rencontre nocturne improvisée, les cinq ministres se levèrent pour partir, heureux de se retrouver le lendemain au cours du conseil spécial. Chacun avait désormais un vision claire de sa mission pour faire triompher la cause de la paix. Ils étaient de plus en plus convaincus de la possible victoire sur l'insurrection. Ils comprenaient maintenant pourquoi le président Mohammadzaï paraissait très sûr de lui au cours du dernier conseil du gouvernement.

En ouvrant les travaux du conseil spécial des ministres, le président Mohammadzaï commença par féliciter, devant tous les membres du cabinet, le général Sayyed Zazaï.

–N'ayez pas peur dit-il, d'affirmer devant le peuple, notre détermination à sortir le pays de l'anarchie. L'engagement du ministre de la défense est un défi que nous devons relever tous. Nous n'avons pas le droit de rester à la traîne loin derrière les autres pays de la région. Notre voisin de l'ouest a déclaré récemment, que le jour où le lion persan s'éveillera, les relations internationales changeront du tout au tout sur toute la planète, avant de dire qu'il va envoyer un homme dans l'espace d'ici seulement dix ans. Notre voisin du sud se fait respecter parce que ses scientifiques ont mis au point une arme nucléaire. Notre voisin de l'est, avec son milliard d'individus, fait aujourd'hui trembler toute la planète par son poids économique. Maintenant, la balle est dans notre camp.

Nous devons maintenant répondre à la question : En tant qu'hommes d'honneur, avons-nous le droit de rester dans l'anarchie, et de laisser notre pays au glorieux passé, pourrir lentement avant de tomber entre les mains de l'envahisseur ? Ma réponse est non. Nous n'avons pas le droit. C'est cela le sens de l'engagement du ministre de la défense qui fait encore la une de toute la presse mondiale. Pour avoir dit que notre pays entre dans une ère nouvelle et veut accompagner ses voisins et frères dans l'espace, il a créé un choc. C'est à vous de saisir la perche, de pacifier le pays et de monter dans le train du développement. La parole est à vous. Le ministre des affaires étrangères, le docteur Ehsan Durani, fut le premier à oser dire quelque chose.

–Je dois rencontrer bientôt les représentants du corps diplomatique. Quel est le message officiel que le gouvernement souhaite transmettre ? Le Président Mohammadzaï regarda tour à tour ses ministres.

–N'importe qui peut faire une proposition dit-il. Doyen par l'âge des membres du gouvernement, le ministre de l'intérieur leva le doigt.

–À mon avis, le ministre des affaires étrangères devra confirmer l'engagement du ministre de la défense à amorcer le retrait des troupes étrangères d'ici une année, pour l'achever sur une période de douze mois. Cela veut dire que d'ici deux ans, toutes les troupes étrangères auront quitté le territoire. Ce sera une occasion pour le ministre des affaires étrangères, de donner des garanties à la communauté internationale, que la paix sera entièrement rétablie dans ce pays. Il pourra informer en même temps nos partenaires, que pour atteindre ce résultat, nous passerons par des réformes profondes dans le pays, à commencer par notre système administratif et tout l'appareil économique. Pour cela, nous aurons besoin d'un important soutien de la communauté internationale. Il ne devrait pas être seul à l'occasion de rencontrer le corps diplomatique. Ce serait plus intéressant d'être accompagné par un autre membre du cabinet, comme le ministre des finances, qui pourra brosser le tableau des réformes et de leur coût de façon sommaire. Par la même occasion, il demandera au corps diplomatique d'organiser un sommet international au cours duquel le gouvernement présenterait son Plan de Paix et de Sortie de Crise, accompagné des réformes et de leur coût chiffres à l'appui. Cela suppose que d'ici un mois au plus tard, tous les ministères-clés devraient avoir mis au point leurs plans d'action, et les avoir transmis au ministère des finances. Celui-ci pourra alors condenser le tout en un document unique, qui servira de base aux négociations.

Pour ce qui regarde les questions militaires, le ministre de la défense rencontrera à son tour le commandement de la Force internationale, pour expliquer ce qu'il a annoncé dans la conférence. Il peut même accompagner le ministre des affaires étrangères pour confirmer ce qu'il a déjà dit. Je voudrais savoir si le ministre des finances possède en gros le Plan des réformes à mener, plan dont il aura à brosser le tableau pour chaque département. Et tous les regards se tournèrent vers le ministre des finances, Farooq Khan. Celui-ci présenta en gros le plan, tel qu'échafaudé la veille à l'Hôtel Intercontinental. Le plan correspondait au Plan Mohammadzaï de Sortie de Crise. Après sa présentation, Farooq Khan reçut les félicitations de ses collègues. Même le ministre des affaires étrangères, un peu nerveux et tendu au début du conseil, apprécia l'approche de Farooq Khan et se relaxa. Il se sentait prêt à faire face au corps diplomatique.

Jusque-là, le professeur Moudjahid était resté silencieux, se contentant d'écouter ses collègues. Sans le dire, tout le monde savait qu'il était le véritable chef d'orchestre qui se cachait derrière cette machine bien huilée. Certains membres du cabinet, n'ayant pas participé au briefing de la veille à l'Hôtel Intercontinental se demandaient quand et comment cette coordination avait été faite. Mais le président Mohammadzaï était au courant. Le ministre de l'intérieur s'était chargé de lui parler après la sortie de l'Intercontinental. Il apprécia cette façon de faire qui facilitait beaucoup les travaux du conseil, et permettait au professeur Moudjahid de rester en retrait, pour laisser à ses collègues l'occasion d'émerger à leur tour, à condition que cela n'aboutisse pas à la naissance de clans au sein du gouvernement.

–Si cette équipe continue à jouer ainsi, il n'y a pas de doute, elle va gagner la guerre, pensa-t-il. Il le dit à haute voix.

–J'apprécie beaucoup votre complémentarité. Non seulement elle prouve votre maîtrise du dossier, mais aussi la conscience partagée de travailler en équipe.

La politique est un travail collectif. Si vous maintenez cet esprit d'équipe, nous allons gagner la guerre, leur dit-il. Après l'intervention du président, le ministre de la défense demanda la parole.

–Il est clair dit-il, que nous allons passer à la phase d'action. Le succès de mes hommes sur le terrain dépendra de l'action préparatoire de l'éducation politique. Nous avons déjà le document de référence. Je voudrais demander à tous les ministres qui ont contribué à élaborer ce document d'entraîner des formateurs spécialisés, capables de dispenser le cours et de former d'autres personnes de façon à diffuser l'éducation politique sur l'ensemble du pays, de Kunduz à Kandahar, de Herat à Jalalabad, et cela dans les meilleurs délais. Je suppose que l'éducation politique accompagnera l'implantation de la réforme administrative pour fusionner, de façon homogène, et pour cimenter l'unité nationale et la conscience patriotique. L'armée va emboîter le pas aux éducateurs politiques, juste pour ramasser les débris récalcitrants de l'insurrection, livrés par la population elle-même, une fois assurée de ne pas subir de représailles. Les Forces internationales, repliées progressivement sur Kaboul, n'auront plus qu'à rentrer à la maison, avec le sentiment d'un devoir accompli, car leur mission sera terminée.

–Vous avez tout à fait raison, déclara le président Mohammadzaï. Les ministres concernés ont saisi le message. Même ceux qui n'ont pas présenté un cours dans ce document, peuvent toujours y ajouter quelque chose, et participer à la formation. Ce document n'est qu'un guide encore inachevé, qui, au fil des années, sera plus enrichi, pour devenir le support et la référence historique de notre révolution. Les formateurs doivent se préparer. Je demande à chacun de vous, s'il est invité à donner un cours à une assemblée quelconque, de se disponibiliser, ou de préparer un remplaçant parfaitement à la hauteur. Même le président de la République, quand on aura besoin de lui, répondra présent, acheva-t-il.

Abdullah Moudjahid fut le dernier intervenant, selon l'ordre du jour. Il abonda à son tour dans le sens du ministre de la défense.

–Nous entrons de plain-pied dans la phase décisive de notre révolution, dit-il. C'est le moment de nous doter des instruments d'action. De mon côté, je propose au gouvernement la création de la Société Afghane d'Investissements, qui sera, quoique autonome, sous la supervision du ministère des finances. Ouverte aux capitaux publics et privés mais nationaux, la société sera dotée de plusieurs millions de dollars. En association avec des entreprises privées, elle permettra à l'État afghan de lancer plusieurs projets industriels et miniers dans le pays, et de participer à leur capital, selon certaines proportions. Cela permettra à l'État d'avoir un droit de regard et un mot à dire dans la gestion et dans l'exploitation de ces différents projets et, en même temps, de bien négocier sa part de dividendes. Supervisés par le ministère des finances au nom du gouvernement, nos techniciens se mettront dès aujourd'hui à rédiger les statuts de la société, si l'idée vous paraît bonne.

Je voudrais aussi proposer, au sein de mon département, la mise sur pied d'un Comité national de conception de projets Industriels et Miniers.

Formé par des techniciens qualifiés, le comité serait chargé d'identifier les projets prioritaires, et de participer aux études de faisabilité, compte tenu de nos ressources . Une fois ce travail terminé, le gouvernement lance des appels d'offres, et signe des contrats avec des partenaires venus d'un peu partout dans le monde. C'est là que la société afghane d'investissements entre en action, en participant au capital et à l'exécution du projet. J'aimerais aussi demander au ministère du travail de lancer un appel public pour la création d'associations indépendantes des professionnels de différentes catégories et spécialités. C'est à ces associations que nous nous adresserons pour obtenir des informations et commander des études de recherche.

Il est par exemple pour moi, très urgent de prendre contact avec l'association des ingénieurs, quelle que soit leur spécialité, du génie civil à l'hydraulique, en passant par l'électromécanique et l'agro-alimentaire. Dans un avenir proche, ce pays deviendra le plus grand laboratoire d'ingénierie de la région. C'est notre vocation héritée de notre emplacement géographique et de notre relief montagneux. Si les pays développés ont réussi à construire des routes au fond des mers et des océans, il est certainement plus facile de faire passer une route dans le ventre de la montagne. Si les ingénieurs ont réussi à transformer les déserts en jardins verdoyants, il sera encore plus facile de percer la montagne et de capter les sources d'eau enfouies dans les entrailles de l'Hindou Koush.

Dans le même ordre d'idées, je voudrais demander au gouvernement de créer, sous la supervision de mon département, la Société afghane des hydrocarbures. Elle sera, elle aussi, dotée de plusieurs millions de dollars. Elle aura pour but de négocier les contrats d'exploitation des produits pétroliers et gaziers. Elle va superviser la construction de raffineries et participer aux travaux de recherche et d'exploitation, pour que les Afghans puissent obtenir une part respectable des dividendes.

En plus, dès que le ministère de l'intérieur aura lancé la Réforme administrative, nous demanderons aux nouvelles provinces et aux nouveaux districts d'identifier les projets urgents et prioritaires, pour l'essor économique de la région et le bien-être de la population. Ils les feront ensuite parvenir rapidement au gouvernement central pour que nous puissions les budgétiser et planifier leur exécution, soit par le secteur public ou privé, ou les deux associés. Je donne un exemple banal. Je souhaite qu'il y ait un membre, dans chaque famille afghane, qui a un travail rémunéré, pouvant rapporter à la famille des revenus non agricoles. Je souhaite qu'il y ait, dans chaque famille afghane, un membre qui a terminé l'école secondaire, qui sera le guide de sa famille pour la faire entrer dans le monde moderne, même les familles les plus reculées en milieu rural. Pour y arriver, aussitôt la réforme lancée, nous rendrons obligatoire l'éducation scolaire des enfants jusqu'au moins à l'âge de 15 ans, garçons et filles sans exception. Le ministère de la Promotion Féminine et de la Protection de l'Enfance veillera à ce que tous les enfants bénéficient de ces services. C'est la feuille de route pour mettre fin aux insurrections. C'est la feuille de route pour bâtir la meilleure communauté jamais suscitée par des hommes, que nous a recommandée le Prophète. C'est tout ce que j'avais à dire. Il passa sa feuille de notes au secrétaire général du gouvernement.

–Quelqu'un aurait-il un commentaire sur les propositions du ministre Moudjahid ? Demanda le président.

–Les propositions du ministre Moudjahid sont excellentes, déclara le ministre des finances. Je me réjouis particulièrement de la création de cette Société Afghane d'Investissements. C'est un outil efficace de participation et d'incitation au développement, mais toutes les propositions qu'il a faites sont importantes et réalisables, à l'instar de la Société Afghane des Hydrocarbures dont les retombées sont évidentes. Cela renforce ma foi dans notre projet de bâtir la meilleure communauté, ajouta-t-il.

–Je n'ai pas besoin de dire que la mise sur pied d'associations professionnelles, en particulier d'ingénieurs, sera bénéfique à la dynamique sociale et à la créativité, reconnut le ministre du travail. Tout était dit, personne ne voulait rien ajouter.

–Sur ce, nous pouvons clôturer les travaux de ce conseil. J'espère que quand on se reverra la semaine prochaine, la réforme administrative et l'éducation politique de la population seront déjà lancées, déclara le président. Au moment où ils se levaient pour sortir, le ministre de la défense tira une feuille dactylographiée de son porte-document et la tendit au professeur Moudjahid.

–Voici la liste des personnes que vous m'avez demandée. Le document est très confidentiel. Ce sont des gens sans scrupules qui ne supportent aucun obstacle sur leur route. La moindre erreur de votre part vous condamnerait automatiquement à mort.

–Je tiens encore à ma peau. Je garde vos conseils en mémoire, répondit Moudjahid. Ils sortirent de la salle du conseil.

Le corps diplomatique fut convié le lendemain du conseil spécial au ministère des affaires étrangères. À dix heures précises, Ehsan Durrani, le ministre des affaires étrangères se présenta en compagnie du ministre des finances, Farooq Khan et du ministre de la défense, le général Sayyed Zazaï.

En voyant l'importance de ce trio, tous les diplomates présents comprirent que la politique du Président Mohammadzaï venait de franchir un nouveau palier.

–Jamais, auparavant, les membres du gouvernement n'avaient affiché une telle solidarité et une telle confiance dans l'action au cours des dix ans de guerre, se dirent les diplomates les plus anciens à Kaboul. La mission canadienne était représentée par Steve Bossin, l'ambassadeur ayant été appelé en consultation d'urgence, après la publication des paroles du ministre de la défense dans le quotidien montréalais, qui annonçaient le retrait des troupes étrangères dans un an.

Le docteur Ehsan Durrani souhaita la bienvenue aux diplomates présents, les remercia d'être venus, avant d'aborder le sujet de l'invitation.

–Le gouvernement dit-il, par la voix du ministre de la défense qui est avec moi aujourd'hui, a annoncé à la communauté internationale, que notre pays mettra bientôt fin à la guerre et que les troupes étrangères, après tant d'années de générosité et de sacrifice, entameront leur retrait et leur retour dans leurs pays dans un délai d'une année. Nous prévoyons un retrait total dans 24 mois à partir de maintenant. Le pays aura retrouvé toute sa stabilité, il offrira des garanties de paix au reste du monde. Cela veut dire qu'aucun autre pays n'aura à craindre des commandos terroristes entraînés et formés à partir de notre territoire.

Le ministre de la défense aura le temps d'en parler en détail avec le commandement de la Force internationale à un autre moment. Ce que j'aimerais vous dire aujourd'hui, c'est que le plan de paix que notre pays mettra bientôt en œuvre a un prix. Pour réussir notre pari de restaurer la paix et la sécurité dans ce pays et mettre fin à l'anarchie pour de bon, le gouvernement a élaboré un ambitieux projet de réformes qui toucheront tous les secteurs de la société. Quand le chantier des réformes aura démarré, et c'est pour bientôt, rien ne sera plus comme avant.

Nous demandons à la communauté internationale, en commençant par des pays qui ont envoyé des Forces armées commandées par leurs meilleurs généraux, de nous aider encore, de soutenir notre projet, en nous envoyant cette fois-ci des troupes d'ingénieurs, armés seulement de leurs cerveaux, de caterpillars et d'autres équipements.

Je ne m'étendrai pas sur les détails. Bientôt le ministre des finances organisera des sommets d'experts pour présenter ces projets, mobiliser des financements et lancer des appels d'offres pour exécuter de nombreux projets industriels et miniers que le pays va démarrer dans un avenir proche. Les entreprises de vos pays seront les bienvenues. C'est ce message que je vous demande de transmettre à vos gouvernements et aux associations d'industriels de vos pays, car les premiers arrivés seront les premiers servis. C'est tout ce que j'avais à vous dire, maintenant la parole est à vous.

Un petit silence s'abattit sur la salle. Ce fut le représentant d'un pays européen qui demanda le premier la parole et rompit le silence.

–Est-ce qu'on peut avoir une idée de ces réformes, Monsieur le ministre ?

–Oui, absolument. D'abord le gouvernement va lancer une réforme administrative majeure qui va changer tout le paysage politique de ce pays. Il facilitera en même temps le déploiement et l'encadrement des Forces armées chargées d'assurer la sécurité. Une présentation sommaire de cette réforme est contenue dans un document que vous pouvez consulter. Le secrétaire du ministère des affaires étrangères distribua un document condensé de 30 pages, dont on pouvait se servir comme référence.

–Ce n'est qu'une présentation, car les documents plus complets seront bientôt publiés par les ministères concernés, ajouta-t-il. Après voir feuilleté le document, l'ambassadeur des États-unis demanda à son voisin pakistanais.

–Est-ce que vous croyez à ce qu'il nous raconte ici ou c'est une blague ?

–Pouvons-nous considérer ce délai de 12 à 24 mois comme une certitude ?

–Il y a du sérieux dedans. Nous ne devons pas prendre son message à la légère. Quelque chose est certainement en mouvement dit-il. Le dernier remaniement du gouvernement en est la preuve, déclara-t-il.

–Est-ce qu'il nous a tout dit, ou il nous cache quelque chose ?

–Je connais personnellement le docteur Ehsan Durrani. C'est un homme intelligent et subtil. Visiblement, ce qu'il nous dit ici n'est que la face visible de l'iceberg. Le plus important est ailleurs. Le diplomate américain se tut. Cela lui suffisait. Le représentant de la Grande Bretagne demanda à son tour la parole.

–Monsieur le ministre, ce que vous nous annoncez ici est très important et nous réjouit tous. Vous comprenez l'enthousiasme que cette nouvelle va provoquer sur le moral des troupes qui sont sur le terrain et au sein de leurs États-majors. Pouvons-nous considérer ce délai de 12 à 24 mois comme une certitude et le confirmer à nos gouvernements ?

–Oui, considérez ce délai comme une certitude et confirmez le à vos pays, déclara Ehsan Durrani très sérieusement. Je vous ai dit que les détails seront discutés entre le ministère de la défense et le commandement de la Force internationale, mais vous pouvez d'ores et déjà considérer ce délai comme une certitude.

–Monsieur le ministre, pouvez-vous nous révéler au moins une partie du secret qui vous permet d'y croire ? Demanda le représentant australien avec un sourire.

–Oui, bien sûr, vous êtes nos partenaires, nous partageons tout depuis dix ans. Nous n'avons aucun secret pour vous. L'arme que nous allons utiliser, c'est notre Projet de réformes, qui apporte le développement à notre peuple, associé à une autre approche de la guerre, et à une révision approfondie de nos relations avec nos voisins. Comme nos amis les Néerlandais ont surnommé leur engagement de stratégie en 3D, (développement, défense, diplomatie), c'est cette même stratégie que nous avons adoptée, en y ajoutant des réformes, pour faciliter le développement. Les deux premières dimensions sont appliquées à l'échelle nationale, la troisième dimension est appliquée à l'échelle régionale. Je ne vous ai pas dit une partie du secret mais tout le secret. Pour la première fois les diplomates se mirent à rire. Le ministre des finances confirma que le document, qui présentera l'ensemble des Projets de réforme et leur plan d'exécution dans le temps et l'espace leur parviendra bientôt. Le ministre de la défense confirma à son tour qu'il s'entretiendrait sans tarder avec les états-majors de la Force internationale pour planifier avec eux, les actions à mener, et le retrait progressif de leurs troupes.

Informée intégralement par Steve Bossin avec la copie du document transmis par le ministre des affaires étrangères à l'appui, Marie-Anne envoya une information complète à son journal. Aux yeux de l'opinion canadienne, le quotidien montréalais était devenu une référence, en ce qui concernait la présence du contingent militaire canadien en Afghanistan. Traduits en anglais et reproduits dans tous les journaux du pays, de Halifax à Vancouver, les articles de Marie-Anne étaient suivis même par les dirigeants des partis politiques et influençaient les débats parlementaires sur la question.

Définitivement amoureux de Marie-Anne, Steve Bossin reçut même un message de félicitations émanant du ministère des affaires étrangères, pour le bon travail qu'il était en train d'accomplir, malgré l'absence de l'ambassadeur. Il accueillit favorablement ce message qui lui faisait beaucoup de bien, car la mission en Afghanistan démolissait de plus en plus de carrières des diplomates et des généraux qui commandaient les opérations sur le terrain. Un tel message de félicitation lui mettait du baume au cœur. L'arrivée de cette femme, qui avait survolé des milliers de kilomètres pour s'installer dans son cœur, et probablement dans sa vie, avait les signes d'un oiseau de bon augure. Si, en plus de l'amour qu'elle avait fait naître dans son cœur endolori, elle lui ouvrait une porte de la promotion, en lui taillant l'image de l'homme des missions difficiles, Steve Bossin n'hésiterait pas une seconde à l'épouser. Cette fleur de lys, qui l'avait rejoint au bout du monde pour embellir sa vie, vivifiait son cœur meurtri et le rendait de nouveau heureux.

En apprenant l'invitation du ministre de la défense pour rencontrer les commandants de la Force internationale, Steve Bossin conseilla à Marie-Anne d'apporter des copies de son journal au ministère de la défense pour montrer qu'elle traitait le sujet avec toute la délicatesse nécessaire, dans l'espoir d'obtenir l'autorisation de couvrir la rencontre des commandants militaires. Sans difficulté, Marie-Anne obtint la carte d'invitation accordée à une poignée de journalistes triés sur le volet, pour couvrir la rencontre de très haut niveau entre le ministère de la défense et le commandement de la Force internationale. Organisée dans la salle de conférence de l'Académie militaire nationale d'Afghanistan autour de laquelle un corridor de sécurité exceptionnel avait été déployé, la rencontre réunissait tous les commandants des forces alliées présentes dans le pays. Le commandement des forces américaines venait d'être changé, et le nouveau commandant en chef du plus grand contingent présent dans le pays n'avait pas encore pris ses repères. La nouvelle du retrait annoncé par le ministère afghan de la défense avait le mérite d'atténuer le scepticisme qui minait le moral des troupes étrangères, devant l'incapacité grandissante de remporter des succès décisifs sur l'insurrection. Le remplacement du commandant en chef du contingent américain avant la fin de son mandat, chose exceptionnelle en temps de guerre, était un symptôme évident de ce malaise, qui allait croissant.

A ccompagné par le nouveau chef d'état-major, le lieutenant-général Hamid Rahman Haq, ancien commandant en chef de la région militaire de Kandahar, le ministre de la défense, le général Sayyed Zazaï, salua les généraux avec l'honneur et le respect dus à leur rang.

–Mes chers compagnons d'armes, commença-t-il, d'un ton à la fois grave et posé. Le peuple afghan tout entier remercie vos pays respectifs, pour les sacrifices que l'élite de vos armées a consentis sur notre sol. Chaque goutte de sang versée est un sacrifice qui n'a pas de prix. Le peuple afghan en est conscient, il ne l'oubliera jamais. Ce sacrifice va bientôt prendre fin. Nous nous sommes engagés à créer des conditions de paix qui doivent permettre le retour, dans un délai de 12 à 24 mois, des troupes étrangères, que vous commandez. Le retrait devrait commencer d'ici un an et s'étendre sur une année. Et vos armées repartiront avec le sentiment d'un devoi accompli, après avoir restauré la paix et la liberté dans cette région d'Asie centrale. Les réformes nécessaires, qui seront entreprises dès maintenant, qui sont à la fois politiques et économiques, et qui doivent faciliter le travail de l'armée, seront financièrement coûteuses, mais moins coûteuses que des vies humaines perdues, qui laissent des enfants orphelins et un vide dans une famille, que plus rien ne peut combler, ou une douleur que rien ne peut faire oublier. Je vous demande d'intervenir auprès de vos gouvernements pour soutenir nos projets de réformes, et toute la réorganisation de notre armée. Nous aurons besoin d'équipements et de nouvelles infrastructures. Nous avons besoin du soutien de vos gouvernements. Nous nous réjouirons de vous accueillir un jour, venus simplement en vacances, pour respirer l'air de ces montagnes soumises et apprivoisées, quand la guerre ne sera plus qu'un mauvais souvenir. Le Plan de Paix et de Sortie de Crise qui porte désormais le nom de Plan Mohammadzaï, vous sera remis. Il nous servira de guide et de référence. Il prévoit notamment, le départ dans un délai de trois à six mois, de tous les services de garde et sécurité assurés aujourd'hui par des sociétés militaires privées, qui sont considérées par une certaine partie de l'opinion comme des mercenaires. Elles seront remplacées par des Afghans eux-mêmes, et la sécurité sera assurée. Le lieutenant-général Hamid Rahman Haq, qui est ici à mes côtés, qui es le nouveau chef d'état-major, sera votre interlocuteur régulier.

Vous aurez toute l'information nécessaire, et vous suivrez tout le processus de pacification au jour le jour. Une fois de plus, je vous demande de transmettre nos remerciements à vos troupes qui sont ici sur le terrain, et à vos gouvernements, pour tout ce qu'ils ont fait envers notre pays.

Le débat se poursuivit pendant quelques minutes. Venus de partout en Afghanistan, de la base de Baghram, de Kandahar, de Mazaré Sharif ou de Jalalabad, les commandants des opérations sur le terrain voulaient savoir comment le gouvernement allait s'y prendre pour pacifier le pays en une si courte période, après dix ans d'une guerre infructueuse. Le général Sayyed Zazaï les rassura plus par son sourire confiant, que par des arguments. Il répéta la fameuse stratégie en 3D évoquée par le ministre des affaires étrangères, stratégie qu'allaient compléter les réformes envisagées. En sortant de la salle de conférence deux heures plus tard, les généraux couverts d'étoiles, ayant tous une très longue expérience dans l'armée, se demandaient tous s'ils devaient prendre au sérieux ou non la nouvelle de retrait annoncée par le gouvernement afghan. Et c'est la question que leurs gouvernements respectifs allaient leur poser. L'assurance affichée par le ministre de la défense et par son chef d'état-major les incitait à y croire. Par contre, la situation sur le terrain, marquée par la recrudescence de l'insurrection et par le nombre croissant de victimes, les incitait à la prudence. Pragmatique, un général commandant d'un important contingent européen résuma la situation dans ces termes –Donnons-lui le bénéfice du doute, et attendons pour voir dit-il à un de ses collègues.

–S'ils ont compris que la solution de leur problème se trouve entre leurs mains, comme semblent le penser tous les spécialistes des conflits, attendons voir comment ils vont s'y prendre, répondit le collègue. La rencontre était terminée, et les participants partirent avec un mélange de doute et d'espoir.

Comme le président Mohammadzaï l'avait souhaité lors du conseil des ministres, la réforme administrative, qui était essentiellement marquée par la répartition territoriale en dix provinces, fut lancée une semaine plus tard. Les journaux et autres centres de recherches reçurent l'ordre de recueillir les réactions de la population. Dans le sillage de la réforme, la ministre de la Promotion Féminine et de la Protection de l'Enfance annonça à son tour la décision du conseil des ministres rendant obligatoire l'enseignement de tous les enfants afghans jusqu'à l'âge de quinze ans, ainsi que le souhait du gouvernement, de voir au moins une personne ayant un travail rémunéré dans chaque famille afghane. Les nouvelles autorités provinciales et des districts avaient l'obligation de prendre les dispositions nécessaires, pour que ces directives soient mises en application.

Dans le même temps, le ministre de l'intérieur intensifia le cours d'éducation politique et patriotique. Tous les fonctionnaires afghans devaient consacrer au moins une heure d'éducation politique et patriotique à la fin de leur journée de travail, avant de rentrer à la maison, le temps de terminer le contenu du cours. Le même principe fut appliqué dans les écoles, les universités et les Forces armées, mais à raison de deux heures par jour pour l'armée. Pendant le cours, les débats étaient ouverts, les questions pouvaient aborder même les autres secteurs de la vie nationale.

L'éducation politique et patriotique souleva un tel enthousiasme dans toutes les couches de la population qu'elle était diffusée dans toutes les provinces et dans tous les districts, jusqu'aux villages les plus reculés, à l'intérieur du pays. Amour et défense de la patrie, respect du citoyen et développement du pays, la dignité du peuple afghan, tels étaient les thèmes favoris qui alimentaient le cours. Tous les membres du gouvernement acceptèrent des invitations, même improvisées, pour aller dispenser le cours, y compris aux endroits éloignés de la capitale. Le commandement de la Force internationale mettait des avions à leur disposition. Le cours prit un cachet particulier au sein des Forces armées. Il créa un esprit nouveau de patriotisme et de solidarité tourné autour du gouvernement, dont le programme politique était jugé convaincant. Le cours d'éducation politique prohibait les divisions tribales ou religieuses. Il renforçait l'identité et l'unité nationales autour d'un idéal commun. Après le cours, la plupart des citoyens interrogés avouaient avoir acquis une nouvelle vision d'eux-mêmes et de leur pays.

Plusieurs mesures étaient jugées révolutionnaires. Tel fut notamment, le cas de rendre l'enseignement obligatoire et gratuit dans les écoles publiques, jusqu'à l'âge de quinze ans. Les familles, les plus pauvres surtout, en étaient littéralement enchantées. L'objectif fixé par le gouvernement consistait à voir au moins une personne ayant un travail rémunéré dans chaque famille afghane. Même les plus sceptiques furent convaincus. Oui, le gouvernement se souciait réellement du bien-être de sa population. Dans la foulée, toute une série d'appels d'offres furent lancés, pour le démarrage d'ambitieux projets miniers et industriels. Le ministère de l'Industrie et du Développement Durable lança toute une gamme de projets qui soulevèrent un immense espoir au sein de la population. Nouvellement créée, la Société afghane des hydrocarbures lança un appel d'offres pour l'exploitation de pétrole et du gaz près de Herat et Mazaré Sharif. Un contrat de plusieurs millions de dollars attendait sur la table pour commencer les travaux. Le même ministère annonça encore la construction d'une usine de métallurgie près de Bamiyan au centre du pays, après le lancement de l'exploitation des riches gisements de fer dans la région. D'autres contrats d'exploitation de métaux ferreux, et non ferreux, dont regorgeait le sous-sol afghan, étaient lancés chaque jour. D'autres dossiers d'appels d'offres pour la construction de routes, de barrages hydro-électriques, furent préparés et lancés.

Dans l'entre-temps, le ministère de la défense intensifiait le cours d'éducation politique au sein des Forces armées et des autres services de sécurité, tout en réorganisant profondément ses structures. L'objectif était de mettre sur pied dix à douze divisions de combat, une division affectée dans chaque province. Ses brigades et bataillons devant être déployés dans chaque district, jusqu'au village le plus reculé en milieu rural. À côté du cours d'éducation politique, les militaires complétaient leur formation par un cours d'éducation civique, impliquant le respect et la protection des citoyens, ainsi qu'une conduite irréprochable.

Aucun militaire ne devait être accusé de brutalité, de pillage, du vol ou de viol. L'ordre était strict, et les salaires avaient été revu à la hausse. Des commandants de bataillons et de compagnies, jusqu'aux plus bas niveaux des sections, avaient été sélectionnés et sensibilisés, pour qu'une discipline animée de patriotisme soit observée dans toutes les unités déployées sur le terrain.

Une fois ce déploiement effectué, les éducateurs politiques au sein de l'armée se mirent à tenir des réunions avec la population, en collaboration avec les administrateurs civil des districts. Le but était de diffuser les nouveaux objectifs du gouvernement et d' inciter la population à abandonner le soutien offert aux insurgés et à dénoncer ceux qui se cachaient parmi elle.

Ils sélectionnaient en même temps des chefs de groupes pour suivre le cours d'éducation politique et patriotique, en vue de devenir des guides de la population. Celle-ci était rassurée. Il n'y aurait pas de représailles contre ceux qui auront rendu service à la paix. Les combattants insurgés dénoncés seront bien traités.

–Nous prendrons le temps de les ramener sur le droit chemin et ils vont adhérer à leur tour à nos projets de développement disaient les porteparole de l'administration des districts à la population. Convaincue de la bonne foi de l'armée gouverne-mentale, et surtout de sa présence énergique sur le terrain, la population se mit à dénoncer les insurgés pour que le gouver-nement puisse ouvrir des écoles dans la région, créer du travail et lancer d'autres projets de développement. Comme promis, les insurgés dénoncés étaient bien traités. Aucune brutalité, aucun lynchage n'était exercé contre eux. Ils étaient acheminés vers des centres de rééducation aménagés à cet effet. En moins d'un mois, plusieurs centaines d'insurgés furent dénoncés et ramassés par des Forces de sécurité de l'armée afghane, sans qu'un coup de feu ne soit tiré, au grand étonnement des troupes de la Force internationale et des observateurs des droits de la personne.

L e professeur Moudjahid déposa ses deux enfants à l'Aéroport International de Kaboul.

Ils repartaient à Montréal avec la mission de vider tous les meubles de la maison du boulevard MontRoyal, car elle devait être mise en vente. Abdullah avait déjà donné l'autorisation à son agent immobilier de la mettre sur le marché. Ses deux enfants allaient occuper temporairement l'appartement de leur grandmère, qui restait à Kaboul, en attendant l'accouchement de

Yasmine. Elle attendait cet événement avec impatience comme si l'arrivée de cet enfant lui rendait une nouvelle jeunesse.

Avec l'argent tiré de la vente de la maison, Abdullah comptait acheter une parcelle sur laquelle serait construit un immeuble de bureaux pouvant abriter le siège de la Société de Développement Aman-Ittihad dont les plans étaient déjà en cours d'exécution, ainsi que plusieurs autres sociétés, qui allaient affluer à Kaboul. Il avait déjà identifié au centre-ville, le terrain sur lequel se trouvaient trois vieilles maisons, qu'il allait devoir exproprier et acquérir la propriété. Dans sa vision, la capitale afghane allait devenir la plaque tournante de toute l'Asie centrale; un passage obligé vers le nord-ouest de la Chine, vers le nord de l'Inde, vers les territoires de l'ancienne Russie soviétique, ainsi que vers les pays du Golfe persique. Pour atteindre cet objectif, Kaboul devait être une capitale digne de ce nom et disposer d'infrastructures à la hauteur de cette ambition.

Abdullah Moudjahid avait juré de voir de son vivant, une ligne de chemin de fer reliant la capitale de son pays au port iranien de Bandar-e Abbas, sur le Golfe persique, en face de Dubaï, en passant par les villes de Zaranj et de Herat. Une fois la paix rétablie, le travail qui attendait le gouvernement de son pays était immense. Il pensait à tout cela, en regardant ses enfants se diriger vers le Boeing 767 des Émirats Arabes Unis, qui devait transiter par Dubaï et par Istanbul avant de continuer vers Montréal. Dès que les enfants montèrent dans l'avion, Abdullah prit la main de sa femme, et celle de sa mère, et revint dans son quartier de Murrad Khani. Son fils retournait à Montréal pour commencer le travail à Kahnawaki Motors, mais sa fille était tombée follement amoureuse du pays de ses ancêtres. En se promenant sur les bords de la rivière Kaboul, Nasla avait exprimé son désir de revenir vivre et travailler en Afghanistan aussitôt ses études terminées. Elle avait été particulièrement émue par le mode de vie socio-communautaire et la façon de vivre très conviviale. Cette chaleur humaine, qui baignait les relations sociales, l'avait séduite. Il n'y avait pas de commune mesure avec son entourage montréalais, où elle avait vu des femmes tenir affectueusement des chats et des chiens contre leurs poitrines, en leur donnant de tendres bizous. Elle refusait d'accepter qu'un caniche puisse s'appuyer contre son sein, qui était destiné à nourrir son futur bébé. Elle se sentait motivée à l'idée d'apporter sa part pour combattre la pauvreté visible dans les foyers de ses compatriotes. La pauvreté soulevait en elle un sentiment de révolte. Il y avait assez de richesse dans le monde pour que la pauvreté, qui à ses yeux dégradait l'être humain, disparaisse de la terre. Elle avait dit à son père que sa place était là, qu'elle n'avait pas le droit de passer toute sa vie dans le luxe et le confort de Montréal. Son père avait compris. Il lui laissait la liberté de choisir son lieu de travail. Lui-même était revenu pour se battre pour que son pays devienne un lieu où la jeunesse puisse vivre et s'épanouir, avec l'espoir de réaliser ses rêves. Il n'avait plus de temps à perdre.

Trois jours après le départ de ses enfants, Yasmine ressentit un début de douleurs. Elle appela aussitôt son gynécologue à l'hôpital universitaire de Kaboul et prit rendez-vous. Elle avait déjà préparé la valise du bébé, et tout ce dont elle pouvait avoir besoin. Vingt quatre heures plus tard, elle mettait au monde, et par voie naturelle, un garçon de 4 kilos en très bonne santé. Elle était elle-même surprise. Tous ses enfants précédents naquirent avec un poids légèrement inférieur, oscillant entre trois et trois et demi. Son mari était fou de joie. Du fond de son cœur, il remerciait Allah de l'avoir comblé de tant de bénédictions, en lui donnant cet enfant qui venait de naître sur le sol de ses ancêtres, au moment où il s'y attendait le moins. Comme convenu, il l'appela Mehdi. Yasmine s'accorda un congé de maternité de quinze jours, ensuite retourna à son travail. Elle ne pouvait pas se permettre une absence prolongée pendant que l'usine produisait à son maximum. La demande était tellement forte que les machines tournaient 24 heures sur 24 heures. À ce rythme de production, pour une entreprise encore jeune, et en période de rodage, sa présence était nécessaire.

En plus, la Société Financière de Développement Aman-Ittihad dont Yasma Ittihad Production était le principal actionnaire venait de démarrer la construction de son siège social. Elle ne pouvait pas se permettre de passer toutes ses journées à changer les langes. Son fils Mehdi devait s'habituer à la partager avec son travail.

Comme elle devait rentrer à la maison chaque jour pour dîner, et passer au moins une heure avec lui, elle ne se faisait aucun souci. Pour le reste du temps, le bébé restait avec sa grand-mère. En attendant de démarrer son projet de garderie, Samina était heureuse de s'occuper de son petit-fils. Elle était à la recherche d'un bâtiment pouvant accueillir un maximum de vingt enfants de 1 à 4 ans, dont les mères se rendaient chaque jour au travail. C'était sa façon à elle, vu son âge, de contribuer à la renaissance de son pays. À 75 ans, elle comptait rester active pendant encore cinq à dix ans.

Au moment de lancer l'appel d'offre pour l'exploitation des mines de fer et la construction de la première aciérie dans le pays, Abdullah envoya le dossier à Robert Dufourg en lui demandant de le transmettre à son père. Il voulait savoir si la Compagnie Métallurgique de Longueuil appartenant à son père, qui était spécialisée dans la production de l'acier, serait intéressée à investir hors du Canada. Il l'informait aussi que son pays était en train de lancer plusieurs projets de construction, et souhaitait intéresser les entreprises canadiennes. Une fois ce message transmis, Moudjahid se pencha sur la liste ultra-confidentielle qui lui avait été remise par le ministre de la défense. En lisant les noms des principaux bailleurs de fonds de l'insurrection, dont certains se trouvaient sur le sol afghan, Moudjahid eut un frisson. Il appela immédiatement le général Sayyed Zazaï.

–Je viens de parcourir la liste des membres de l'équipe.

–Qu'est-ce que vous en pensez ? Demanda le général.

–J'aimerais vous demander encore quelque chose.

–Je vous écoute.

–J'ai besoin d'un supplément d'informations sur chaque membre du groupe, la composition de sa famille, la situation sociale des enfants, les activités principales, la source des revenus. Est-ce possible d'obtenir ce genre d'informations ?

–Ça doit être possible. Les services du Colonel Noandesh me fourniront un dossier complet sur chaque membre d'ici 24 heures.

–J'attendrai avant d'agir, déclara Moudjahid.

–Encore une fois je vous recommande une extrême prudence insista le ministre de la défense. Ils ont des tueurs partout qui exécutent aveuglément.

–Je prendrai soin.

–À bientôt. Il raccrocha. Le général Sayyed Zazaï commençait à saisir l'objectif du professeur Moudjahid.

–Cet homme est un grand sage, pensa-t-il.

Abdullah appela ensuite le directeur de cabinet du président et demanda un rendez-vous pour rencontrer le président.

–J'aimerais aussi que le ministre de la défense soit présent lors de mon rendez-vous, dit-il. Veuillez lui demander de venir à la présidence, dès que mon rendez-vous sera fixé.

Une fois ce geste posé, il forma un numéro de Kandahar, et appela Youssaf Zameen.

–Je voulais vous annoncer la bonne nouvelle, dit-il en entendant la voix de Zameen au bout du fil. Nous avons eu un enfant continua-t-il. Mon dernier fils est né sur le sol de nos ancêtres.

–Que les bénédictions d'Allah et sa miséricorde le couvrent en abondance, répondit Zameen. Toute ma famille se réjouit de cette nouvelle, ajouta-t-il.

–J'aimerais aussi vous demander une faveur, vénérable Youssaf.

–Que les bénédictions d'Allah soient avec toi.

–Voulez-vous me rappeler les études que faisait votre fils Ashraf ?

–Il a terminé les études de génie civil à l'université de Washington.

–Oui, je me souviens. A-t-il obtenu son diplôme d'ingénieur ?

–C'est la fierté de ma famille, professeur Moudjahid. Par la volonté d'Allah, son diplôme est ici dans ma maison.

–Il est marié n'est-ce pas ?

–Oui, avec deux enfants déjà.

–Quelle est la profession de sa femme, vénérable Zameen ?

–Elle enseigne ici à Kandahar.

–Pouvez-vous me faire une faveur, vénérable Zameen ?

–Qu'est-ce qu'un pauvre comme moi peut-il faire pour un ministre du gouvernement Mohammadzaï ? Il n'aime pas notre famille, professeur Moudjahid.

–J'ai besoin de votre fils, j'ai du travail pour lui. Je voudrais l'avoir à mes côtés parmi mes collaborateurs. Et si vous le permettez, j'aimerais qu'il soit le parrain de mon fils qui vient de naître.

–Allah vous écoute et vous bénisse, Professeur Moudjahid mais que deviendra sa femme si elle reste toute seule ?

–Elle viendra avec son mari. Nous avons du travail pour elle aussi. Il y a beaucoup de possibilités en ce moment. Ashraf peut il se rendre à Kaboul dans les prochains jours, pour discuter de son travail avec moi ?

–Je vous remercie, Professeur Moudjahid. Vous êtes un frère. Ashraf viendra vous rencontrer très bientôt.

–J'espère que vous accompagnerez Shakeela Zameen, pour venir saluer le bébé ?

–Inch'Allah, que les bénédictions d'Allah remplissent ta maison.

L a réunion de ce soir était si importante que tous les membres
du Comité de coordination de l'insurrection furent présents.
L'objet principal de la réunion était d'analyser le développement de la situation face aux récents bouleversements politiques et militaires en Afghanistan. La réunion se tenait, comme
d'habitude, à l'université de tous les Savoirs Vertueux de Peshawar, au nord-ouest du Pakistan, à 19 heures. Le maître des lieux,
le mollah Bashir Rahimyar, dirigeant de l'université, attendait les
membres du comité avec un peu d'inquiétude. Et pour cause,
depuis les dix ans de guerre en Afghanistan, la situation n'avait
jamais été aussi mauvaise. Tous les membres du comité avaient
confirmé leur présence. Rahim Minhas, un homme d'affaires
important de Rawalpindi, était déjà là. Faisal Langharkel du
Waziristân était aussi présent. Le général en retraite, Gulam
Shamshat, véritable commandant militaire sur le terrain, venait
d'arriver. L'homme d'affaires Ahmad Boldak de Jalalabad venait
aussi d'entrer dans la salle. Le conseiller militaire, le général
Mahmoud Mélat, basé à Islamabad, était arrivé à son tour. Le
président du comité de Kandahar, l'homme d'affaires Youssaf
Zameen, était arrivé avec une mine particulièrement soucieuse,
ce qui inquiétait le mollah Bashir Rahimyar. Youssaf Zameen
était d'habitude le plus virulent, et sa détermination était à
l'origine des succès remportés par l'insurrection dans toutes les
provinces du sud de Kandahar à Helmand. Il n'y avait qu'un seul
invité qui était encore attendu. C'était Nasseem Gul, l'industriel
pashtoun de Karachi. Mais il avait téléphoné depuis l'aéroport
international Ali Jinnah, au moment de prendre l'avion une
heure plus tôt. Alors qu'ils se préparaient à commencer la réunion, une limousine noire aux vitres blindées déposa Nasseem
Gul devant la salle de conférence. Le mollah Bashir Rahimyar
lui-même se précipita pour ouvrir la portière. Et Nasseem Gul
sortit de la limousine.

–Salam Alekum, Hadj Nasseem.

–Alekum Salam, répondit l'industriel, en prenant le mollah Rahimyar dans ses bras. Ce dernier l'entraîna ensuite dans la salle de conférence. Un des lieutenants du mollah Rahimyar servit le thé et sortit. Le mollah Bashir Rahimyar souhaita la bienvenue aux invités, prononça une Doua comme introduction de la réunion, pour implorer les bénédictions d'Allah. Il prit ensuite solennellement la parole, pour exposer les motifs de la rencontre.

–La réunion de ce soir dit-il, a été motivée par les récents changements observés à Kaboul, et sur l'ensemble de la Pakhtunkhawa. De nombreux bouleversements ont complètement changé le paysage politique. Le nouveau gouvernement de Kaboul adopte un ton inhabituel. Il vient même d'annoncer la pacification totale du pays, et le retrait des troupes étrangères dans deux ans au plus tard. L'armée est en pleine réorganisation. Une réforme administrative vient d'être lancée avec une nouvelle répartition provinciale, réduisant les provinces à 10 au lieu de 34.

À côté de cette réforme, il y a un changement de ton et de méthode, qui bouleverse l'échiquier politique. L'infidèle Mohammadzaï est allé même jusqu'à faire entrer le mollah Mahmoud Haq dans son gouvernement comme ministre de la Promotion de la Vertu et de la Prévention du Vice. Pire encore, la population se met à dénoncer nos combattants. Mes élèves en formation, tous candidats à la guerre sainte et prêts à rejoindre le front, expriment des inquiétudes en apprenant les informations en provenance du front. Voilà la situation qui est devant nous face à laquelle vous devez décider. La parole est à vous, dit-il avec un soupir. Tous les participants l'avaient suivi en silence.

Le général en retraite, Mahmud Mélat, leva le doigt et demanda la parole.

–Je voudrais savoir la situation exacte qui prévaut à Kaboul. Ahmad Boldak qui est près de là, peut-il nous dire exactement ce qui se passe là-bas ? Les informations qui me parviennent sont contradictoires, déclara-t-il.

–La situation est mauvaise, commença Boldak. Depuis la nomination du nouveau gouvernement à Kaboul, avec le changement du ministre de la défense, la population semble prêter une oreille attentive aux promesses de Kaboul et se dit prête à nous retirer son soutien. C'est le sentiment qui prévaut à Jalalabad. La peur a changé de camp. Ce ne sont plus les agents de l'administration qui ont peur, ce sont nos combattants. Ils ont peur. Sans le soutien de la population, ils ne survivront pas.

–J'espère que la contagion n'a pas encore atteint Kandahar, demanda le général Mélat, en se tournant vers Youssaf Zameen. Ce dernier parut d'abord réfléchir.

-L'onde de choc n'a pas épargné Kandahar, dit-il. Kaboul a fait des promesses qui changent tout. Ils parlent de rénover les universités, de créer des emplois, d'entreprendre des travaux d'infrastructures, de construire des usines, d'améliorer la vie des familles. La population de Kandahar n'est plus la même depuis le discours du nouveau gouvernement, acheva-t-il. Tous les visages s'assombrirent.

–Comment se présente la situation militaire sur le terrain ? Demanda-t-il en s'adressant au Général Gulam Shamshat.

–Depuis les 10 ans de guerre, c'est la première fois que j'ai senti le doute et la peur s'emparer de nos militants. Le discours et les manœuvres de Kaboul ont ébranlé la confiance de nos troupes. Pire encore, dans plusieurs régions du nord, du centre et de l'ouest, la population ne veut plus couvrir et protéger nos hommes. D'après les rapports qui me sont parvenus, beaucoup de nos combattants ont été priés de déguerpir ou de déposer les armes et de se livrer aux nouvelles autorités administratives, qui parlent par ailleurs, un langage nouveau, inhabituel, inconnu jusqu'ici.

Et l'armée de Kaboul semble devenue une autre. Ella a adopté un nouveau style. Elle est méconnaissable. Nos hommes infiltrés dans l'armée m'envoient des rapports inquiétants. Ils ont peur d'être arrêtés. La méthode a totalement changé. L'approche du Général Sayyed Zazaï, le nouveau ministre de la défense, fait des ravages. Je ne sais pas dans quelle école il a été recyclé. Ce n'est plus l'homme que je connais. L'armée de Kaboul n'est plus à sous-estimer. J'ai peur pour nos hommes, car nous ne pouvons plus compter sur la population. Et puis, il y a aussi cette nomination du général Ayub Wali Khan, comme ambassadeur à Islamabad. Nous ignorons les raisons de ce choix, mais il n'y a pas de doute, Kaboul déplace son service de contre-espionnage pour l'installer à Islamabad. Le général Wali Khan n'a pas été envoyé pour passer son temps à boire du thé dans des salons diplomatiques. Il est venu sans doute pour ouvrir un nouveau front derrière notre base-arrière. Les paroles du Général Shamshat accablèrent le Comité de coordination de l'insurrection. Ils semblaient tous abattus, incapables d'ajouter quoi que ce soit. Nasseem Gul leva ses yeux et regarda l'assistance.

–Mes chers frères, nous avons beaucoup investi dans cette guerre. Nous voulons ce pays. Nous ne pouvons pas accepter de briser notre rêve. Nous tenons absolument à installer nos hommes à Kaboul. Pouvez-vous me dire pourquoi le pouvoir de Mohammadzaï est devenu subitement si performant ? Demanda l'homme de Karachi, un chef pashtoun comme tous ses compagnons assis avec lui. Le général Gulam Shamshat se mordit la lèvre. Lui aussi ne cessait de se poser la même question, et c'était un casse-tête.

–Il y a eu dans son équipe un élément nouveau, dit-il. Il a engagé dans son équipe un sorcier du nom d'Abdullah Moudjahid, qui a complètement changé la politique du gouvernement Mohammadzaï. C'est un professeur d'université, c'est un pashtoun comme nous tous, mais c'est un véritable sorcier. Les six hommes se regardèrent.

–Qu'est-ce qu'il a de spécial cet homme ? Demanda l'homme de Karachi qui, jusqu'à ce jour, n'avait jamais entendu parler du professeur Moudjahid.

–C'est un véritable sorcier, comme le dit le commandant Shamshat, répondit le Mollah Rahimyar. J'ai suivi ses activités depuis son arrivée, depuis qu'Ahmad Boldak nous a alertés, après le lancement de son usine de production de ciment, le professeur Moudjahid est un guerrier, un véritable Pashtoun avec le respect de nos valeurs et de nos traditions. C'est ce qui dérange tout. Nasseem Gul plissa le front, étonné d'entendre de telles paroles sortir de la bouche du mollah Rahimyar qui, d'habitude, méprisait tout ce qui vient de Kaboul.

–Pourquoi ne l'avez-vous pas écarté depuis le début ? Demanda-t-il.

–Nous avons été surpris, tout est allé très vite, répondit le Commandant Shamshat. Je suis un homme d'expérience, je sais reconnaître la valeur d'un homme. Le travail accompli par le fils du docteur Ibrahim Moudjahid en si peu de temps m'a pris de court. C'est incroyable. Quoiqu'il soit mon ennemi, il mérite un certain respect. J'ai suivi le tout. J'ai tous les documents qui composent le Plan Mohammadzaï de Sortie de Crise dont il est l'artisan principal, jusqu'à la formation de ce nouveau gouvernement, dont il est le cerveau. C'est un grand professionnel, avec un sens de l'organisation militaire en plus, car il n'est pas étranger à toute la restructuration de l'armée. C'est très rare de trouver un homme qui réunit de telles qualités. Il est parvenu même à faire naître l'espoir au sein de la population, ce qui a poussé cette dernière à nous retirer son soutien. Il fait honneur à la grandeur pashtoune. Il mérite d'être de notre côté, malheureusement ce n'est pas le cas, conclut le général Shamshat.

–Doit-il vivre ou mourir ? Demanda Nasseem Gul, en détachant bien les mots, et en regardant tour à tour les membres du comité. Tout le monde soupira.

–D'après ce que j'ai entendu, il n'a fait aucun mal à personne jusqu'ici, déclara péniblement le général Mahmud Mélat. Condamner un homme qui, selon votre propre jugement, fait honneur à la grandeur pashtoune, serait un crime contre notre peuple. Attendons pour voir. Le meilleur moyen de vaincre est de le battre sur le terrain, peut-être avec ses propres armes.

Si c'est un véritable adversaire, nous ne pouvons pas lui planter un poignard dans le dos. C'est contre l'honneur et nous sommes des hommes d'honneur. Nous devons l'affronter de face et le battre dans un combat loyal. Attendons voir ce qu'il cache en réalité. S'il tente de faire mal à nos hommes, s'il veut détruire notre organisation et notre rêve, si c'est un infidèle au service de l'ennemi impérialiste, nous aurons le temps de prendre des mesures à son égard, conclut le conseiller militaire.

–Notre organisation est fortement menacée, reprit le général Shamshat. L'homme paraît très fort. Il incarne un espoir nouveau pour tout un peuple. Et il est riche, ajouta-t-il.

–J'aimerais rencontrer cet homme, trancha Nasseem Gul. Un homme capable d'inspirer le respect et la crainte au général Shamshat m'intéresse. Nous pouvons peut-être le recruter, pour servir notre cause. Est-ce possible d'organiser une rencontre ? Demanda-t-il en regardant Youssaf Zameen.

–Zameen, arrange-toi pour entrer en contact avec cet homme. S'il possède les qualités que lui attribue le général Shamshat, ça vaut peut-être la peine de le rencontrer. S'il fait réellement honneur au peuple pashtoun, cet homme ne refusera pas de servir notre cause, qui est aussi la sienne. J'aimerais partir avec tout son dossier. Dès que Youssaf Zameen aura réussi à s'introduire dans son entourage, et à prendre contact avec lui, il me fera honneur de l'amener à Karachi, et on prendra une décision définitive. Parlons maintenant de la situation sur le terrain, dit-il en se tournant vers le commandant en chef.

–Comme je vous l'ai dit au début, des nouvelles qui viennent du front sont plutôt inquiétantes. Si le mouvement en cours se poursuit, je crains une catastrophe. Mais c'est un peu tôt pour s'alarmer. Attendons encore quelques semaines. La livraison d'armes qui nous est parvenue dernièrement a été distribuée en totalité. Nos troupes sur le terrain disposent de l'équipement nécessaire. D'ici un mois la situation se sera décantée, car les choses s'accélèrent. Pour une fois, Kaboul semble pressé. La réunion de Peshawar se termina sur ce maigre espoir d'attendre et de voir que les choses se décantent. Tous les participants repartirent avec une mine sombre.

En recevant la demande d'audience du professeur Moudjahid, le président Mohammadzaï accepta de le recevoir le lendemain même. Il demanda ensuite au ministre de la défense d'être présent à la même heure. Comme d'habitude, Abdullah Moudjahid se présenta à l'heure prévue. Le général Sayyed Zazaï venait d'arriver à son tour.

Le président commença par féliciter le professeur Moudjahid pour toutes les initiatives économiques déjà prises, les appels d'offres déjà lancés, ainsi que la mise sur pied des sociétés d'État comme la Société Afghane des Hydrocarbures ou la Société des Mines et des Carrières. Le président appréciait surtout la souplesse des statuts qui donnaient la place aux capitaux privés nationaux, dans certaines proportions, car un jour l'État se retirera complètement, pour ne pas être en concurrence avec le Secteur privé. Mais au commencement, toutes ces sociétés avaient besoin du soutien de l'État, pour démarrer et pour se consolider.

–Quel est l'objet de votre visite aujourd'hui, Professeur Moudjahid ? Demanda-t-il.

–C'est un sujet que je ne voulais pas aborder lors du Conseil des ministres, car il n'est pas encore tout à fait mûr. J'ai reçu du Général Sayyed Zazaï la liste des principaux bailleurs de fonds de l'insurrection. Avant de prendre toute initiative, je voudrais qu'il y ait une stratégie d'approche concertée, car certaines démarches peuvent se révéler dangereuses selon l'avis même du ministre de la défense.

–Que voulez-vous faire avec la liste de ces personnes, Professeur Moudjahid ? Elles sont toutes dangereuses comme vous le dites, affirma le président.

–Je voudrais les approcher un à un, de façon très confidentielle, pour tenter de les associer à notre projet de reconstruction du pays. En finançant l'insurrection, ces personnes ont un but et poursuivent des intérêts. Je voudrais leur ouvrir la porte, et leur offrir la possibilité de venir faire des affaires dans le pays, et cesser leur soutien aux insurgés. Le projet est très délicat.

Prenons, par exemple, le cas d'Ahmad Boldak de Jalalabad. Il possède une société de construction, et a des intérêts dans l'import-export vers le Pakistan. Nous avons toute une série de projets d'infrastructures à construire dans sa région. Bientôt, nous allons démarrer les travaux de rénovation de l'université de Nangarhar, et nombre d'autres écoles à construire. Nous lui proposons une part du marché, moyennant contrepartie. Et puis, nous donnons du travail à ses enfants, s'ils sont qualifiés, chacun suivant ses capacités. Nous sommes en train de créer des centaines et des centaines d'emplois, ce ne sont pas des postes qui manquent.

La même logique vaut pour l'homme de Kandahar, Youssaf Zameen. C'est plus difficile pour les dirigeants de l'insurrection qui habitent de l'autre côté de la frontière, mais pas impossible. J'ai appris que le général Mahmoud Mélat possède une compagnie d'agents de sécurité. Nous lui proposons un contrat qu'il pourrait exécuter en collaboration avec une agence locale, créée par les services du ministère de la défense. Et nous renvoyons toutes les sociétés militaires privées, qui travaillent comme des mercenaires et font honte à notre pays. Un gouvernement défendu par des mercenaires n'a aucun crédit aux yeux de l'opinion. Ce contrat lui serait proposé, moyennant une totale collaboration, de façon à ne plus entendre une seule balle tirée dans la ville de Kaboul, ou dans ses environs. Il serait inévitablement associé au Général Shamshat. Ce serait une occasion de créer du travail pour les insurgés, pour d'autres militaires démobilisés, souvent sans qualification, avant de pouvoir leur donner une autre formation professionnelle. Pour les autres membres du Comité de Coordination du mouvement insurrectionnel, nous agirons cas par cas.

Par exemple l'industriel de Karachi, nous pouvons l'inviter à prendre part dans l'une ou l'autre des sociétés qui vont démarrer ici, ou à implanter une filiale de ses usines dans notre pays. Il possède une usine de textile, nous en aurons besoin certainement. Je ne parle pas encore de contrats de transports de nos marchandises depuis le port de Karachi, Youssaf Zameen a une compagnie de transport. Il aimerait faire des affaires avec Kaboul. Tel est en gros la démarche que je voudrais proposer.

Vu la délicatesse du sujet, je ne voulais pas l'aborder au cours du conseil. La moindre fuite ferait avorter le projet. Bien sûr, j'ignore la véritable motivation de leur engagement, mais nous le saurons bientôt avec la progression de la guerre. Les documents saisis sur l'ennemi vont parler.

Une fois les contacts établis et les contrats signés, je m'effacerai complètement, sinon mon rôle serait purement consultatif. Voilà pourquoi j'ai demandé ce rendez-vous, acheva Moudjahid. Le président leva ses yeux sur le ministre de la défense.

–Qu'en pensez-vous, Général Zazaï ? Demanda le président Mohammadzaï. Sayyed Zazaï esquissa un sourire.

–Le professeur Moudjahid connaît l'esprit de son peuple. Il sait à quel point tous ces hommes sont attachés à la fortune et à la famille. Il veut caresser le lion dans le sens du poil. Nous avons beaucoup à gagner et rien à perdre. Reste à savoir si la démarche aboutira sans coûter la vie à quelqu'un, dit-il.

–C'est à nous de faire des plans, et de veiller au succès de l'initiative. Cela me donne aussi l'occasion d'aborder la mission du Général Ayub Wali Khan, qui se rendra bientôt à Islamabad comme ambassadeur. Ce serait à lui de préparer le terrain, et d'assainir complètement les relations avec notre puissant voisin. Islamabad doit être convaincu qu'il représente notre premier partenaire commercial. C'est pour cela qu'un membre de notre gouvernement devrait se rendre à Karachi et à Islamabad, pour rencontrer les Chambres de commerce locales et les associations des industriels, et les inviter à saisir les nombreuses opportunités offertes par notre marché, qui est en pleine croissance. Ainsi la mission du Général Wali Khan serait à la fois diplomatique, commerciale et sécuritaire.

Le président Mohammadzaï regarda de nouveau le ministre de la défense.

–Je voudrais connaître votre avis Général Zazaï, car en fin de compte, la sécurisation du pays est votre tâche principale. Nous ne pouvons pas accepter une initiative que vous n'aurez pas avalisée.

–La proposition du professeur Moudjahid me paraît très claire, et sans équivoque. Si la mission est bien menée, elle devrait donner des résultats, et serait complémentaire avec le travail que nous sommes en train de faire à l' intérieur, répondit le général Zazaï.

–Allez préparer tout ce qu'il faut, le général Wali Khan doit être entouré par des personnes compétentes. Quant aux contacts et aux contrats proposés aux principaux bailleurs de l'insurrection, je donne le feu vert. Travaillez en étroite collaboration avec les services de sécurité, pour votre protection et dans la très grande discrétion. Ne prenez aucun risque qui ne soit absolument nécessaire. Professeur Moudjahid, je tiens à te garder vivant. Si tu mets ton pied dans le repaire du lion, sache qu'il y a un risque d'en être dévoré, et de ne pas revenir vivant. Je les connais tous. Le général Shamshat est un Wazir originaire de Mingora, tout comme l'homme de Karachi. Ce sont des fauves.

–Moi je pense que ce sont des êtres humains comme vous et moi, qui ont besoin d'aimer et d'être aimés. Ils sont certainement capables de générosité et ils se soucient de leur descendance comme tout le monde. Le Président Mohammadzaï le regarda dans les yeux avec l'air de dire, « tu es trop naïf ». L'audience était terminée.

Pour renforcer les chances de succès de la réforme administrative, les ministres du gouvernement Mohammadzaï entamèrent des descentes sur le terrain, en se partageant les provinces. Convoquées par les autorités locales, des assemblées populaires enthousiastes assistaient aux débats organisés sur les lieux publics ou dans les amphithéâtres des universités. Invité par les autorités de la ville de Kunduz, Abdullah Moudjahid s'y rendit en compagnie de sa mère Samina, dont la famille était originaire de cette ville. Il commença par rendre hommage à la mémoire du commandant Massoud, vénéré par tout un peuple. Il parla ensuite des objectifs du gouvernement à court et à moyen terme, en expliquant les bienfaits de la réforme. Il exposa les plans du gouvernement pour moderniser la vie socio-économique de la population et sortir les gens de la pauvreté, avant d'inviter cette même population à refuser toute collaboration offerte aux insurgés.

–N'hésitez pas à les dénoncer ou à les remettre entre les mains des autorités, ils seront traités dans le respect des lois, et il n'y aura pas de représailles contre vous, assura-t-il. Le même message fut répété sur l'ensemble du territoire, accompagné par l'accélération de l'éducation politique et par le démarrage de nombreux projets de développement.

L'armée, à son tour, procéda à un redéploiement rapide, en commençant par les provinces du nord et de l'ouest. Les troupes étrangères basées dans ces régions furent progressivement invitées à se replier vers le sud et vers l'est du pays. La nouvelle approche produisait des résultats immédiats. La population se mit à dénoncer les insurgés ou à les remettre entre les mains des autorités. La situation sur le terrain se renversa très rapidement.

Au lieu d'assassiner des autorités locales comme cela fut le cas dans le passé, la population leur offrit son soutien, encouragée par des projets révolutionnaires et la présence efficace d'une armée disciplinée et respectueuse du peuple. Dans la région de la capitale, les contrats des agences de sécurité qui employaient des mercenaires furent résiliés. Elles furent remplacées par des agences locales, dont les agents venaient de recevoir le cours d'éducation politique et s'acquittaient de leur mission avec une discipline et une efficacité inconnues auparavant. Parmi les employés, on rencontrait même des Wazirs et des Mehsud originaires des zones appelées tribales, qui constituaient naguère le fer de lance de l'insurrection. Les entreprises installées à Kaboul et les organismes internationaux observèrent un changement des conditions sécuritaires qu'ils n'avaient pas connu depuis longtemps.

À l'est du pays, une entreprise chinoise des ponts et chaussées commença les travaux d'agrandissement du corridor du Wakhan, en creusant dans la chaîne montagneuse du Pamir. Le gouvernement de Kaboul considérait ce projet qui devait relier l'Afghanistan à la province orientale chinoise du Kachgar comme une priorité. Le but ultime était d'établir une bretelle de liaison avec l'autoroute du Karakoram, qui reliait le Pakistan à la Chine, à travers la chaîne montagneuse des Himalayas. Les habitants de la ville d'Ishkashim à l'entrée du corridor étaient les premiers bénéficiaires de ces travaux, car le chantier leur garantissait des emplois, et une source de revenus pour au moins une année. Et encore, le gouvernement avait fait clairement comprendre qu'il était décidé à améliorer les difficiles conditions des habitants de cette région, à majorité des Wakhis et des Kirghizes, longtemps abandonnés à eux-mêmes.

Ce geste eut pour effet de rassurer toutes les minorités afghanes car les gouvernements précédents donnaient l'impression de ne se soucier que des intérêts des seuls Pashtouns. Les travaux d'agrandissement du corridor du Wakhan rassuraient aussi toute la Province du Badakhshan, désormais convaincue que Kaboul se souvenait de son existence. Après l'agrandissement du corridor, la société chinoise devait rénover l'axe Kaboul-Jalalabad, toujours à l'est, afin de faciliter l'important trafic vers Islamabad. Dans le même temps, des candidatures provenant d'entreprises minières spécialisées, qui répondaient aux appels d'offres déjà lancés, dépassaient le niveau attendu. Le ministre Moudjahid fut agréablement surpris par l'intérêt aussitôt manifesté par les grandes compagnies de l'industrie minière mondiale. Même le géant sud-africain du diamant, la Diamond International, se lança immédiatement dans la course pour l'exploitation de pierres précieuses et semi-précieuses, comme le saphir, l'émeraude, l'afghanite, le rubis, le lapuslazuli, et même les mines de diamant. Exécutés en partenariat avec l'État afghan, les contrats devaient rapporter plusieurs milliards de dollars à ce dernier. Moudjahid fut aussi réjoui de voir des compagnies canadiennes spécialisées dans les mines et dans la métallurgie s'intéresser aux appels d'offres lancés par son pays.

L'exploitation des riches gisements d'or du Badakhshan et de Herat fut confiée à une société australienne ayant son siège dans la ville de Perth, sur la côte ouest de l'Australie. Plusieurs autres contrats d'exploitation de gisements de fer, de charbon, de pétrole et de gaz, de métaux non ferreux comme l'aluminium, le nickel, le lithium ou le molybdène, furent signés avec des sociétés françaises, canadiennes, américaines, britanniques, allemandes et italiennes. Lorsqu'une société canadienne spécialisée dans la production hydro-électrique entra en compétition pour un contrat de ce genre, Abdullah Moudjahid fut tout son possible pour lui donner la priorité, car il connaissait l'expertise des ingénieurs canadiens dans ce domaine ou celui des ponts et chaussées. Le gouvernement afghan s'arrangea pour que tous les pays ayant envoyé des soldats au sein de la Force internationale obtiennent des contrats dans un domaine ou dans l'autre. L'immensité du travail à faire et les ressources disponibles le permettaient largement. Le plus important était d'accepter les conditions exigées par le gouvernement, notamment la participation au capital, qui tournait autour de cinquante pour cent, pour partager équitablement les risques et les profits, ensuite le transfert de l'expertise.

En outre, le gouvernement afghan interdit l'exportation de métaux à l'État brut. Tous les métaux devaient être traités sur place, pour exporter des lingots ou d'autres produits semi-finis. Des mesures exceptionnelles furent adoptées à l'égard de la production de l'or. Le gouvernement imposait des conditions draconiennes pour sortir l'or du pays. Il tenait à stocker le maximum de ses lingots d'or, afin de se doter de réserves de devises et de protéger la stabilité de sa monnaie. Une fois la machine économique mise en mouvement, le gouvernement s'attela à la consolidation de la paix dans le pays.

En quittant la salle de conférence de l'université de Tous les Savoirs Vertueux de Peshawar, Youssaf Zameen se félicita de la tournure qu'avaient prise les événements.

En lui confiant la mission délicate d'établir un contact entre le puissant Nasseem Gul de Karachi et le sorcier de Kaboul qu'était le professeur Moudjahid, le Comité de Coordination avait permis à Youssaf Zameen de sauver la face et lui donnait une voie de sortie inespérée. En parlant avec Moudjahid du cas de son fils, il ignorait totalement que l'homme jouait un rôle si important dans les rouages du gouvernement de Kaboul. Sa surprise fut totale lorsque le général Shamshat parla de lui dans des termes particulièrement élogieux. Et l'intérêt manifesté par Nasseem Gul de le rencontrer le stupéfia.

Il n'avait jamais entendu Nasseem Gul exprimer le moindre respect pour un membre du gouvernement afghan. Son désir de rencontrer celui qu'ils appelaient le sorcier de Kaboul et l'admiration du Général Shamshat le bouleversaient et marquaient un tournant. Les deux hommes n'avaient généralement que du mépris envers le président Mohammadzaï et toute son équipe. Cette nouvelle attitude envers le professeur Moudjahid, qui faisait honneur à la grandeur et à la fierté pashtoune, selon les deux hommes pouvait lui sauver la vie.

Si une Fatwa était prononcée contre lui par le Comité de Coordination, lui Youssaf Zameen, ne pourrait rien pour le sauver. Il ferait tout son possible pour cacher la relation de parenté existant entre leurs deux femmes. Mais le hasard faisait bien les choses, il était officiellement mandaté pour établir le contact. Il n'avait plus rien à craindre ou à cacher. Il pouvait même envoyer son fils Ashraf à Kaboul. Si un membre du Comité le blâmait pour avoir envoyé son enfant travailler près de Moudjahid, il avait désormais une explication.

–Je dirais que j'ai exposé mon fils à un grand risque, que je l'ai offert en sacrifice pour infiltrer l'entourage du Professeur et du gouvernement, pour mieux le surveiller et au besoin l'abattre, se dit-il. Mais il se félicitait secrètement d'être si bien placé dans ses futures relations avec Moudjahid.

Le lendemain, il laissa son fils s'envoler pour Kaboul, pour discuter des conditions de son travail avec le ministre. Pour une raison étrange, son instinct de guerrier pashtoun lui disait qu'il faisait un bon choix. Il voyait dans l'installation de son fils à Kaboul, la possibilité d'étendre ses activités et son influence vers la capitale, au lieu de rester à l'étroit dans la petite ville de Kandahar. Quoiqu'il fût respecté et redouté dans sa petite ville du sud, son statut restait inférieur à celui de la bourgeoisie de Kaboul, de Karachi ou d'Islamabad. Le temps était peut-être venu pour lui de franchir un nouveau palier. Et l'entrée de son fils dans le sillage du gouvernement, était pour lui une échelle tendue à son ascension sociale. N'était-ce pas pour satisfaire ce rêve qu'il l'avait envoyé étudier à Washington ? N'était-ce pas pour atteindre cet objectif qu'il dépensait tant d'argent en soutenant la cause de la Pakhtunkhawa, dans le but de prendre le pouvoir un jour, et de régner sur Kaboul ? Maintenant qu'il était couvert par le mandat du Comité de coordination, Youssaf Zameen prit son téléphone et appela Abdullah Moudjahid. Il devait s'entretenir rapidement avec lui pour préparer une rencontre avec le général Shamshat et Nasseem Gul.

Ashraf Zameen venait d'arriver à Kaboul, et devenait le premier membre du Comité national de conception des projets placé sous l'autorité directe du ministre de l'Energie, de l'Industrie et des Mines. En tant qu'ingénieur, il devait participer à l'étude, à l'exécution et au suivi de nombreux projets industriels et miniers. Le travail était intense et excitant. Il restait à lui doter d'une rémunération équivalente. C'est pourquoi Moudjahid réfléchissait aussi sur la réforme monétaire dans laquelle s'inscrivait le barème salarial des employés du secteur public et privé. Après la réforme administrative et la mise en marche de l'économie, l'ajustement monétaire comme facteur de stabilisation sociale et de croissance économique constituait sa prochaine priorité. Son expérience de la Banque mondiale lui avait montré que la plupart des pays non industrialisés payaient de petits salaires aux employés, avec une monnaie insignifiante, et s'enfermaient dans un cercle vicieux de pauvreté. Avec de tels salaires, les employés ne peuvent ni consommer, ni épargner, ni investir pour créer de nouveaux emplois et de nouvelles sources de revenus imposables, ce qui est un handicap majeur pour l'économie. Abdullah avait l'intention de corriger cette anomalie, qui constitue un frein à la croissance et au développement. C'est pourquoi il tenait à avoir d'importants stocks d'or comme source de devises étrangères à sa disposition, pour échapper au contrôle, à la dépendance et au diktat des institutions financières internationales qu'il connaissait si bien. Ashraf Zameen n'avait donc pas de souci à se faire quant à son statut salarial car le meilleur était encore à venir. Dans un proche avenir, les citoyens afghans n'auraient rien à envier aux riches monarchies du Golfe persique, avait prédit Moudjahid. En voyant tous les projets industriels et miniers en chantier, ayant tous une valeur de plusieurs milliards de dollars, Ashraf Zameen était porté à le croire.

Profitant de la tournée entreprise par les membres du gouvernement pour soutenir la Réforme administrative et le Plan de paix, le professeur Moudjahid s'arrangea pour faire partie de l'équipe qui devait se rendre à Kandahar. Informé de la date de leur arrivée, Youssaf Zameen invita secrètement le général Shamshat à passer une nuit à Kandahar pour rencontrer celui qu'ils avaient surnommé le sorcier de Kaboul. Sous couvert d'anonymat, habillé d'un Sharwar Kamiz (costume traditionnel) complété d'un bonnet blanc parfaitement identique au reste de la communauté masculine, avec une barbe d'environ une semaine contrairement à son habitude de se raser tous le matins, ses yeux cachés derrière des lunettes de soleil, le général Shamshat assista à la cérémonie de lancement de la Réforme administrative à Kandahar.

Il vit de ses yeux le ministre de l'intérieur, Yussufzaï Habibullah, et l'entendit parler des bienfaits de la réforme et des perspectives d'avenir de la région, avant de lancer un appel solennel à la population, en lui demandant de cesser tout soutien offert à l'insurrection. Habibullah osa demander aux habitants de Kandahar de dénoncer tous les individus suspects qui se cachent parmi eux, dans le but de poser des actes de violence ou de troubler la sécurité.

Il confirma ce que le général Shamshat avait déjà entendu.

–Aucun mal ne leur sera fait. Répéta le ministre de l'intérieur. S'ils ont eu raison de se battre un jour, parce qu'ils avaient peur et craignaient pour leur vie, ils n'ont plus de raison de se battre aujourd'hui, car nous avons un projet de société qui répond à leurs aspirations et garantit un avenir brillant à tous les Afghans. N'hésitez pas à les dénoncer, nous prendrons soin de les rééduquer, et nous leur donnerons une chance de retrouver une place dans la communauté. Nous avons beaucoup de projets pour cela. Aucun Afghan ne doit passer dix ans de sa vie dans la clandestinité. Une telle perte de temps est inacceptable. Ce sont vos enfants nous le savons, ce sont vos frères, vos cousins, vos parents, mais n'hésitez pas à leur demander de déposer les armes, ou à les dénoncer devant l'autorité politique ou militaire. La page de la guerre est tournée. Nous n'avons plus de temps à perdre, au moment où tous nos voisins sont en train d'explorer l'espace alors que nous, nous détruisons ce que nos pères et nos grands-pères ont construit. Cette époque est terminée, conclut le ministre de l'intérieur.

L e général Shamshat vit ensuite le professeur Moudjahid prendre la parole. Calmement, l'homme annonça toute une série de projets qui seraient lancés sans tarder dans la province et dans la ville de Kandahar, ainsi que de nombreux travaux d'infrastructures destinés à créer des emplois et à améliorer le bien-être de la population.

Avec un sourire rassurant, l'homme demanda à la population de tourner le dos à la guerre, car l'Afghanistan était entré dans une ère nouvelle :

–Les insurgés prétendent livrer une guerre sainte. Notre pays n'est pas un pays d'infidèles contre lesquels une guerre sainte devient obligatoire. C'est un pays des croyants.

Laissez-nous le temps d'en faire la meilleure place de la communauté des croyants, c'est cela une guerre sainte, acheva-t-il. Le général Shamshat fut stupéfié par le ton passionné de cet homme. Il dégageait la foi révolutionnaire d'un Chou En Lai ou d'un Che Guevara des temps modernes. Mais il n'était pas encore au bout de son étonnement. La personne qu'il vit ensuite monter sur le podium et prendre la parole lui causa un choc. Il vit une femme. C'était la ministre de la Promotion Féminine et de la Protection de l'Enfance, Zaïnabo Zakhilwal. Elle prit la parole et annonça certaines décisions du gouvernement notamment celle qui rendait obligatoire l'enseignement de tous les enfants afghans jusqu'à l'âge de quinze ans. Elle affirma aussi la volonté du gouvernement de voir au moins une personne ayant un travail rémunéré dans chaque famille afghane ou d'avoir un enfant ayant terminé l'école secondaire dans chaque famille. Le gouvernement est déterminé à prendre des mesures nécessaires pour que cet objectif soit atteint.

–Notre objectif est d'éradiquer la pauvreté dans ce pays, déclara-t-elle avec force.

En entendant une femme afghane prononcer de telles paroles, comme si l'Afghanistan avait aussi son Indira Gandhi ou sa Benazir Bhuto, le général Shamshat fut convaincu que le pays entamait une nouvelle phase de son histoire. Il comprit pourquoi la population se désolidarisait instantanément avec les insurgés, et leur retirait son soutien. Le reste n'était plus qu'une formalité. Kaboul a gagné la guerre, pensa-t-il.

Après la réunion de Kandahar, le ministre de l'intérieur s'envola vers Gardez dans le Paktia, tandis que Zaïnabo Zakhiliwal se rendait à Lashkar Gah dans la province de Helmand. Abdullah Moudjahid devait, quant à lui, visiter d'abord l'université de Kandahar, avant de tenir le lendemain, une rencontre privée avec les hommes d'affaires de la ville, pour leur parler des plans économiques du gouvernement, et des projets qui allaient bouleverser tout le pays.

Parmi les projets les plus urgents, figuraient en tête la construction d'un Stade Omnisports de plus de 30 000 places dans la ville de Kandahar, la construction d'environ 40 000 logements sur une période de cinq ans, ainsi qu'un aéroport international moderne, sans parler de toute une gamme d'industries. Il passa le reste de l'après-midi à discuter avec les nouvelles autorités provinciales et militaires, et à visiter cette ville réputée pour être le fief de l'insurrection et si hostile au gouvernement de Kaboul.

– Tout cela va changer, se dit-il en fin de journée. Il partit ensuite se reposer au Kandahar Palace où une chambre avait été réservée, en attendant de rencontrer Youssaf Zameen, le notable le plus respecté de la ville et soutien inconditionnel de l'insurrection.

La journaliste canadienne Marie-Anne Dufourg, qui était venue en compagnie de la délégation ministérielle, resta elle aussi à Kandahar après la réunion publique, pour visiter le contingent canadien basé dans la région.

En lisant les articles rédigés sur le vif à partir de Kandahar même, les lecteurs du quotidien montréalais n'en revenaient pas. Pour la première fois depuis 10 ans, un journaliste, femme de surcroît, patrouillait le territoire afghan pendant plus d'un mois, et se permettait de prolonger son séjour dans la ville de Kandahar sans aucune protection.

Même le directeur du journal, pourtant ancien reporter international, finit par considérer Marie-Anne comme une héroïne ou comme une folle. Elle visitait le contingent de son pays à un moment particulièrement important, après l'annonce par le gouvernement de Kaboul, du retrait total de toutes les forces étrangères dans le court délai d'une année. Le moral des troupes était au zénith, malgré l'explosion de bombes artisanales qui faisaient encore pas mal de victimes. La grande expertise du bataillon du génie n'y changeait rien. Elle avait pris elle aussi une chambre au Kandahar Palace en espérant profiter de la protection discrète qui entourait le ministre Moudjahid. Elle rencontra par hasard une femme capitaine de l'armée, qu'elle avait connue à Val Cartier. Elle fit annuler sa réservation et partit passer la nuit à la base militaire.

Après le reportage qui suivit la visite effectuée auprès du contingent canadien dans la vallée d'Arghandab près de l'aéroport de Kandahar, la direction du journal lui demanda si elle pouvait accepter de rester toute une année en tant qu'envoyé spécial permanent, en attendant le retrait définitif des troupes étrangères. Le pari lui parut excitant. Elle accepta immédiatement. Elle pouvait ainsi rester en compagnie de Steve Bossin, pensa-t-elle.

Il était 21 heures précises lorsque le garde du corps affecté temporairement auprès du ministre Moudjahid vint lui dire que le visiteur qu'il attendait désirait le voir. Il avait pris soin de lui dire qu'il attendait une visite à cette heure-là. Il descendit à la réception et reconnut Ashraf Zameen, qui avait été envoyé par son père. Accompagné par son garde du corps temporel, Abdullah Moudjahid monta dans la voiture de la famille Zameen, qui se dirigea immédiatement dans le quartier résidentiel de la ville. Sans aucune crainte, sans avoir averti les autorités politico-militaires de ce rendez-vous nocturne, Moudjahid fut introduit dans le salon d'une villa somptueuse. Il fut accueilli par un solide sexagénaire habillé élégamment, selon la tradition pashtoune. Il reconnut immédiatement Youssaf Zameen, par la ressemblance frappante avec son fils. Avec un grand sourire de bienvenue, Zameen lui présenta un autre ami, qui était de passage dans la ville. C'était un homme grand de taille, d'enviro 1 métre 85, au visage dur, qu'il essayait en vain d'adoucir. Il était habillé lui aussi, d'un Sharwar Kamiz blanc orné sur la poitrine. Moudjahid reconnaissait le visage d'un homme généralement soigné, malgré la barbe qu'il n'avait pas rasée depuis environ une semaine. Il paraissait dans la cinquantaine.

–Ameer Gillani, c'est un homme d'affaires pakistanais en visite à Kandahar, mais c'est un des nôtres, lui dit Youssaf à titre de présentation. Lui, c'est le professeur Abdullah Moudjahid, ministre dans le gouvernement de Kaboul, continua-t-il à l'intention de l'homme d'affaires.

–Je suis heureux de faire votre connaissance, Monsieur Gillani, lui dit Moudjahid en lui serrant la main. Il sentit une main énergique, comme si elle avait l'habitude de pratiquer des arts martiaux. Plus tard, Moudjahid apprendra que l'homme était un Karatéka ceinture noire.

–Le plaisir est pour moi, Sahib Moudjahid, je n'avais jamais eu l'occasion de rencontrer un membre du gouvernement de Kaboul.

–Vous aurez désormais plusieurs occasions, puisque nous avons l'intention d'entretenir des relations privilégiées avec Islamabad.

–C'est dans l'intérêt de nos deux pays, qui ne sont en réalité qu'un même peuple, reconnut Ameer Gillani.

Avant de poursuivre la conversation, Abdullah vit entrer une femme en hijab d'une grande beauté, et devina d'instinct que c'était Shakeela Zameen, la mère d'Ashraf. Il la salua avec tout le respect nécessaire. Elle lui demanda aussitôt les nouvelles de sa femme et du bébé. Moudjahid l'assura que les deux se portaient très bien. En la regardant attentivement, il retrouva en elle, les traits de sa cousine, sa femme.

–Nous avons eu dernièrement un enfant, dit-il à l'intention d'Ameer Gillani. C'est un garçon qui est né sur le tard.

–C'est une bénédiction d'Allah, Professeur Moudjahid, déclara Zameen.

–Qu'Allah le couvre de sa bonté et de ses bénédictions, ajouta Ameer Gillani. Moudjahid n'ignorait pas l'attachement de ses frères pashtouns à la naissance d'un garçon, ce qui supposait un futur guerrier, ou un combattant potentiel de la guerre sainte.

–Nous aurons peut-être l'occasion de parler de la famille ajouta Shakeela, en se retirant pour laisser les hommes parler entre eux.

–Professeur Moudjahid, nous avons été impressionnés par les ambitieux projets du gouvernement. Nous avons du mal à croire que Kaboul soit capable de lancer un tel programme et un tel message d'espoir, nous craignons que ce ne soit de la démagogie, commença Zameen après avoir offert du thé aux invités.

–Quelle preuve vous faut-il pour croire que ce que nous disons est authentique ?

–Des actes et non des paroles. Nous avons été trompés et déçus à maintes reprises, nous nous méfions des politiciens de Kaboul.

–Cette fois-ci, vous ne serez pas ni trompés ni déçus. Vous verrez des actes concrets et des résultats. Vous pouvez cette fois-ci nous croire, dit-il.

–Quel est l'objectif réel du gouvernement ? Manipuler la population pour mettre fin à la guerre, ou êtes-vous réellement décidés à travailler pour le peuple ? Demanda Gillani.

–Sahib Gillani, je n'ai pas renoncé à ma carrière universitaire pour venir faire de la démagogie. Croyez-moi, en tant que membre du gouvernement, je ne gagne pas le salaire que je recevais en tant que professeur à l'université de Montréal. Mais je suis venu. Nous sommes décidés à changer les conditions de vie de ce peuple. La pauvreté et la misère qui accablent ce pays sont l'une des causes de la guerre. Elles sont inacceptables. Je sais que les Afghans aiment posséder des richesses. Nous voulons qu'ils sortent de la pauvreté et qu'ils deviennent riches.

–Sahib Moudjahid, avant de vouloir que les Afghans soient riches, es-tu riche toi-même ? Demanda encore l'homme d'affaires pakistanais, volontairement provocant. Surpris par une question aussi impertinente, Moudjahid regarda l'homme droit dans les yeux.

–Oui, je crois l'être, dit-il. Je place ma foi en Allah au dessus de tout, ensuite j'aime ma famille, j'aime mon pays, j'aime mon peuple, et je suis fidèle en amitié. Je n'ai jamais trahi un ami. Avec ça, je me sens riche, dit-il calmement.

Pour la première fois, Ameer Gillani laissa errer un sourire sur ses lèvres couvertes par une épaisse moustache noire.

–Maintenant, je te crois. Les valeurs qui font ta richesse me rassurent. J'avais peur que tu ne me parles des millions de dollars et des comptes en banque. Maintenant, je sais que si tu es mon partenaire en affaires, tu ne me trahiras pas, déclara Ameer Gillani.

–Nous en aurons besoin les millions de dollars pour sortir le peuple de la pauvreté, mais ce n'est pas ce qui fait ma richesse. Maintenant nous pouvons parler affaires, déclara Moudjahid, en se tournant vers Zameen qui suivait en silence, cette confrontation discrète entre les deux hommes.

–Sahib Zameen, reprit Moudjahid, nous avons besoin de vous tous, aidez-nous chacun selon ses possibilités, à mettre fin à la guerre, pour qu'on puisse s'occuper véritablement de la prospérité de ce pays.

–Que peut faire un homme comme moi ? Je ne sais rien à la politique, avança Zameen.

–Les gens qui se battent dans l'insurrection sont nos frères, nos cousins, nos voisins, nos relations. Ils sont nourris, habillés, cachés, armés par nous. Dès que la population cessera de les soutenir et de les protéger, la guerre s'arrêtera en un jour, reprit Moudjahid.

–Nous n'y pouvons rien, moi je ne suis qu'un commerçant, je ne sais rien à la politique ou à la guerre. Ce sont de choses qui me dépassent. Je me tiens loin d'elles.

–Je veux bien vous croire, mais vous aurez beaucoup à gagner avec la paix. Avec les projets que nous avons en perspective vos bénéfices seront multipliés par mille. Nous sommes en train de lancer des contrats de plusieurs millions. Tu as toi-même une entreprise de construction et une compagnie de transport. Demandez les dossiers d'appel d'offres. Nous envageons l'agrandissement de l'université, la construction d'environ quarante mille logements sur une période de cinq ans, ce qui suppose au moins huit mille logements chaque année, la construction d'un aéroport moderne, d'un Stade Omnisports, ainsi que des industries diverses autour de Kandahar. Imaginez les bénéfices qu'un homme comme vous peut tirer de tels marchés une fois la paix assurée.

–Sahib Moudjahid, si je pouvais faire quelque chose, je serai le premier intéressé.

–Qu'avez-vous l'intention de faire avec le Pakistan ? Demanda Ameer Gillani.

–Nous avons beaucoup de projets avec Islamabad. Le Pakistan sera notre premier partenaire commercial extérieur. Il aura la place qu'il mérite, celle d'un frère et d'un ami. Nous avons beaucoup à apprendre de lui, de ses industries et de sa technologie. N'oubliez pas que le Pakistan a une importante longueur d'avance sur nous. Nous voulons tirer profit de cette expérience. Je ne sais pas encore quelle est votre spécialité dans les affaires, mais j'ai l'intention de demander à Zameen d'identifier les partenaires avec lesquels nous pouvons traiter. Par exemple, nous avons besoin dans l'immédiat, de signer un contrat avec une compagnie de sécurité, capable de remplacer les sociétés militaires privées présentes à Kaboul. Un tel travail doit être confié à nos frères. Cela fait des centaines d'emplois pour les anciens soldats démobilisés et d'autres combattants, qui vont progressivement déposer les armes.

–Parce que vous croyez que votre appel sera entendu ?

–C'est dans l'intérêt du peuple afghan d'entendre cet appel. Nous sommes là pour l'aider à réaliser son rêve.

–J'ai moi aussi, quelques relations dans ce domaine de la sécurité, dès que je serai de retour à Islamabad, je pourrai servir d'intermédiaire, mais revenons à la guerre. J'ai entendu dire que votre gouvernement a annoncé le retrait des troupes étrangères dans une année. Vous parlez sérieusement, ou ce discours n'est qu'une simple manœuvre destinée à tromper l'opinion ?

–Ameer! C'est très sérieux bien sûr, un gouvernement responsable comme le nôtre ne peut pas annoncer une telle nouvelle sous forme de plaisanterie, affirma Moudjahid.

–Le gouvernement est-il convaincu qu'il sortira vainqueur de la guerre ? Qu'il réussira là où plus de cent mille soldats étrangers n'ont pas réussi ?

–Les soldats étrangers n'ont pas réussi pendant dix ans, parce qu'ils font une guerre qui n'est pas la leur, dans une culture qui n'est pas la leur, avec un peuple et sur un terrain qu'ils ne connaissent pas. La guerre n'est pas qu'un déploiement de chars et de blindés. Mais je ne voudrais pas parler de fin de la guerre en termes de vainqueurs ou de vaincus, continua Moudjahid. Ceux qui se battent dans les rangs de l'insurrection sont nos frères. En déposant les armes, ils ne seront pas vaincus. Ils auront été forcés par le cours des événements et auront gagné, car cette guerre n'aurait même pas dû avoir lieu. Après le départ des Soviétiques, les Afghans auraient dû s'asseoir autour d'une table et regarder, ensemble, dans une même direction. Ils ne l'ont pas fait. C'est le moment de le faire et de réparer cette erreur du passé. C'est pourquoi il n'est pas question de parler de vainqueur ou de vaincu.

–Si la guerre était terminée demain, que feriez-vous des dirigeants de l'insurrection ?

–Nous les divisons en deux catégories. Les Afghans et les non-Afghans. Les étrangers seront priés de rentrer chez eux. Ceux qui choisiront de vivre en Afghanistan comme leur nouvelle patrie, le demanderont cas par cas, et y vivront pacifiquement comme des citoyens ordinaires. Les nationaux associeront leurs efforts aux nôtres pour reconstruire leur pays, et jouiront de tous leurs droits dans la paix et le respect de l'ordre public.

–Pourquoi dites-vous que cette guerre a été une erreur ?

–Parce que cette guerre n'est pas la nôtre. Parce qu'elle ne sert pas les intérêts du peuple afghan, et que celui-ci ne l'a pas choisie. Elle lui a été imposée. Lorsque quelqu'un a détourné les armes des Mujahiddines du peuple qui venaient de chasser les Soviétiques, en leur disant que le vrai ennemi du peuple musulman, c'est l'Amérique, lorsqu'il attira les bombardiers et les Marines américains sur notre sol, ce n'était pas notre guerre. C'est pourquoi, je le répète, cette guerre n'est pas la nôtre.

Elle doit s'arrêter le plus vite possible. Notre vraie guerre sera bientôt lancée pour la modernisation du pays et la prospérité du peuple afghan. Et puis, je ne partage pas la manœuvre qui consiste à enfermer le peuple musulman sous une même étiquette. Le Musulman de Riad ne connaît pas les privations et les souffrances de celui de Kandahar ou du Waziristân. Youssaf Zameen se mit à rire.

–Professeur Moudjahid, aussitôt que notre ami sera de retour à Islamabad, nous vous mettrons en contact avec certaines compagnies spécialisées en sécurité, et même avec certains industriels, qui seraient intéressés à investir dans ce pays, conclut Zameen. Il se fait tard, ma famille a été honorée de recevoir votre visite. Nous avons d'autres relations d'affaires qui se trouvent à Peshawar, à Rawalpindi et même à Karachi, qui s'intéressent à ce que vous faites, et qui ont été séduites par les projets annoncés dans votre programme. Si vous le permettez, nous pouvons établir des contacts.

–Ils sont nos frères et ils sont les bienvenus. Vous avez le feu vert, servez d'intermédiaire et facilitez les contacts.

–Ashraf vous déposera de nouveau à votre hôtel. Moudjahid remercia ses hôtes et se leva. Ashraf apparut aussitôt et l'accompagna vers la voiture qui attendait devant la porte.

Après le départ de Moudjahid, Youssaf Zameen regarda le général Shamshat, car c'était lui en personne, le coordinateur des opérations des insurgés sur tout le territoire afghan. Officiellement il passait pour un marchand de tapis, mais il se montrait rarement en public. Sa barbe de taille inégale, tantôt noire ou grisonnante, lui permettait de changer de visage et d'identité suivant les circonstances. Ils arrêtèrent l'enregistrement car toute la conversation avec le professeur Moudjahid avait été enregistrée à son insu et filmée par une caméra vidéo placée à l'abri des regards. Ils se retirèrent dans un salon privé pour se soustraire à la caméra. Depuis la réunion publique de la matinée, les faits et gestes de Moudjahid avaient été filmés et ses paroles enregistrées. Une copie de la bande fut aussitôt envoyée à Nasseem Gul de Karachi, en attendant la décision de l'industriel pakistanais.

–C'est incroyable, commença Shamshat. Il affiche une telle confiance… Je comprends maintenant l'origine de toutes les difficultés que nos hommes éprouvent sur le terrain. Cet homme est convaincant, dit-il.

–Tu penses que l'armée de Kaboul est capable de reprendre le contrôle de la situation et gagner la guerre ? Demanda Zameen.

–Les rapports que je reçois depuis le nord, l'ouest et le centre du pays me poussent à croire que oui, répondit le général Shamshat d'un air soucieux. Nos combattants sont dénoncés tous les jours, certains sont même remis entre les mains des Forces de sécurité de Kaboul. D'autres ne savent plus où se cacher. Kaboul a changé de style et de méthode. Il met en place une stratégie imparable. Son discours est d'une redoutable efficacité, et ce diable de Moudjahid en est le véritable Chef d'orchestre.

–C'est vrai qu'il ne manque pas d'idées, glissa Zameen.

–Pas seulement d'idées, mais aussi de courage. Son audace va jusqu'à la témérité. Aucun ministre de Mohammadzaï n'aurait jamais osé s'aventurer dans les rues de Kandahar la nuit, ou franchir la porte de cette maison, sans se faire accompagner par un bataillon. Lui, il est venu seul, comme quelqu'un qui se rend simplement chez son frère. Ça me coupe le souffle. C'est un homme déroutant, conclut Shamshat.

–Croyez-vous qu'il est au courant de mes activités au sein du mouvement ? Demanda Zameen avec inquiétude. Shamshat se mit à réfléchir.

–En tant que professionnel, je suis obligé de supposer que oui. Le visage de Zameen s'assombrit. –Je ne dis pas ça avec certitude, mais ce n'est pas impossible.

–Et il a osé venir ici et n'a rien laissé paraître ?

–C'est là que réside sa force. Je ne fais que supposer, mais je ne serais pas surpris si j'apprends un jour qu'il nous connaît tous. La prudence professionnelle m'oblige à le penser. Cet homme n'est pas qu'un intellectuel naïf. Il a une dose d'idéalisme certes, ce qui fait de lui un bon révolutionnaire, mais il sait ce qu'il fait. Il sait où il met les pieds. Il sait où il veut aller. C'est pourquoi quelqu'un a dit qu'il fait honneur au peuple pashtoun au cours de notre dernière réunion.

–Et dire que j'avais l'intention d'envoyer mon propre fils Ashraf travailler à Kaboul pour les surveiller et nous donner des informations puisées à la source! Le général devint songeur.

–À mon avis, tu n'as rien à craindre. Ce serait plutôt une bonne chose. Même si Moudjahid connaît ton rôle et très probablement il est au courant, ton fils ne court aucun danger. Il a dit lui-même qu'il n'a jamais trahi un ami. Laisse-le y aller, autant avoir quelqu'un à l'intérieur même de l'appareil.

–Pensez-vous qu'il vaut mieux l'écarter, le faire taire définitivement ? Demanda Zameen pour sonder les intentions du Général.

–Au point où en sont les choses, sa mort ne servirait à rien. La machine qu'il a lancée est déjà bien huilée. Le gouvernement de Kaboul serait capable de continuer sans lui. Il aurait peut-être des difficultés au niveau économique, mais sur le plan politico-militaire, le gouvernement est bien lancé, le général Sayyed Zazaï est en train de remporter des succès inhabituels.

–Doit-on le mettre en contact avec le général Mahmoud Mélat, pour le contrat de sécurité ?

–C'est peut-être prématuré, mais il faudrait demander son avis à Mahmoud, car même si le contrat nous rapporterait quelques millions, il peut aussi constituer un piège. Il permettrait à Kaboul d'identifier tous nos hommes, de les surveiller et de les ramasser au moment voulu. Mais il appartient à Mahmoud d'analyser la situation et de décider.

–Et la rencontre avec Nasseem Gul ?

–Il va nous contacter après avoir visionné la bande et écouté notre discussion.

–Qu'allez-vous faire maintenant ? Demanda encore Zameen.

–Je vais faire un tour sur l'ensemble de la ligne de front, ausculter l'état de la situation sur le terrain, évaluer les chances de succès de Kaboul, avant de convoquer une nouvelle réunion du comité. Je dois d'abord écouter les rapports des commandants sur le terrain. La conversation était terminée. Le général Shamshat sortit par une porte dérobée, et s'enfonça dans la nuit de Kandahar. Une heure plus tard, ayant changé complètement de costume et d'apparence, même Youssaf Zameen serait passé à côté de lui sans le reconnaître. Pendant toute une semaine, le général Shamshat parcourut plusieurs régions de l'Afghanistan et rencontra plusieurs commandants de la guérilla. Partout, il reçut la même réponse. Kaboul avait fait miroiter de belles promesses d'emplois. Le pays allait devenir un eldorado. La population ne voulait plus entendre parler de l'insurrection. Elle osait désormais avouer sa lassitude devant les privations consenties depuis 10 ans. Elle succombait aux appels du gouvernement lancés à travers une vigoureuse campagne de sensibilisation. Servie dans un discours politiquement mûr et adapté, la Réforme administrative était bien accueillie à la grande surprise du général Shamshat, qui s'attendait à une certaine résistance. L'armée du général Sayyed Zazaï se déployait en combinant éducation politique et infiltration des agents de renseignements, avec une redoutable efficacité.

En voyant démarrer de nombreux projets un peu partout dans le pays, l'exploitation des mines de cuivre à Aïnak près de Kaboul, la construction d'une aciérie près des mines de fer de Bamiyan, l'installation des entreprises de forage de pétrole et de gaz, en voyant des caterpillars se lancer à l'assaut et dévorer des montagnes que l'on croyait invincibles, la population afghane comprenait de plus en plus, que l'époque de la guerre et des discours religieux était définitivement révolue. Le pays entrait dans une ère nouvelle. Les combattants de la guérilla étaient chaque jour livrés aux autorités par une population qui ne craignait plus de représailles, car l'armée était omniprésente et rassurante.

Dans les villes du nord comme Mazaré Sharif, Kunduz, ou Faizâbâd, les troupes de la Force internationale se repliaient progressivement sur Kaboul, ou partaient en vacances en abandonnant leurs positions aux seules Forces afghanes, qui occupaient le terrain après des combats légers, parfois même sans combats. Ayant perdu le soutien de la population et infiltrés par les agents de l'armée gouvernementale, les dirigeants des unités de l'insurrection, qui se battaient souvent en petits groupes, étaient arrêtés ou tués sans même avoir eu le temps de sortir leurs armes. Les éléments de la Force internationale se concentraient maintenant sur le déminage des routes, pour sécuriser le trafic devenu intense vers des régions réputées inaccessibles une année plus tôt.

Le même processus de sécurisation continuait dans les provinces de l'ouest, de Herat à Farah, en passant par Ghor vers le centre du pays. Le général Sayyed Zazaï poursuivait son déploiement victorieux dans le sillage des politiciens qui lançaient des projets de construction d'infrastructures et de création d'emplois de façon incroyable. Si la guérilla tenait encore ses positions dans les provinces de Nimroz, de Helmand et de Kandahar au sud-ouest, le général Shamshat eut nettement la confirmation que même dans ces régions, l'insurrection était en sursis.

La politique du gouvernement de Kaboul portait ses fruits. Elle appliquait scrupuleusement les principes contenus dans le Plan de paix Mohammadzaï concocté à l'initiative du professeur Moudjahid. Bien plus, le plan était essentiellement basé sur l'éducation politique, des investissements massifs et bien ciblés et sur le déploiement d'une armée devenue très efficace. Les provinces du centre et du sud-est comme Deykand, Orozgan, Zabol et Laghman n'avaient pas été épargnées. Réputée pour être un fief pashtoun inexpugnable, farouchement attachée à son indépendance, la région craquait inexorablement et cédait aux sirènes de Kaboul.

Les habitants faisaient comprendre aux combattants insurgés, qui la veille se sentaient comme chez eux, qu'ils n'étaient plus les bienvenus. Seul l'est du pays voisin des deux Waziristân pakistanais nord et sud hésitait encore. Mais pour combien de temps ? Se demandait le général Shamshat. Avant de retourner à son Quartier Général de Peshawar, le général Gulam Shamshat fit une courte escale à Mingora dans la vallée de Swat, au quartier général de celui qui jouait le rôle de ministre de la défense du mouvement insurrectionnel.

Fort des résultats déjà obtenus par l'application du Plan de paix, le gouvernement Mohammadzaï était prêt à négocier le financement de ses réformes avec les pays impliqués dans le conflit et les institutions financières internationales. Le sommet qui devait se tenir à Londres fut élargi même aux monarchies pétrolières du Golfe persique. Le pays avait un grand besoin de capitaux, pour lancer ses projets de réforme et sortir son économie de la léthargie. Les riches pays islamiques se devaient aussi de prélever une toute petite partie de leurs immenses réserves pour soutenir un pays frère épuisé par dix ans de guerre. Le document préparé par le ministre des finances Farooq Khan, demandait aux pays riches et aux institutions financières, d'accorder à l'Afghanistan une bagatelle de cents milliards de dollars étalés sur dix ans, pour moderniser et apprivoiser définitivement l'indomptable royaume de l'Hindou Koush.

Le gouvernement de Kaboul demandait que cet argent lui soit accordé en moitié sous forme d'aide, l'autre moitié sous forme de prêt.

–Quand vous comparez aux milliards de dollars que le gouvernement américain a injectés dans son économie pour combattre les effets de la crise économique de 2008-2009, ou aux milliards engloutis dans la guerre, vous conviendrez que cette somme est relativement modeste, vu notre mission de mettre fin à une guerre meurtrière, de sortir le pays de l'obscurantisme, et de mettre son économie sur les rails de la modernité, conclut Farooq Khan.

Devant ceux qui s'inquiétaient et affirmaient que l'Afghanistan n'a pas encore la capacité d'absorption de dix milliards de dollars chaque année, le ministre des finances exposa les projets, qui touchaient à tous les secteurs de la vie socio-économique, politique et sécuritaire du pays. À ceux qui exprimaient les craintes de mauvaise gestion et la corruption qui marqua l'administration de ce pays dans le passé, Farooq Khan se défendit en parlant de mesures exceptionnelles de garde-fous et de transparence, qui ont été adoptées.

–Les témoins seront là, dit-il. Accompagné par la moitié des membres du gouvernement Mohammadzaï, Farooq Khan se battit jusqu'à obtenir la promesse de cinquante milliards de dollars sur cinq ans, avec un déboursement immédat de vingt cinq milliards de dollars, pour lancer rapidement les projets économiques, industriels, et les travaux d'infrastructures nécessaires à la rentabilité et à la viabilité de ce pays, et de toute la sous-région d'Asie centrale.

–D'ici deux à trois ans, leur dit-il, les touristes pourront se rendre de Bandar-e Abbas à Kaboul par voie terrestre en moins de vingt quatre heures. Farooq Khan garantit le retrait des troupes étrangères dans le délai convenu, et demanda aux partenaires de son pays de remplacer les bataillons militaires par les compagnies d'ingénierie.

Sur les cinquante milliards promis, deux pays du Golfe accordèrent à eux seuls, dix milliards de dollars qui seraient versés sur les comptes du gouvernement de Kaboul en moins d'une semaine. Un cabinet d'experts sera chargé de suivre la bonne utilisation de ces fonds. Renforcé par cette nouvelle, le gouvernement Mohammadzaï put alors se concentrer sur la réussite du Plan de Paix et de Sortie de Crise en exécutant les différentes promesses faites à la nation. La réforme administrative accélérait son rythme, et correspondait parfaitement aux besoins d'une économie moderne. De nombreux projets industriels bien ciblés furent lancés pour soutenir la production dans les nouvelles provinces réformées. Un vaste projet destiné à moderniser et à standardiser l'habitat afghan était à l'étude. Avec la création de la Société afghane d'Hypothèque et du Logement, au sein de laquelle l'État afghan entendait s'associer au capital privé, le gouvernement espérait construire chaque année, trente à cinquante mille logements modernes répartis sur toutes les provinces.

Pour cela, l'implantation d'usines de fabrication des matériaux de construction et d'équipements électroménagers s'imposait comme une urgence. Un appel d'offres pour attirer les fabricants de ces matériaux fut lancé. Une société suédoise spécialisée en électroménager, et une autre société italienne connue dans le domaine de matériaux de construction signèrent immédiatement les contrats. Le gouvernement afghan tenait à voir au moins 90 % des matériaux et d'équipements utilisés produits sur place. Cela permettait, non seulement de créer des emplois dans le pays, mais aussi de développer le savoir-faire technique, de réduire l'hémorragie des devises vers l'extérieur et, à long terme, de stabiliser l'économie intérieure et la monnaie nationale.

Pour sécuriser durablement la frontière sud du pays, le gouvernement avait prévu la construction d'une route moderne le long de la frontière pakistanaise. La route devait relier la ville de Quetta du nord du Baloutchistan au sud de Kandahar à Jalalabad, à l'est du pays.

À elle seule, cette route allait coûter environ cinq milliards de dollars, selon les études préliminaires. Mais l'investissement était jugé rentable par tous les experts. La route passerait à cinq kilomètres de la frontière, mais des bretelles de connexion avec les provinces pakistanaises de l'autre côté de la frontière seraient aménagées. Partant du sud de Helmand, la route ultra moderne traverserait les régions de Kandahar, du Paktika et de Paktia, en passant par Ghaznî et par Zabol, jusqu'à Nangarhar.

Pour réussir le tracé de cette route, conçue pour être une merveille architecturale, les machines devraient abattre nombre de montagnes rocheuses, aplanir le terrain des alentours, fermer plusieurs grottes et passages souterrains, y compris celles de Tora Bora. La route serait ensuite entourée par un parc touristique, abritant quelques hôtels et autres maisons de repos, faisant de cette zone couverte de forêts l'une des plus belles et des plus fréquentées de la région. Tel était le plan du gouvernement Mohammadzaï, pour mettre fin aux agressions barbares et aux prétentions secrètes des régions dites tribales échappant à toute autorité administrative.

Comme les combattants insurgés étaient dénoncés et attrapés en grand nombre, le gouvernement de Kaboul aménagea des centres de rééducation bien protégés dans chaque province. Les insurgés arrêtés étaient conduits sous escorte dans ces établissements pour y recevoir des cours d'éducation politique et patriotique. Un centre de transit réservé aux étrangers capturés sur le front fut aussi aménagé. Des experts en sécurité de l'armée afghane se penchaient sur chaque cas, individuellement, pour connaître son passé et son degré de dangerosité. L'objectif visé était de donner une chance de réintégration sociale au grand nombre. Mais il fallait séparer les combattants des professionnels spécialisés qui ont choisi de vivre dans la clandestinité toute leur vie, ayant fait du terrorisme un métier, sous prétexte de livrer une guerre contre l'impérialisme. Ceux-là s'étaient engagés en Afghanistan pour répondre à l'appel de la guerre sainte. Ils avaient eux aussi besoin d'une rééducation, mais leurs cas devaient être soumis au Tribunal Islamique Mondial pour décision.

Après des mois de rééducation dans les centres de transit, certains anciens insurgés retournaient au front se battre contre les dernières poches de résistance de l'insurrection dans les rangs de l'armée gouvernementale. Des bandes vidéo sur lesquelles ils appelaient leurs anciens compagnons de lutte à déposer les armes étaient diffusées par les services de sécurité.

Les anciens combattants insurgés de grade plus élevé, manifestant de plus grandes aptitudes dans l'assimilation du cours d'éducation politique, s'exprimaient même à la radio, en donnant des témoignages de leur reconversion, et invitaient à leur tour, ceux qui se battaient encore à suivre la politique gouvernementale, car celle-ci amenait le peuple afghan dans la bonne direction. Ces messages inquiétaient sérieusement les dirigeants supérieurs du mouvement, cachés dans les zones tribales de Malakand ou dans les districts de la vallée de Swat, et même dans les quartiers plus éloignés de Peshawar.

En se rendant à Mingora dans la vallée de Swat, où résidait le commandant Daïdullah Musa Qala, ministre de la défense du mouvement insurrectionnel, le général Shamshat ne se doutait pas, que ce dernier captait lui aussi ces images et messages. En arrivant à la résidence, Gulam Shamshat fut reçu par un Daïdullah complètement méconnaissable. Il ne s'attendait certes pas à le trouver serein, mais la mine sombre du commandant l'effraya. Depuis environ deux semaines, le commandant Musa Qala n'était plus que l'ombre de lui-même. D'habitude arrogant et méprisant envers tout ce qui se rattache au gouvernement de Kaboul, Daïdullah Musa Qala avait perdu toute son assurance. En voyant la barbe hirsute sur une mine défaite, avec des yeux enfoncés dans leurs orbites, Gulam Shamshat comprit que cet homme avait perdu la guerre.

–Mon frère Sham, avons-nous commis des erreurs pour en arriver là ? Demanda-t-il d'un ton plaintif.

–Non, vous n'avez commis aucune erreur, répondit calmement le général Shamshat.

–Quelle est l'origine d'un tel brusque changement de situation ?

–L'ennemi n'est plus le même. Il est devenu plus fort que nous. Daïdullah regarda le général sans comprendre. –Nous avons perdu beaucoup d'hommes jusqu'à nos meilleurs combattants. Je ne comprends toujours pas, gémit-il.

–Les faits sont là, répondit le général Shamshat.

–Comment expliquez-vous une telle catastrophe ?

–Il n'y a pas d'autres explications, l'ennemi a changé. Il a changé de stratégie, il se bat avec de nouvelles armes. Il nous a pris de court. Il est maintenant plus fort que nous. Daïdullah gardait ses yeux fixés sur le général.

–Je sais que vous rentrez du front Général Shamshat, mes hommes m'ont chaque fois signalé votre passage. Comment avez-vous trouvé la situation ?

–Très difficile pour nos militants et pour nos combattants. La population a changé de face. Elle nous a tourné le dos. Le discours de Kaboul est très alléchant. Et ce n'est pas que le discours. Les actes sont là. Kaboul est irrésistible.

–Tout ça c'est la faute de ce diable de Moudjahid ? S'écria Daïdullah avec rage.

–En grande partie oui, mais aujourd'hui, tout le gouvernement a acquis une nouvelle dimension. J'ai assisté à leur meeting à Kandahar.

–Et pourtant, nous l'avons vu venir, nous l'avons suivi dès le départ, nous l'avons sous-estimé

–Nous avions trop confiance en nous, reconnut le général.

–Est-ce trop tard pour agir ? Demanda Daïdullah en caressant la crosse de son révolver. Je voudrais tuer moi-même ce kafir.

–Ce n'est pas un kafir. Il est croyant. On le dit très pieux. C'est aussi sa force.

–Je répète ma question, est-il trop tard pour agir ?

–Je crains qu'il ne soit trop tard. Sa mort ne servirait à rien maintenant. Il serait même considéré comme un martyr, et ne ferait que renforcer le gouvernement de Kaboul aux yeux de la population. Aujourd'hui, la population nous retire son soutien sans nous haïr. La mort de Moudjahid nous attirerait la haine de la population. La haine est un ennemi encore plus dangereux que les armes ne peuvent pas briser. Moudjahid incarne quelque chose que notre peuple cherche depuis longtemps, l'espoir et le renouveau. J'ai parlé avec lui. Daïdullah sursauta.

–Toi! Tu parles sérieusement ?

–J'ai discuté avec lui pendant un peu plus d'une heure.

–Il savait qui tu es ?

–Je suis sûr que non, mais il ne va tarder à le savoir.

–Pourquoi ?

–Parce qu'il est très fort. S'il est aussi intelligent qu'on le décrit, et ce qu'il vient de réaliser le prouve, il devrait pouvoir m'identifier.

–Tu crois qu'il connaît toute la chaîne du commandement de notre mouvement ?

–Oui, s'il a accès aux dossiers du colonel Noandesh. Et cet homme, tel que je l'ai vu, est aussi un analyste de l'information. Il n'est pas qu'un professeur d'université d'après ce qu'on m'a dit.

Mais il ne faut pas oublier que parfois les meilleurs analystes du renseignement viennent des universités. Le renseignement n'est qu'une synthèse et une analyse de l'information. C'est aussi une branche de la science.

–Comment as-tu réussi à entrer en contact avec lui ? Demanda Daïdullah dont les nerfs se calmaient progressivement.

–C'est notre ami Youssaf Zameen qui l'a invité alors qu'il était de passage à Kandahar.

–Et l'autre a accepté d'entrer chez Zameen ? Aucun autre ministre de Mohammadzaï ne peut oser poser un tel geste, s'exclama Daïdullah.

–Il est venu seul et sans escorte.

–Cet homme est fou ? Demanda Daïdullah en éclatant de rire.

–Loin de là. Il venait nous proposer un marché.

–Un quoi ?

–Une affaire, répondit calmement Gulam Shamshat.

–Je n'y comprends plus rien.

–Le gouvernement de Kaboul veut renvoyer toutes les compagnies militaires privées et les remplacer par des compagnies de sécurité locales. Comme il n'y en a pas à Kaboul, il s'adresse à une compagnie d'Islamabad. Et vous savez à qui elle appartient.

Daïdullah était de plus en plus perplexe. La nouvelle lui coupait le souffle.

–Croyez-vous que le général Mahmoud Melat va accepter ?

–Je suis moi aussi associé et nos employés sont presque nos enfants. La question nous concerne tous, et plusieurs millions de dollars sont en jeu. Ce genre d'occasion n'arrive pas souvent.

Daïdullah Musa Qala devint de plus en plus songeur.

–Général Sham, comment voyez-vous l'avenir de notre combat et de notre cause ?

–Sur le plan militaire, nous sommes en difficulté. Sur le plan politique, Kaboul est en train d'occuper la totalité du terrain. Sur le plan idéologique et religieux, nous avons perdu la suprématie qui faisait notre force.

Si le gouvernement de Kaboul continue sur sa lancée sans commettre d'erreur et se compromettre, nous serons incapable de reprendre le dessus, dit le général Shamshat. Nous ne pouvons compter que sur une erreur possible de l'adversaire. Notre marge de manœuvre est devenue étroite.

–Espérons qu'il commettra des erreurs, soupira Daïdulla sans y croire.

–Nous tiendrons bientôt une réunion de l'assemblée de direction, réunion au cours de laquelle l'avenir de la guerre et la nouvelle stratégie seront décidés. Tu seras présent toi aussi, car ton avenir en dépend, conclut le général pakistanais avant de se lever pour partir. Sur cette invitation qui sonnait comme une menace, le commandant Daïdullah sentit ses jambes se dérober sous son sharwar kamiz.

De retour à Kaboul, le professeur Moudjahid appela le ministre de la défense, et lui demanda les photographies des membres du comité de direction du mouvement insurrectionnel figurant sur la liste qu'il lui avait confiée. Intéressé, le général Zazaï voulut savoir pourquoi, et Moudjahid lui raconta sa visite chez Youssaf Zameen et la présence de l'homme d'affaires pakistanais. Le ministre de la défense appela à son tour le colonel Omar Noandesh, et lui demanda les photographies en question. Une heure plus tard, les trois hommes se retrouvaient dans le bureau du ministre de la défense. Avant de voir les photos, le professeur Moudjahid leur fit part de ses soupçons et décrit l'homme qu'il avait rencontré.

–J'ai vu un homme au visage dur et fatigué qu'il essayait en vain d'adoucir, et j'ai reconnu le regard que j'ai déjà rencontré chez les commandants des maquis au Burundi, en Sierra Leone, en Colombie, et au Timor Oriental, c'est-à-dire le regard du combattant nocturne habitué à percer l'obscurité, et qui voit, en tout homme, un ennemi potentiel. L'homme qui se faisait appeler Ameer Gillani avait ce regard. Le colonel

Noandesh étala les photographies sur la table. La photo du recteur de l'université de tous les savoirs vertueux avec sa longue barbe blanche, fut tout de suite écartée. Moudjahid écarta aussi les photographies du Général Mahmoud Melat, et celles des deux commerçants afghans, qui ne se donnaient aucune peine de se déguiser. Il s'arrêta à plusieurs photos différentes du Général Gulam Shamshat. L'homme, grand de taille avait été photographié tantôt dans son uniforme d'officier de l'Armée de terre Pakistanaise, avec un visage bien rasé et attirant pour les femmes, tantôt en tenue de combat vert olive, mais jamais en tenue traditionnelle. Mais l'homme en sharwar kamiz rencontré à Kandahar avait le regard, la taille, l'aspect général dur et attractif du visage du Général Gulam Shamshat. Il n'y avait pas de doute possible. Moudjahid pointa immédiatement son doigt sur la photographie.

–Voici l'homme que j'ai rencontré chez Youssaf Zameen, l'homme avec qui j'ai discuté pendant un peu plus d'une heure. Le général Sayyed Zazaï était sous le choc.

–Tu as discuté avec cet homme pendant toute une heure sans protection aucune ?

–J'en avais.

–Laquelle ?

–Allah. Seuls la voix et les yeux d'Allah me guidaient, et son bras me protégeait. Le général Zazai n'en revenait pas.

–Et qu'avez-vous discuté avec cet homme ?

–Un peu de tout. Il voulait savoir si notre programme est crédible, ou si ce n'est que de la démagogie, la place que nous réservons à nos relations avec son pays, et ce que nous ferons des combattants insurgés si nous gagnons la guerre.

–Et qu'avez-vous répondu Professeur Moudjahid ?

–Ce que répondrait quelqu'un qui a bien suivi son cours d'éducation politique. Même si je ne connaissais pas l'homme je savais où j'étais, chez un membre du comité. A priori, je devais supposer qu'un ami intime de Youssaf Zameen ne pouvait être qu'un membre éminent du mouvement insurrectionnel. J'ai regretté de ne pas avoir vu les photographies en même temps que la liste, mais c'était sans importance.

–Et alors ?

–J'ai donné le message que je voulais transmettre au Comité de direction lui-même et à tous les combattants insurgés.

–Quel message ?

–Qu'ils doivent déposer les armes et s'associer au programme du gouvernement, car il est porteur d'espoir pour notre pays.

–Et pour finir ? Demanda encore le général.

–Je lui ai proposé un contrat d'engager les agents de sécurité employés par une compagnie locale, même pakistanaise, pour remplacer les sociétés militaires privées, qui sont considérées par l'opinion publique comme des mercenaires. Il a promis de servir d'intermédiaire. Le général Zazaï lui tendit la main.

–Je comprends maintenant ce que le penseur qui a dit que la guerre est une affaire trop sérieuse pour être abandonnée aux seuls militaires voulait dire, déclara le ministre de la défense. Même la population civile a son rôle à jouer dans la guerre. Satisfait d'avoir identifié son homme, Moudjahid sortit du ministère de la défense et retourna à ses dossiers.

Son congé de maternité terminé, Yasmine Moudjahid avait hâte de retourner à son travail à l'usine. Elle ne se faisait aucun souci pour son fils Mehdi. Sa grand-mère Samina avait encore assez de réserve d'amour pour nourrir son petit-fils.

Sollicitée par les nombreux chantiers de construction en cours d'exécution, la production de ciment s'était imposée comme une pièce essentielle de la relance et de la stabilisation des prix. À côté de la direction de l'usine, Yasmine partageait son temps avec le suivi des travaux de construction de l'immeuble commercial multifonctionnel, qui devait abriter la Société de Développement Aman Ittihad et d'autres grandes sociétés qui cherchaient à s'installer dans la Capitale.

Rien qu'en voyant la maquette du bâtiment et son emplacement, plusieurs demandes de location de bureaux avaient déjà été déposées. Encouragées par la sécurisation progressive du pays, les immenses potentialités du sous-sol afghan et le programme économique du gouvernement, plusieurs sociétés industrielles, minières, pétrolières, et de service, se bousculaient à Kaboul, pour opérer sur le terrain. Conscient qu'il était le moteur de la relance économique du pays et la pièce maîtresse du Plan de paix et du succès des Réformes, le Ministère de l'Industrie lançait des projets comme s'il était engagé dans une course contre la montre.

Après le démarrage du chantier de l'usine de production de l'acier et de l'aluminium, le ministre Moudjahid se sentit en mesure de lancer l'étude d'un projet jugé audacieux par l'opinion générale à Kaboul, mais qui lui tenait particulièrement à cœur. Il entra en contact avec le constructeur automobile Japonais Sukawa, connu pour avoir débuté avec la construction de motos robustes et performantes, avant de se lancer avec succès dans la construction d'automobiles. Il voulait négocier l'implantation d'une usine de montage des motos dans la banlieue de Kaboul. Les robustes motos Sukawa du constructeur convenaient parfaitement au relief montagneux du pays. Depuis que Sukawa s'était lancé dans la construction automobile, il cherchait à délocaliser ses usines de montage de motos et l'intérêt de l'Afghanistan tombait au bon moment.

En réalité, le ministère de l'industrie envisageait secrètement d'implanter une usine de construction automobile dans le pays, dans un délai de dix ans. Il commençait par la construction de motos, pour donner aux ingénieurs afghans le temps d'acquérir l'expertise nécessaire et, à son industrie, le temps d'apprentissage dans la production des moteurs et d'autres pièces mécaniques.

Pour stabiliser durablement l'économie de son pays, et élever le niveau de vie de sa population, Abdullah Moudjahid estimait que le pays devait s'auto-suffire dans la production des biens d'utilité publique ou de première nécessité. Parmi ces biens figuraient le pétrole, les véhicules, les pièces de rechanges, le textile, les médicaments, les aliments de base, et les équipements électroménagers. Le pays avait le potentiel nécessaire. Il s'agissait de se doter de ressources humaines et des moyens techniques. C'est à cette seule condition que la montagne afghane sera définitivement soumise.

Dès que tout le monde sera convaincu et mobilisé pour regarder dans cette même direction, il ne restera plus qu'à mettre la machine de production en marche et opérer des ajustements nécessaires pour harmoniser l'interaction.

Chaque fois qu'il le pouvait, Moudjahid laissait de côté son costume de ministre, redevenait le professeur d'économie, et partait discuter au cours d'une conférence avec les enseignants et les étudiants de l'Université polytechnique de Kaboul. Par son initiative, un budget spécial avait été voté pour la formation et la spécialisation des ingénieurs de son pays. Plusieurs dizaines d'entre eux avaient été envoyés au Japon, en Chine, en Corée du Sud, en Inde, et en Europe, pour le perfectionnement et la spécialisation. Le seul reproche que tout le monde formulait à l'égard du gouvernement était le bas niveau des salaires payés aux travailleurs afghans. Abdullah Moudjahid en était conscient, et y pensait tous les jours.

Après avoir mis en place la machine industrielle destinée à produire au moins 60% des produits de consommation courante, allant du pétrole au textile, en passant par l'alimentaire et la construction métallique, il comptait lancer une dernière réforme majeure. Il s'agissait de la réforme monétaire destinée à donner, à son pays et à ses employés, des ressources financières leur permettant de faire face aux aléas de l'économie moderne.

A rrivé à Islamabad comme représentant de son pays, le général Ayub Wali Khan fut surpris, en constatant combien plusieurs personnes et sociétés commerciales pakistanaises s'intéressaient à lui. Chaque jour, le secrétariat de l'ambassade recevait des dizaines de demandes de rendez-vous, faites en majorité par des hommes d'affaires ou des représentants des sociétés qui voulaient obtenir plus d'informations sur les multiples projets industriels lancés par le gouvernement afghan. Et ce n'était pas tout. Même le ministère de la défense souhaitait obtenir des informations sur les méthodes utilisées pour mettre fin à l'insurrection dans plusieurs régions du pays.

La presse d'Islamabad, de Lahore ou de Karachi, d'habitude trop critique envers Kaboul, avait changé de ton. Elle parlait du gouvernement afghan avec plus de respect. C'était une grande première depuis plusieurs années. Pour dire la vérité, le général Ayub Wali Khan, avec ses 35 ans de carrière dans l'armée, ne se souvenait pas d'avoir connu un tel engouement. Il informa le ministère des affaires étrangères de toutes ces sollicitations, en lui transmettant même l'invitation de son homologue pakistanais, pour qu'il vienne faire le point avec le gouvernement d'Islamabad.

Surpris lui-même par ce renouveau d'intérêt qui mettait fin à plusieurs années de suspicion entre les deux pays, le docteur Ehsan Durrani en informa le gouvernement, au cours du conseil des ministres. Le président Mohammadzaï décida d'envoyer Ehsan Durrani en visite exploratoire à Islamabad, en attendant de lancer une offensive politique et diplomatique d'envergure. Une semaine plus tard, le docteur Ehsan Durrani effectua une visite de deux jours dans la capitale pakistanaise. Les questions qui lui furent posées touchaient à plusieurs domaines comme l'industrie, les mines, le commerce, les infrastructures, la sécurité, les méthodes de lutte contre l'insurrection, et les nouvelles relations entre les deux pays.

Ehsan Durrani fut à son tour, émerveillé de voir l'engouement suscité par les perspectives économiques afghanes sur les bords de l'Indus. Avant son retour à Kaboul, il promit à ses interlocuteurs que les responsables de l'industrie et des finances viendraient parler directement aux industriels et aux milieux financiers. Il revint à Kaboul convaincu qu'une ère nouvelle s'ouvrait entre les deux pays longtemps divisés par une vieille querelle née de la colonisation que les intérêts souvent divergents rendait difficile à surmonter.

Avec le général Hamid Rahman Haq en face de lui, le ministre de la défense tentait de faire le bilan. Le général Sayyed Zazaï reconnaissait que les résultats enregistrés depuis trois mois étaient spectaculaires. Appuyée par une éducation politique efficace, par un déploiement militaire intensif et par un travail de renseignement très serré, la Réforme administrative avait permis de progresser énormément sur le terrain. Mieux encore, des documents saisis sur l'ennemi lors des opérations de perquisition, fournirent d'importants renseignements, qui permettaient de mieux comprendre tout le soubassement de cette guerre.

Sur le plan militaire, l'armée contrôlait désormais environ deux tiers du pays, depuis la province du Badakhshan au nord-est, jusqu'à Nimroz au sud-ouest, en passant par les villes de Mazar-é Sharif, de Herat et de Shindand.

Aucun soldat de la Force internationale ne se trouvait plus dans ces régions. Maintenant, l'armée nationale préparait la phase finale de la guerre contre l'insurrection en étendant un rouleau compresseur sur la zone du sud et sud-est, de Helmand à Nangarhar, le long de la frontière nord du Pakistan.

C'est à cette phase que les documents pris sur l'ennemi apportaient un éclairage sur une réalité jusque-là insoupçonnée. Toute la guerre de l'insurrection trouvait son explication. Pourquoi le dernier fief de l'insurrection se concentrait-il le long de la frontière pakistanaise, en face de la province du nord-ouest, rebaptisée Khyber Pakhitunkhawa ?

Tous les documents pris sur l'ennemi, au cours des six derniers mois de combat, apportaient une réponse concordante qui ne laissait aucune place au doute. Les officiers pashtouns de l'armée pakistanaise, dont l'engagement aux côtés des insurgés afghans était notoire, avaient conçu un plan à moyen terme, de prendre le contrôle du pouvoir en Afghanistan par insurgés interposés, afin de faire du pays l'extension de la Pakhitunkhawa : une terre exclusivement pashtoune.

Les plans contenus dans les documents saisis étaient clairs. Faire de l'Afghanistan une Pakhitunkhawa, rattachée à la province du Khyber Pakhitunkhawa était l'objectif ultime de la guerre. Le général Sayyed Zazaï et son chef d'état-major Rahman Haq, tous deux Pashtouns par ailleurs, étaient sidérés par de telles révélations. Tout le discours faussement religieux de l'insurrection, au nom de la guerre sainte n'était qu'un prétexte et un instrument de mobilisation et d'intimidation. La promiscuité et l'effrayante surpopulation dans la province du nord-ouest pakistanais, comme dans le reste du pays, poussaient les stratèges du bord de l'Indus à regarder vers le royaume du général Ahmad Khan,connu sous le nom de Massud et des riches terres afghanes. Signe des temps, la province du nord-ouest pakistanais avait été rebaptisée Khyber Pakhitunkhawa. Désormais, on connaissait les tenants et les aboutissants de la guerre à laquelle le pays faisait face. Telle était, la conclusion des services de renseignements afghans. La conclusion fut tirée après la lecture de plusieurs documents saisis sur les combattants du mouvement insurrectionnel. Sans la Réforme administrative et le cours d'éducation politique qui avait poussé les langues à se délier et à dénoncer les insurgés, la vérité ne serait jamais venue au grand jour. Le ministre de la défense se préparait à exposer le rapport à ce sujet, le lendemain devant le conseil des ministres.

–Qu'est-ce que vous en pensez ? Demanda le ministre de la défense au chef d'état-major.

–Ce que j'en pense, c'est que le pays a été sauvé de justesse. Et nous n'avons plus le droit de perdre cette guerre. Nous devons à tout prix garder les acquis, c'est-à-dire le contrôle du terrain pacifié, ensuite concentrer nos forces sur la zone qui reste à sécuriser.

–Pensez-vous que la stratégie suivie jusqu'ici est la bonne, ou faut-il changer quelque chose ?

–Une fois de plus, l'éducation politique et une prise de conscience patriotique au sein de l'armée et de la population doivent jouer un plus grand rôle. Il est clair que cette guerre dépasse le seul cadre militaire. L'arme idéologique et faussement religieuse doit être combattue par une autre arme appropriée, c'est à dire politico-religieuse. Mais j'ai encore une question.

–Pourquoi les insurgés exercent-ils une telle coercition et une telle intimidation sur les femmes, surtout sur celles qui travaillent, et sur les filles qui vont à l'école ? Demanda le général Rahman Haq.

–C'est pour les maintenir dans un état d'ignorance, de soumission totale et d'exploitation sexuelle, répondit le général Sayyed Zazaï. Pour eux, la femme doit rester un champ de procréation, qui doit donner naissance au plus grand nombre d'enfants possible. Une femme instruite ou qui travaille échappe à la domination, et cesse d'obéir aveuglément. C'est pourquoi des chefs tribaux ou religieux conservateurs osent dire qu'une femme ne doit quitter la maison que pour se rendre à la mosquée.

–Pourquoi tiennent-ils au plus grand nombre d'enfants possible, alors que l'économie du pays ne peut pas supporter un tel poids démographique ? Demanda encore Rahman Haq.

–N'oubliez pas que les chefs tribaux, qui sont les gardiens de la coutume et des traditions, considèrent que la polygamie, qui permet notamment, d'avoir plusieurs enfants, est une pratique vertueuse. Elle permet de multiplier les naissances et d'augmenter la force de l'Oumma, c'est-à-dire de la communauté. Ils multiplient en même temps les combattants et les martyrs de la guerre sainte. En agissant ainsi, ils respectent les recommandations du Prophète, et se retrouvent en bonne position, pour gagner les récompenses et les bénédictions d'Allah. C'est le discours officiel.

Ce qui n'est pas dit à haute voix, qui reste caché au fond de l'inconscient collectif, c'est qu'ils sont en compétition avec d'autres groupes ethniques. Ils doivent augmenter les membres de la communauté pashtoune qui doivent conquérir et habiter la Pakhitunkhawa. Voilà pourquoi ils veulent enfermer les femmes à la maison, pour qu'elles accomplissent le rôle pour lequel elles sont supposées destinées : procréer. Voici la vraie guerre à laquelle nous faisons face. Devant une guerre pareille, les blindés et les avions de chasse de la plus grande puissance militaire du monde ne peuvent rien. Nous sommes les seuls à pouvoir trouver une solution à cette guerre. Heureusement, nous sommes sur la bonne voie.

–En effet, nous sommes les seuls, reconnut le général Rahman Haq. Cela explique pourquoi la Force internationale s'est heurtée à un mur de résistance et à une telle recrudescence de l'insurrection au cours des dernières années. Nous sommes les seuls à pouvoir gagner cette guerre, en agissant sur la fibre patriotique, grâce à l'éducation politique car la souveraineté du pays est en danger.

–Mais tout doit se faire dans le respect des droits et dans la protection des citoyens, pas de violence inutile, pas de brutalité. La guerre doit être menée et gagnée avec tact, conclut le ministre de la défense.

–Au milieu de tout cela, que vient faire l'organisation terroriste ? Demanda Rahman Haq.

–Une fois de plus, les documents pris sur l'ennemi nous donnent la réponse. Chacun cherche à utiliser notre pays pour ses propres intérêts. Arrivé dans notre pays, le fondateur de l'organisation dénommée « La Base » a trouvé l'occasion de régler ses comptes personnels. Il a déclaré la guerre contre la plus grande puissance économique et militaire du monde, qu'il a jugé responsable de ses malheurs. Il accuse cette dernière de l'avoir fait chasser de son Arabie Séoudite natale, et même d'un autre pays d'accueil, d'où il faisait prospérer ses affaires. Il l'accuse d'avoir fait de lui, l'enfant de l'une des familles les plus riches du monde et père de famille, l'homme à abattre et le paria le plus recherché de la planète. Ce n'est pas peu, car lui aussi est un être humain. Il a son orgueil, sa fierté et les moyens.

Le fondateur de l'organisation dite terroriste a trouvé dans notre pays, une sorte de terre promise pour recruter et entraîner ses troupes. Il suffisait d'avoir de l'argent. C'est pourquoi il l'a dénommée « La Base. » Notre pays lui servait de base, une base d'entraînement mais aussi de départ de la guerre sainte.

Ce qu'il ne faut pas oublier, c'est qu'il a fondé son organisation sur base de Conseils des généraux promoteurs de la Pakhitunkhawa. Ce sont ces officiers qui sont entrés en Afghanistan, pour encadrer la lutte contre l'occupation soviétique, qui ont conseillé au fondateur de « La Base » de créer une sorte d'organisation fédérative destinée à rassembler tous ces combattants qui accouraient de tous les pays musulmans au nom de la solidarité islamique. Depuis lors, l'organisation s'est servie de notre pays comme base d'entraînement de ses troupes, mais aussi comme base de mobilisation des fonds, toujours au nom de l'Islam. Les généraux de la Pakhitunkhawa se servent astucieusement de l'organisation, et indirectement de l'insurrection afghane, pour mener leur guerre, qui vise à faire de notre pays leur Pakhitunkhawa, la terre des seuls Pashtouns.

Se sentant à l'étroit au pays de l'Indus, ils se sont tournés vers le nord, c'est à dire vers ce pays qui fut celui de leurs ancêtres. Le colonisateur l'avait taillé en morceaux, d'abord pour agrandir son empire, ensuite pour créer le Pakistan ou Pays des Purs , au moment de la fin de l'empire des Indes et de la lutte sanglante pour l'indépendance, qui a conduit à la création du Pakistan.

–Tout est parfaitement clair maintenant, déclara le général Rahman Haq.

Nous n'avons plus le droit de perdre cette guerre, et le peuple afghan doit comprendre qu'il est devenu victime et objet de manipulation, pour des intérêts qui ne sont pas les siens.

–C'est l'éducation politique qui doit nous aider à en sortir ajouta le ministre de la défense. C'est ce que le professeur Moudjahid a voulu faire comprendre en suggérant tout le processus des réformes et en passant par l'éducation politique. La guerre est une affaire trop sérieuse pour être abandonnée aux seuls militaires, comme l'a dit un penseur.

–Je comprends tout maintenant. Le problème est de faire comprendre tout ce méli-mélo à l'ensemble de nos compatriotes, observa le chef d'état-major.

–Le pas franchi est déjà bon, quand on voit la partie du territoire aujourd'hui pacifiée. Moi je pense que le plus difficile est derrière nous, déclara le ministre de la défense.

–Il nous reste encore à pacifier le tiers du pays qui s'étend de Helmand à Nangarhar, soupira le chef d'état-major.

–En combinant les mêmes méthodes utilisées depuis le nord et en intensifiant les Projets de réforme, nous gagnerons cette dernière phase de la guerre, assura Sayyed Zazaï.

–La construction de cette route moderne le long de notre frontière sud, depuis Quetta jusqu'à Jalalabad s'impose visiblement comme une priorité hautement stratégique, souligna encore le chef d'état-major.

–C'est exact. C'est par elle que nous réussirons à prévenir et à contenir toute agression venant du Khyber Pakhitunkhawa dans l'avenir, et à sécuriser définitivement notre frontière sud.

Une fois sa construction terminée, nous aurons réalisé à la foi un objectif socio-économique majeur en désenclavant cette région qui deviendra plus accessible au développement et un objectif militaire. En réalité, nous allons réaliser le rêve des officiers de la Pakhitunkhawa. Ils sont sans doute traumatisés par la pauvreté et le très bas niveau de développement qui accablent les habitants de cette région à majorité pashtoune et abandonnée à elle-même.

–Le professeur Moudjahid, qui a conçu l'ensemble des projets de réforme à la base du Plan de paix Mohammadzaï, est un véritable visionnaire, observa le chef d'état-major.

–J'ai eu l'occasion de discuter souvent avec lui. Il se décrit comme un patriote. Et il a donné les preuves de son patriotisme, dit le ministre de la défense.

–Il nous appartient maintenant de concrétiser ces projets, conclut Rahman Haq.

–Allez mobiliser les troupes et finaliser les plans des opérations pour réussir cette dernière phase avec le moins possible de dégâts et de victimes. Le général Rahman Haq salua son chef avec une grande joie intérieure et sortit. Il savait ce qu'il lui restait à faire, et la victoire finale lui paraissait certaine.

Invité à faire le point sur les progrès de la guerre au cours du conseil des ministres, le général Sayyed Zazaï présenta la situation sur le terrain, et le rapport secret établi par son ministère sur le projet de création de la Pakhitunkhawa. Le projet qui se cachait en réalité derrière la guerre du mouvement insurrectionnel, tel que les documents saisis sur l'ennemi avaient permis de le découvrir.

Scandalisés, presque tous les ministres poussèrent un soupir de soulagement. Certains en avaient eu vaguement l'idée sans connaître l'ampleur du danger. Ils en avaient maintenant la confirmation.

–Le ministre de l'intérieur comprend à quel point il est important d'approfondir l'éducation politique et la prise de conscience patriotique, pour sauver la souveraineté de la nation, conclut le ministre de la défense.

Le conseil des ministres recommanda l'accélération des Projets de réformes pour dynamiser l'économie et créer véritablement un pays nouveau.

–Nous avons soulevé un immense espoir au sein de la population, nous ne devons pas décevoir, conclut le président Mohammadzaï. Le ministre des affaires étrangères parla lui aussi de sa visite à Islamabad, et transmit l'invitation faite au ministre de l'Industrie et des Mines de venir s'adresser aux chambres de Commerce et d'Industrie de Lahore, de Rawalpindi et de Karachi.

–Nos perspectives économiques ont soulevé un réel enthousiasme chez nos voisins. Ils sont convaincus que no projets industriels et miniers feront bientôt de notre pays un eldorado et une plaque tournante des affaires dans toute la région d'Asie centrale, dit-il.

–Ils ne se trompent pas. Nos habitants ont aussi le droit de vivre dans la dignité, déclara le professeur Moudjahid. La pauvreté dans laquelle vit notre pays et d'autres peuples du tiersmonde est une humiliation de la condition humaine, à l'époque où certains citoyens des pays industrialisés rêvent d'aller fair l'amour dans l'espace. Les ministres éclatèrent de rire. Ils ne savaient pas que le professeur avait un tel sens de l'humour.

Le ministre de la défense souligna, une fois de plus, l'urgence de construire la route moderne entourée d'un parc touristique, le long de la frontière sud reliant Quetta à Jalalabad, pour mettre fin aux infiltrations et au rêve des défenseurs de la Pakhitunkhawa.

–Notre pays appartient à toutes les composantes de sa population. Il doit se battre pour le bien-être de tous. Le ministre des infrastructures promit de démarrer les travaux dans les meilleurs délais. Une compagnie chinoise spécialisée dans les montagnes rocheuses est déjà sur place dit-il. Il ne reste qu'à finaliser les plans d'aménagement de ce projet important, pour nous-mêmes et pour toute la région.

–Nous tenons à ce qu'il soit un projet économiquement rentable, un chef-d'œuvre technique et une merveille architecturale en harmonie avec l'environnement, conclut-il.

Le président Mohammadzaï remercia ses ministres pour leur engagement en faveur de la paix et clôtura les travaux du conseil.

De retour à Kaboul après sa tournée dans les provinces, Marie-Anne se sentait épuisée. Il y avait de quoi, car la jeune femme n'avait pas ménagé ses forces pendant son séjour dans le sud du pays. Elle visita plusieurs sites de Kandahar, ses musées, son université, jusqu'au mausolée d'Ahmad Shah, le fondateur de la ville. Elle passait ses nuits auprès du contingent canadien basé non loin de l'aéroport, dans la vallée d'Arghandab. Chaque fois que l'occasion se présentait de voir d'autres lieux des opérations, elle en profitait. C'est ainsi qu'elle traversa le fleuve Helmand et visita Marjah. Un jour, elle traversa même la frontière et se rendit dans la ville de Quetta au Baloutchistan, pour saisir l'importance stratégique de cette région du sud du pays.

Pour rentrer à Kaboul, elle se permit un grand détour. Elle partit en direction de l'est en compagnie de militaires américains, et traversa les provinces de Zabol, du Paktia et du Paktika vers la localité de Tora Bora. Les zones tribales de la vallée de Swat s'étendaient derrière les montagnes de l'autre côté de la frontière. Elle fut frappée par la beauté sauvage des lieux et par le grand dénuement dans lequel vivaient les populations locales. En pénétrant dans la ville de Jalalabad, à l'est de Kaboul, près de la frontière pakistanaise, Marie-Anne avait le sentiment d'avoir été le plus loin possible, presque au bout du monde. L'amour de l'aventure, qui la poussa à embrasser ce métier, était comblé. Des reportages d'une qualité rare, qu'elle envoyait à son journal, dégageaient cette saveur de l'accomplissement. Avant de quitter Jalalabad, elle appela Bossin et lui annonça l'heure probable de son arrivée. Inch'Allah! Dit-elle.

–Inch'Allah, répondit Bossin.

Deux heures plus tard, elle sortait de la douche. Lorsque le téléphone sonna, elle sut que c'était Bossin. Elle descendit rapidement le rejoindre à la réception. Elle éprouvait un tel besoin de le voir et ce désir était réciproque. Bossin l'emmena dîner à l'Hôtel Intercontinental pendant que Marie-Anne lui racontait les détails de son voyage au sud et à l'est du pays.

–Marie-Anne, j'ai souffert terriblement pendant ton absence lui déclara Bossin. Je me faisais beaucoup de soucis. Je savais à quel point la région que tu traversais est dangereuse, surtout pour les étrangers traités d'infidèles travaillant pour le gouvernement de Kaboul. Beaucoup de nos soldats y ont laissé leur vie. Ils ont été emportés par l'explosion de bombes artisanales. Et les femmes sont encore plus vulnérables. J'avais peur de te perdre. Je t'aime Marie-Anne, j'ai besoin de toi, déclara Bossin incapable de se retenir. Pour rien au monde, je ne voudrais pas te perdre, dit-il d'un ton désespéré. Marie-Anne s'appuya doucement contre l'épaule de Bossin.

–Je t'aime moi aussi Steve, de tout mon cœur. Elle leva ses yeux embués de larmes et lui tendit ses lèvres. Bossin l'embrassa tendrement, passionnément.

–Marie-Anne, peux-tu accepter de devenir ma femme, j'avais peur que tu ne sautes sur une mine sans que je te dise que je t'aime. Marie-Anne fondit en larmes. C'étaient des larmes de joie, des larmes de bonheur.

–Oui Steve, je suis d'accord, car je t'aime. Je suis prête à devenir ta femme si tu veux devenir mon mari. Steve Bossin l'enferma dans ses bras.

Tard dans la matinée, Marie-Anne glissa hors du lit et se dirigea dans la salle de bain. Bossin l'avait précédée pour aller préparer le petit déjeuner. C'était un samedi matin, une journée de repos. Marie-Anne se sentait reposée, profondément détendue. Ils avaient fait l'amour toute la nuit, follement, comme des adolescents. Deux ans après la mort de Bernard, pour la première fois, son corps et son cœur pouvaient enfin s'offrir à un homme. Steve Bossin lui plaisait intensément, et cela dès leur première rencontre. Et il avait su l'attendre. Il ne l'avait pas brusquée. Il avait patiemment attendu qu'elle vienne à lui, prête à s'offrir. De son côté, Steve Bossin se sentait aussi comblé. À 42 ans, il était en pleine maturité. Il avait l'impression que la blessure laissée ouverte par le départ de sa première femme était guérie maintenant. Ils s'étaient aimés, comme s'ils avaient été créés l'un pour l'autre. Après le petit déjeuner, comme c'était un jour de repos, Bossin lui proposa d'aller faire du tourisme près d'un lac dans les montagnes.

–Quel lac ? Demanda-t-elle.

–L'Abe-Istada, c'est un lac de très grande beauté, creusé dans la montagne, dans la province de Ghaznî, au sud de Kaboul. Même les oiseaux migrateurs fuyant l'hiver sibérien s'y arrêtent pour se reposer et prendre des forces.

Ce fut donc sur les bords de l'Abe-Istada que les deux amoureux passèrent leur première journée de lune de miel.

En préparation de la grande opération militaire qui devait mettre fin à la présence des insurgés dans les régions du sud et de l'est, le gouvernement afghan combina plusieurs stratégies. Le ministère de l'intérieur intensifia les cours d'éducation politique pendant que l'armée déployait des troupes solidement équipées sur toute la ligne de front. Les médias de Kaboul multiplièrent des reportages sur des régions déjà pacifiées, vivant en harmonie avec une administration à l'écoute des citoyens, et une armée disciplinée et respectueuse du peuple. La radio afghane alla même jusqu'à diffuser des émissions enregistrées dans les camps de rééducation des anciens insurgés, qui appelaient leurs compagnons à abandonner la lutte armée, car ils faisaient confiance au programme du gouvernement.

Le général Ayub Wali Khan, nouvel ambassadeur d'Afghanistan à Islamabad, tint une conférence au quartier général des Forces armées pakistanaises, à Rawalpindi. Il expliqua aux centaines d'officiers, dont plusieurs généraux, le processus de pacification du pays et les perspectives de coopération dans plusieurs domaines avec le Pakistan. Il insista sur les réformes politiques et économiques en cours, destinées à faire de l'Afghanistan un pays moderne, dans lequel tous les Afghans et leurs frères se sentiront heureux de vivre. Il demanda à tous et à chacun, selon leurs moyens, d'aider son pays à mettre fin à cette guerre, en faisant le moins possible de victimes et de martyrs.

– Tous les combattants, qu'ils soient de l'armée gouvernementale ou des insurgés, sont nos frères, dit-il. Nous aimerions éviter des pertes de vies inutiles. Nous avons besoin de votre aide dans les limites de vos possibilités. Les insurgés qui déposent les armes sont chaleureusement accueillis par leurs frères, et leur intégration dans la société sera largement facilitée, conclut-il. En agissant ainsi, le général devenu diplomate savait qu'un certain nombre d'officiers qui l'écoutaient étaient originaires des tribus pashtounes fortement attachées à la création de la Pakhitunkhawa. La majorité de ces officiers soutenaient, d'une façon ou d'une autre, l'insurrection contre laquelle l'armée de son pays se battait. Cette conférence était destinée à envoyer un message au commandement des insurgés, qui se battaient désormais à reculons et, indirectement, à l'armée pakistanaise. Plusieurs questions furent posées au général Ayub Wali Khan par les officiers qui voulaient savoir comment un gouvernement qui se veut crédible pouvait confier sa sécurité aux mercenaires et aux étrangers.

Le général diplomate expliqua que les compagnies militaires privées considérées comme des mercenaires ont été remerciées.

Elles ont été remplacées par des compagnies de sécurité locales, affirma-t-il. Un autre officier qui suivait de près l'évolution de la situation en Afghanistan lui demanda le secret utilisé pour venir aussi rapidement à bout de l'insurrection dans plusieurs régions du pays.

–Mon gouvernement a présenté au peuple un projet de société alternatif destiné à bâtir la meilleure communauté recommandée par le Prophète, et le peuple a été convaincu. C'est le peuple lui-même qui a demandé aux insurgés de plier bagage, répondit malicieusement le général. Un autre officier originaire de Peshawar, dont la province avait accueilli des milliers de réfugiés afghans, supportant encore lourdement le poids de la guerre, demanda si l'armée gouvernementale était en mesure de vaincre l'insurrection que l'on disait fortement implantée dans les provinces du sud et de l'est, limitrophes avec sa province natale.

–L'armée pourra-t-elle engager de grandes opérations nécessaires à la pacification de cette zone sans pousser encore des milliers de réfugiées à l'extérieur ? Demanda-t-il.

–C'est pourquoi nous demandons votre aide, répondit le général Wali Khan. Moins l'armée rencontrera de résistance, moins il y aura de dégâts, et la population ne sera pas inquiétée. Plus il y aura de résistance, plus il y aura des dégâts et des mouvements de population. Mais le gouvernement est en train de préparer ces opérations de façon à démanteler l'insurrection sans mettre en péril la sécurité de la population, comme cela a été le cas dans d'autres provinces. C'est un défi mais pas insurmontable, assura-t-il.

Le général diplomate remercia ses amis et frères, et retourna à Islamabad préparer la visite du ministre des finances et celui de l'industrie.

Surpris par l'assurance affichée par l'ambassadeur afghan, et ancien ministre de la défense, les généraux pakistanais, étaient de plus en plus convaincus, en sortant de la conférence, que les choses avaient changé à Kaboul.

–L'insurrection est presque vaincue, déclara un général de l'Armée de Terre Pakistanaise à son voisin. Il est temps de concevoir une nouvelle forme de relation avec notre voisin. Les informations recueillies par nos services des renseignements militaires sont assez claires et concordantes. Le général Sayyed Zazaï, le nouveau ministre de la défense, est en train de gagner la guerre sur l'ensemble du champ de bataille, dit-il.

–La grande opération destinée à démanteler l'insurrection dans les provinces du sud et de l'est a déjà commencé, affirma un autre officier du renseignement militaire pakistanais.

La réunion du Comité de coordination de l'insurrection fut de nouveau convoquée d'urgence à l'université de Tous les Savoirs Vertueux de Peshawar. En plus de tous les membres du comité, le commandant Daïdullah Musa Qala, qui jouait le rôle de ministre de la défense du mouvement insurrectionnel, assistait aussi à la réunion. Le caractère particulier du sommet fut souligné par la présence du colonel Younès Kallu, envoyé spécial des services secrets pakistanais, venu en tant qu'observateur.

Il avait en outre assisté à la conférence de l'ambassadeur d'Afghanistan, tenue à Rawalpindi trois jours plus tôt, en compagnie des généraux Gulam Shamshat et Mahmoud Melat. Même l'industriel de Karachi, Nasseem Gul, avait fait le déplacement.

Comme d'habitude, le mollah Bashir Rahimyar dirigeant de l'université, ouvrit la réunion par une Doua. Il demanda à Allah de guider, par sa lumière les participants à la réunion, et de les couvrir de sa bénédiction. Il passa ensuite la parole au président du comité en même temps coordinateur des opérations sur le terrain, le général Gulam Shamshat. Celui-ci commença par rappeler le motif de la réunion.

–Les changements importants observés sur le théâtre des opérations partout en Afghanistan, nous ont poussés à convoquer ce sommet, dit-il. Selon des informations dignes de foi, Kaboul est en train de préparer l'assaut final, il serait prêt à fermer même les grottes de Tora Bora, pour vous dire à quel point le général Sayyed Zazaï est déterminé à briser notre rêve de reconquérir la terre de notre peuple, et faire de ce pays, un royaume Pakhitunkhawa, un pays des purs pashtouns.

Je laisse le commandant Daïdullah Musa Qala vous décrire la situation sur le terrain, acheva-t-il avec beaucoup de tristesse. À entendre sa seule voix, tous les participants eurent le cœur brisé. Le Commandant Daïdullah, dont le dédain envers les politiciens et l'armée de Kaboul était connu, paraissait méconnaissable.

–Je n'ai pas beaucoup à dire, commença-t-il. Tous mes hommes sont en débandade. Ceux qui n'ont pas été arrêtés se cachent, ou sont en fuite. Vous suivez vous-mêmes leurs témoignages sur la radio et la télévision de Kaboul.

–J'en ai même rencontrés, à Karachi qui sont venus demander la nourriture et l'hospitalité, interrompit Nasseem Gul.

–Même ici à Peshawar, la plupart des combattants que nous avons formés et entraînés sont revenus, ils se cachent, enchaîna mollah Rahimyar.

–Vous voulez dire que ce que nous entendons sur les radios de Kaboul est authentique ? Demanda le colonel Younès Kallu, quoique venu en observateur.

–C'est authentique, reconnut tristement le commandant Daïdullah. L'armée de Kaboul contrôle pratiquement les deux tiers du pays. Nous avons perdu toutes nos positions dans ces régions que l'on dit aujourd'hui pacifiées, et le mouvement est irréversible.

–Est-ce le résultat des renforts envoyés par l'armée infidèle ? Demanda Nasseem Gul.

–Non, répondit aussitôt Daïdullah. L'armée infidèle a fourni certainement l'appui logistique, mais les combattants qui ont chassé mes hommes et qui aujourd'hui occupent le terrain, sont exclusivement Afghans. Tous les participants se regard-èrent.

–Y a-t-il un espoir de reconquérir le terrain perdu ? Demanda le général Mahmoud Melat.

–L'espoir est extrêmement mince. Même le tiers du territoire où nos hommes gardent encore leurs positions est en sursis, répondit Daïdullah.

Les informations que nous avons sont formelles. Le général Rahman Haq, le nouveau chef d'état-major, qui dort sur le terrain et dirige les combats, serait en train d'étendre un vaste rouleau compresseur sur notre dernière zone de retranchement. Des unités d'avant-garde et de reconnaissance sont déjà déployées sur place, elles préparent l'assaut final. Ces hommes étaient supposés dispenser des cours d'éducation politique à la population, en réalité, ce sont des militaires habillés en civils et forte-ment sensibilisés. Nos troupes, pourtant aguerries, ne peuvent rien contre eux, car la population ne veut plus couvrir ou cacher nos militants. C'est pourquoi je dis que l'espoir de reconquérir le terrain perdu est très faible. Nous ne pouvons miser que sur des erreurs et des faux pas du gouvernement ou de l'armée de Kaboul, acheva-t-il.

–Et apparemment Kaboul ne commet plus d'erreurs, ajouta Gullam Shamshat.

–On dirait même qu'il fait un parcours presque parfait, quand on voit l'intense activité diplomatique déployée par ses repré-sentants. Dernièrement, au cours d'une conférence tenue au quartier général des Forces armées à Rawalpindi, l'ambassadeur d'Afghanistan, le général Ayub Wali Khan a été convaincant, souligna le colonel Younès Kallu.

–Voilà en gros la situation, il vous reste maintenant à tirer la conclusion, déclara le commandant Daïdullah comme un aveu d'impuissance.

–Faut-il demander des renforts pour éviter de perdre jusqu'à notre dernier rempart ? Demanda Nasseem Gul de Karachi.

–Le général Shamshat rentre d'une tournée sur l'ensemble du champ de bataille, il peut donner son avis, répondit Daïdullah sans cacher son découragement. Et les regards se tournèrent vers le général, dont tout le monde connaissait la bravoure. À lui seul, il avait courageusement réorganisé la résistance après l'effondrement du gouvernement des mollahs en novembre 2001 sous le déluge des bombes américaines, et tous les succès de l'insurrection jusqu'à ce jour étaient, essentiellement, son œuvre.

–Général Sham, pensez-vous que l'envoi de renforts pourrait repousser l'armée de Kaboul, et éviter la défaite ? Demanda Nasseem Gul. En tant que principal bailleur de fonds de l'insurrection, l'industriel de Karachi pouvait poser n'importe quelle question à n'importe qui.

–Les renforts servent toujours, dit-il lentement, mais avec mon expérience de la guerre et des opérations militaires, les renforts nous aideraient à retarder l'échéance, mais pas vraiment à éviter la défaite. Ils peuvent nous aider à créer une sorte de diversion, en réussissant quelques coups d'éclat dans les zones que l'on dit aujourd'hui pacifiées, afin de disperser les forces de l'ennemi, et contraindre l'armée de Kaboul à courir dans tous les sens, mais nous avons perdu un élément-clé dans cette guerre : le soutien de la population. Le peuple afghan nous a lâchés. Il a succombé aux charmes et aux belles promesses du gouvernement de Kaboul.

Et puis, il y a un autre facteur avec lequel nous devons compter, continua-t-il. Nos anciens combattants, qui ont été capturés sur le champ de bataille, subissent une sorte de lavage de cerveau dans les camps de rééducation, reçoivent un nouvel endoctrinement intensif, et sont renvoyés se battre au sein de l'armée gouvernementale. Qui aurait pu imaginer cela il y a deux ou trois ans ? Ils connaissent toutes nos méthodes et nos cachettes.

Il nous faudrait une révision totale de tactique et de stratégie, et cela ne se fait pas en un jour. En réussissant une telle performance, le gouvernement de Kaboul a signé sa victoire, conclut le général Shamshat.

Le commandant Daïdullah sentit un grésillement dans son téléphone portable. Son garde du corps voulait lui parlait. Il s'excusa et sortit. Le garde du corps lui tendit un message enregistré par les services d'écoute et de surveillance au quartier général de l'armée de Peshawar. Les opérations d'encerclement et de nettoyage dans les zones de retranchement de l'insurrection venaient de commencer, selon les commandants insurgés sur le terrain. Le commandant Daïdullah poussa un soupir et retourna dans la salle de réunion. Comme si tous les participants avaient deviné la mauvaise nouvelle, des regards inquiets accueillirent un Daïdullah complètement décomposé. Tout le monde l'interrogeait du regard, sans oser formuler la question qui les tourmentait tous. Il tendit le message au Général Shamshat.

–L'opération d'encerclement et de nettoyage dans la dernière zone de combat qui s'étend de Jalalabad à Kandahar, a commencé, dit-il. Nos hommes semblent débordés par la force de l'adversaire, ajouta-t-il.

–Que doivent-ils faire devant une telle situation ? Demanda le Colonel Younès Kallu.

–En fonction de la force de l'adversaire, certaines positions vont résister, d'autres choisissent de se replier en attendant la contre-attaque.

–J'ai une dernière question, intervint Nasseem Gul. Le gouvernement afghan lance une vigoureuse réforme économique et le marché afghan présente des opportunités intéressantes. Prochainement, une visite des membres du gouvernement de Kaboul est attendue à Lahore, à Islamabad et à Karachi, pour rencontrer les industriels et les dirigeants des chambres de commerce. Les entreprises chinoises, occidentales et même sudafricaines, comme l'International Diamond, sont déjà présentes sur le terrain. Nous possédons une certaine expertise dans nombre de domaines. Le gouvernement afghan nous tend les bras. Devons-nous saisir la perche et sauter, ou devons-nous nous accrocher au rêve de la Pakhitunkhawa ?

Un lourd silence s'abattit sur la salle. Tous les hommes présents avaient un point en commun. Ils étaient tous Pashtouns. Le rêve d'une terre pashtoune, d'un pays exclusivement pashtoun, leur était cher. Mais était-il réaliste ?

Ce fut le général Mahmoud Melat qui osa le premier rompre le silence.

–Tous les dirigeants politiques qui se sont accrochés à la pureté ethnique ou raciale se sont cassé la gueule, et ont perdu la guerre, dit-il. Le régime nazi, qui déferla sur l'Europe pour imposer la domination aryenne, a perdu la guerre. Plus récemment, les Hutu du Rwanda ont commis un génocide, dans l'espoir de perpétuer leur domination au nom de la majorité ethnique, ils ont perdu la guerre.

La force des Américains vient de leur diversité. Ils n'ont même pas hésité à élire à la tête de leur pays et de leurs forces armées un président à moitié noir. Nous devons accepter l'évidence. Aucun peuple ne peut plus survivre en restant enfermé sur lui-même, à l'heure de la mondialisation. Le gouvernement qui est à Kaboul est formé à majorité de Pashtouns. Abdullah Moudjahid, le principal artisan de cette nouvelle politique de Kaboul, et du même coup de notre défaite, est lui-même un Pashtoun, même si sa mère est Tadjike. Peut-être sa nouvelle politique constitue-t-elle la meilleure voie de la Pakhitunkhawa.

Peut-être est-il en train de créer le véritable espace vital de notre peuple. Peut-être lui aussi se bat-il pour réaliser notre rêve, le rêve de la Pakhitunkhawa, le rêve de la terre promise, donnée par Allah aux Pashtouns, mais d'une autre manière. Nous pouvons résister encore, préparer la contre-attaque, prolonger la guerre et l'agonie de notre rêve, mais ce serait une perte de temps, un gaspillage d'énergie et de ressources.

Il serait, à mon avis, plus important de préparer notre peuple à s'associer à son projet, afin de bâtir la meilleure communauté jamais suscitée par des hommes sur la terre pashtoune. C'est la plus belle médaille qu'un commandant de guerre peut remporter. C'est ma réponse, conclut le général Mahmoud Melat. Un nouveau silence, plus lourd encore, suivit les paroles du général en retraite.

–Que faudrait-il faire, pour tirer la meilleure partie de la nouvelle situation ? Demanda le mollah Bashir Rahimyar, le dirigeant de l'université de Tous les Savoirs Vertueux.

–C'est une très bonne question, reconnut le colonel Younès Kallu. Apparemment personne n'était préparé à cette alternative.

–Général Shamshat, pouvez-vous nous donner votre avis ? Demanda Nasseem Gul.

–La question est difficile, car un bon choix s'impose.

Après avoir perdu la guerre des armes, nous devrions pouvoir gagner celle de la paix. Je vois deux possibilités. Négocier une voie de sortie et d'intégration de nos hommes pour leur éviter l'humiliation de la défaite et leur préparer un avenir au sein du futur gouvernement, ensuite prendre le maximum possible de contrats sur le marché, afin d'être présent sur le terrain, et profiter des perspectives économiques, qui semblent très prometteuses. C'est mon point de vue.

–C'est un véritable tour de force, mais c'est négociable. Si ce diable de Moudjahid que vous présentez comme étant le cerveau du gouvernement de Kaboul est réellement un homme intelligent, on devrait trouver un terrain d'entente déclara Nasseem Gul.

–Intelligent il l'est, je l'ai rencontré, ajouta le général Shamshat. Les regards se tournèrent de nouveau vers lui, sauf celui de Youssaf Zameen et de Nasseem Gul qui avaient reçu la cassette vidéo. Il raconta alors brièvement les circonstances et l'appel d'offre lancé à une compagnie locale de sécurité et à d'autres investisseurs.

–Quelle impression avez-vous gardée de cet homme ?
Demanda le colonel Younès Kallu.

–C'est un guerrier pashtoun pur sang. Il en a le sens de l'honneur et la combativité. C'est un partenaire fiable.

–Comment doit-on négocier une voie de sortie pour nos hommes ? Demanda le commandant Daïdullah profondément blessé dans son orgueil.

–Je ne vois qu'une solution, commença le général Melat. Informer les commandants des opérations sur le terrain, demander un cessez-le-feu dans un communiqué transmis au général Ayub Wali Khan en tant qu'ambassadeur d'Afghanistan à Islamabad, ensuite entamer un dialogue avec Kaboul, et cela dans les meilleurs délais, avant l'effondrement. Nous négocions ensuite un accord de paix global mettant fin à la guerre. En marge des négociations de paix, les industriels seront à leur tour en train de négocier des contrats, afin de se lancer sur le marché et de créer des emplois pour nos combattants démobilisés, qui ne voudront pas entrer dans l'armée du général Sayyed Zazaï.

Le colonel Younès Kallu, qui sera bientôt de retour à Islamabad, devrait faire le nécessaire, pour accélérer le processus. Après le début des négociations, vous tous, partout où vous êtes, en commençant par l'université de Tous les Savoirs Vertueux, vous préparez l'opinion des militants à accueillir favorablement la déclaration de paix, et à déposer les armes, pour jouer pleinement la carte de la paix. Si quelqu'un a une autre proposition, nous aimerions l'entendre.

–Je partage l'avis du général Mahmoud Melat, déclara aussitôt Nasseem Gul. Tous les participants l'imitèrent et se prononcèrent en faveur de « La Paix des Braves », sans devoir livrer un dernier baroud d'honneur, pour ne pas précipiter notre mouvement dans l'effondrement et l'humiliation.

–Je pense que ce n'est pas la mort de notre cause, déclara le général Shamshat avec un peu d'amertume. J'espère que c'est une autre façon de voir triompher le rêve de la Pakhitunkhawa, ajouta-t-il.

–Si le grain ne meurt pas, aucune plante ne sortira de lui, conclut Nasseem Gul.

Ce fut sur cette note à la fois douloureuse, mais aussi d'espoir, que s'acheva la réunion du Comité de coordination du mouvement insurrectionnel afghan. Avant de retourner à Karachi, Nasseem Gul donna le mandat officiel à Youssaf Zameen d'identifier les projets industriels ou d'infrastructures dans lesquels ils pourraient tous deux s'engager rapidement.

–Je ferai en sorte que les négociations se déroulent à Karachi pour nous positionner davantage, lui dit-il. Sur le chemin du retour, accompagné par les deux généraux et le colonel Younès Kallu, Nasseem Gul se rendit à Islamabad, pour préparer la plate-forme des négociations. Il proposa aux officiers d'organiser les négociations dans la ville de Karachi, afin d'héberger les délégués au luxueux Mingora Hôtel de Karachi, dont il était le propriétaire.

De retour à Islamabad, le colonel Younès Kallu transmit le message du Comité de coordination de l'insurrection afghane à ses supérieurs. Le ministre pakistanais de la défense avait par ailleurs créé une cellule de suivi, et placé les armées stationnées dans la province du Khyber Pakhitunkhawa en état d'alerte maximum, prêtes à intervenir en cas de catastrophe humanitaire sur la frontière nord.

Informé, le ministère des affaires étrangères transmit à son tour la proposition des insurgés de demander un cessez-le-feu en vue d'engager des négociations de paix au gouvernement de Kaboul par la voie du Général Ayub Wali Khan. Avant de chercher à comprendre ce qui semblait être une pure machination, l'ambassadeur Wali Khan informa le gouvernement de son pays et attendit.

Tous les médias du pays de l'Indus et les agences de presse internationales reçurent la copie du communiqué selon lequel le mouvement insurrectionnel afghan proclamait un cessez-le-feu pour engager des négociations de paix avec le gouvernement de Kaboul, en vue de mettre fin à la guerre qui durait depuis dix ans. Surpris lui-même par cette nouvelle tournure des événements, le président Mohammadzaï convoqua un conseil du gouvernement d'urgence pour préparer la réponse. En entendant le communiqué, le ministre de la défense donna l'ordre à son chef d'état-major, dont le quartier général se trouvait dans les montagnes du Paktika, au centre de la ligne de front, de stopper la progression de ses troupes, sans relâcher la pression, et d'attendre la suite.

–Devons-nous prendre au sérieux cette déclaration de cessez-le-feu venue du mouvement insurrectionnel ou la considérer comme une manœuvre dilatoire ? Demanda le président Mohammadzaï à ses ministres.

–Le message a été remis à notre ambassadeur à Islamabad par des autorités officielles. Vu la diffusion faite dans les médias, il y a lieu de considérer la demande avec le plus grand sérieux, répondit le docteur Ehsan Durrani, ministre des affaires étrangères.

–Et si c'était une manœuvre dilatoire pour briser l'encerclement et éviter la destruction totale de leurs forces ? Demanda le ministre de la défense.

–C'est vrai que la demande de cessez-le-feu est une façon d'éviter la défaite et l'humiliation. Si l'adversaire accepte de déposer les armes, nous ne pouvons pas refuser cette main tendue, reprit Ehsan Durrani.

–Devons-nous considérer cela comme une victoire ou un échec ? Demanda encore le président Mohammadzaï.

– Si les négociations à venir débouchent sur une paix réelle et durable, ce serait incontestablement une victoire pour le peuple afghan, déclara le ministre de l'intérieur.

–Et si les prétendues négociations étaient un piège ? Demanda Mohammadzaï.

–Il n'y a pas de raisons de craindre les négociations, tant que nous sommes en position de force. Il appartient au ministre de la défense de bien gérer la situation sur le terrain comme il l'a fait depuis son arrivée à ce poste jusqu'à présent, et suivre les résultats du dialogue, conclut Ehsan Durrani. Le général Sayyed Zazaï se sentit conforté dans sa position quoiqu'il reconnût en lui-même que ce n'était pas sa victoire mais celle d'une équipe regroupée autour d'un projet de société mobilisateur et convaincant. Le gouvernement rédigea immédiatement sa réponse, et sortit un communiqué dans lequel il acceptait le cessez-le-feu sans conditions, pour engager le dialogue. Il mit ensuite sur pied un comité chargé de préparer les négociations. Le gouvernement demanda ensuite au ministre des affaires étrangères d'informer le corps diplomatique et le commandement de la Force internationale de l'évolution de la situation. Tout le monde sentait que la fin de la guerre contre l'insurrection allait accélérer le retrait tant attendu, des troupes internationales. Une fois mis de côté le dossier des négociations avec l'insurrection, le ministre de l'économie et des finances, en concertation avec le ministre de l'Industrie, de l'Energie et des Mines, annonça au gouvernement, le projet de réforme monétaire, qui clôturait l'ensemble des réformes majeures entreprises par le gouvernement, pour bâtir un pays nouveau.

–Nous lançons ce projet aujourd'hui car demain, une délégation du gouvernement doit se rendre au Pakistan, et rencontrer les industriels de Lahore, de Rawalpindi et de Karachi. En invitant les investisseurs à venir chez nous, ils doivent connaître le projet de réforme monétaire qui va changer la face de notre économie, déclara Farooq Khan.

–Nous avons décidé qu'à partir de janvier prochain, le salaire minimum payé aux travailleurs afghans sera de 1 dollar par heure de travail, au moment où le salaire minimum payé aux travailleurs des pays industrialisés tourne autour de dix dollars l'heure. En fonction des progrès économiques réalisés, ce taux devrait changer chaque année. C'est peu, mais c'est un début qui nous permet d'organiser la production et la consommation. En outre, nous demandons au gouvernement d'accepter la réevaluation de notre monnaie, L'Afghani, jusqu'à la valeur de 10 % du dollar américain. C'est-à-dire qu'un dollar américain devrait s'échanger contre dix afghani.

Le citoyen afghan, continua-t-il, paye le même prix au litre d'essence qu'un citoyen des pays développés. Il paie le même prix pour acheter une voiture fabriquée par les mêmes constructeurs des pays développés. Le mineur afghan qui doit passer sa journée au fond d'une mine, sera payé vingt fois moins qu'un mineur des pays développés. Sans un salaire soutenable et compétitif, le travailleur afghan ne pourra pas consommer les produits de son industrie, ou nourrir et éduquer son enfant comme il faut. Cette situation doit changer.

C'est pourquoi nous avons engagé cette réforme. Elle va déclencher toute une révolution autour de nous. Des pays de la région devront l'imiter, et s'aligner à notre politique économique et monétaire. La paix et la stabilité ont un prix, poursuit le ministre des finances. Si aujourd'hui, les statistiques montrent qu'un citoyen afghan vit avec moins d'un dollar par jour, et délaisse la culture du blé pour le pavot, quand il va rentrer à la maison avec au moins 10 dollars par jour après sa journée de travail, les choses changeront. C'est peu je le répète, mais c'est un début. Nous voulons que tous les investisseurs qui se bousculent devant nos portes, sachent qu'ils ne viennent pas exploiter une main-d'œuvre gratuite ou bon marché.

C'est pourquoi l'État afghan a décidé de participer au capital des plus grandes entreprises minières, pétrolières, agricoles et métallurgiques, pour partager à la fois les risques et les profits. C'est à partir de là qu'il pourra élever les salaires des travailleurs et améliorer leur niveau de vie. C'est la force du marché intérieur, c'est-à-dire de la balance production et consommation qui construit l'économie d'un pays. Cette reévaluation de la monnaie afghane permet à notre économie d'être plus viable et plus compétitive. Elle rend notre économie apte à construire le développement et à nourrir sa population. C'est pour construire cette force que nous engageons cette réforme monétaire, à côté des autres mesures d'accompagnement du Plan de paix. Tel est le message que nous devons transmettre aux futurs investisseurs qui vont entrer sur notre marché. Les finances de l'État seront ajustées au fur et à mesure, selon les besoins à la fois de la production et de la consommation. C'est une autre voie pour améliorer le bien-être de la population, consolider l'économie et la gouvernance, lutter contre la corruption, sécuriser et stabiliser le pays, gagner la guerre de de la paix en mettant fin à l'insurrection armée et à l'humiliation de la pauvreté.

C'est un autre combat à mener. La paix et la stabilité qui règnent dans les pays dits développés coûtent cher. C'est pour acheter cette paix et protéger la dignité des citoyens qu'ils votent le budget du bien-être social. Pour stabiliser ce pays, mettre fin aux insurrections d'aujourd'hui et de demain, nous devons donner les moyens à son économie. Nous devons payer le prix. Nous ne devons pas continuer à nous voiler la face. Ce travail appartient à nous les Afghans, et à personne d'autre. Voilà, le but de la réforme monétaire qui, à elle seule, est une véritable révolution. Elle va bouleverser les économies de la sous-région. Les ministres discutèrent du projet et l'avalisèrent à l'unanimité.

–Avec le lancement du Projet de réforme monétaire, le Plan de Paix et de Sortie de Crise est maintenant complet, déclara le professeur Moudjahid, qui avait travaillé pendant plusieur jours avec son collègue chargé des finances pour le mettre au point. Avec les négociations de paix et la fin de la guerre en perspective, le pays peut véritablement entrer dans une ère nouvelle, acheva-t-il. Le lendemain matin, les deux ministre devaient se rendre au Pakistan.

Composée du professeur Abdullah Moudjahid et du ministre des finances Farooq Khan, la délégation afghane fut accueillie par le ministre pakistanais de l'Economie et des Finances, en compagnie de l'ambassadeur afghan, le général Ayub Wali Khan. Les représentants des deux pays discutèrent d'un certain nombre de projets auxquels ils pourraient collaborer, dont la route qui devait longer la frontière commune, de Quetta à Jalalabad et signèrent de nombreux accords. Le souffle de la paix imminente était perceptible dans l'air et les accolades étaient plus chaleureuses. La délégation afghane s'envola ensuite vers la ville historique de Lahore, qui est située à l'est du Pakistan, non loin de la frontière indienne.

Les industriels de Lahore étaient particulièrement intéressés par les nouvelles perspectives offertes par le marché afghan et les promesses d'une paix prochaine plaidaient pour une intensification des affaires. Le ministre Moudjahid exposa, devant la chambre de commerce de Lahore, les projets déjà lancés dans les domaines miniers, pétroliers, agricoles, hydroélectriques et sidérurgiques. Ces derniers étaient basés sur les énormes potentialités du sol et du sous-sol. Il invita particulièrement les industries textiles, mécaniques et métallurgiques, qui sont très développées à Lahore, à venir s'implanter dans le pays. Il expliqua ensuite les aménagements du marché destinés à favoriser un bon climat des affaires ainsi que l'engagement de l'État à participer au capital de certaines entreprises pour à la fois les encourager, mais aussi partager les risques et les profits.

À la fin de son exposé, plusieurs chefs d'entreprises appelèrent à Kaboul pour fixer des rendez-vous. La délégation s'envola ensuite vers Karachi, la plus grande ville du sud du Pakistan située sur les bords de la mer d'Oman.

Accompagnés par le général Ayub Wali Khan, Abdullah Moudjahid et Farooq Khan arrivèrent à Karachi en début d'après-midi. Ils furent accueillis par le gouverneur de la province du Sind et le maire de Karachi ainsi que plusieurs personnalités politiques et du monde des affaires. Sans tarder, les deux ministres furent conduits à la salle de conférence de l'hôtel Sheraton où ils devaient s'adresser à un groupe d'industriels, invités par la chambre de commerce et d'industrie de Karachi.

Comme à Lahore deux heures plus tôt, les deux ministres parlèrent des réformes engagées dans le pays, ainsi que d'importants projets industriels ou d'infrastructures qui attendent les investisseurs. Ils parlèrent des potentialités du pays dans les domaines pétroliers, gaziers, miniers, agro-alimentaires, immobiliers, textiliers, hôteliers, et beaucoup d'autres.

–Pour encourager les investisseurs, l'État afghan a pris beaucoup de mesures intéressantes, déclara le ministre Moudjahid. Il rappela ensuite le rôle que joue le port de Karachi dans l'économie de son pays, d'où la place particulière que doivent occuper les relations entre Kaboul et les industriels de cette ville. Il passa ensuite la parole au ministre des finances Farooq Khan qui parla du contenu de la réforme monétaire pour que les investisseurs sachent à quoi s'en tenir.

Les hommes d'affaires et autres chefs d'entreprises de Karachi eurent à leur tour l'occasion de poser des questions sur la situation générale, sur la guerre et la paix, et les relations futures avec leur pays.

–La guerre sera bientôt terminée et reléguée dans les livres d'histoire, assura Moudjahid. Ceux qui se battaient dans l'insurrection ont compris que nous sommes en train de réaliser les objectifs de leur combat, et même de les dépasser. C'est pourquoi ils sont disposés aujourd'hui à déposer les armes, pour monter à bord du train du développement. Toute la salle éclata de rire devant cette façon simple de traiter un problème qui mobilisa les armées des plus grandes puissances du monde. Les industriels de Karachi comprirent que le gouvernement de Kaboul était en passe de maîtriser la situation. Une fois de plus, plusieurs industriels et chefs d'entreprises tendirent leurs cartes de visite aux deux ministres afghans, et annoncèrent leur prochaine visite à Kaboul. Comme signe d'ouverture, le patron d'une compagnie aérienne qui avait suspendu ses vols vers l'Afghanistan annonça la réouverture de la ligne Karachi-Kaboul dès le lendemain. La réunion dura trois heures, une heure de plus que prévue, avant que les deux ministres ne puissent se diriger vers leurs chambres à l'hôtel Sheraton même, sur les frais du président de la chambre de commerce de Karachi. Aussitôt la réunion terminée, le général Ayub Wali Khan s'excusa et s'empressa de retourner à Islamabad, pour s'occuper du dossier des négociations avec le mouvement insurrectionnel.

Informé par son fils Ashraf du voyage des deux ministres afghans à Lahore et à Karachi, Youssaf Zameen informa à son tour Nasseem Gul. Celui-ci l'invita à venir d'urgence à Karachi, pour servir d'intermédiaire et faciliter leur contact. Nasseem Gul appela ensuite les deux généraux membres du Comité de coordination du mouvement insurrectionnel, ainsi que le commandant Daïdullah Musa Qala. Il leur demanda de venir immédiatement à Karachi rencontrer deux éminents membres du gouvernement Mohammadzaï, pour sonder leur position envers le cessez-le-feu et les futures négociations. Les généraux Mahmoud Melat et Gulam Shamshat reconnurent le bien-fondé de la démarche et sautèrent dans le premier avion pour Karachi, en amenant un Daïdullah Musa Qala complètement dépassé par les événements.

–À partir du moment où nous avons nous-mêmes demandé un cessez-le-feu et les négociations qui nous évitent l'humiliation de la défaite, nous devons jouer à fond la carte de la paix et tenter d'obtenir le maximum, lui dit le général Shamshat.

Vaincu sur l'ensemble du champ de bataille, jusqu'à son fief du Paktia, où il se croyait indéboulonnable et tout puissant, conscient qu'il n'avait plus le contrôle de son destin, Daïdullah n'opposait plus de résistance à ses commanditaires.

Nasseem Gul et Youssaf Zameen assistèrent à la réunion des industriels et des membres de la chambre de commerce de Karachi. Nasseem Gul, qui voyait pour la première fois le professeur Moudjahid, écouta attentivement l'homme qui causa en grande partie, la défaite du mouvement insurrectionnel auquel il avait consacré une part importante de sa fortune pendant dix ans. Durant toute la réunion, il garda ses yeux fixés sur lui, comme pour tenter de déceler la faille ou le secret de sa force. Ce fut seulement à la fin de la réunion, au moment où les deux ministres se préparaient à quitter la salle de conférence, que Youssaf Zameen se présenta au professeur Moudjahid, en compagnie de Nassem Gul.

–J'étais en voyage d'affaires à Karachi, où j'ai quelques amis, quand j'ai appris que vous étiez ici pour une réunion, et je suis venu participer, en compagnie de mon ami Nasseem Gul, déclara-t-il à l'intention des deux ministres.

Moudjahid fut sincèrement réjoui de rencontrer un ami dans cette immense ville inconnue de lui, et le présenta à son tour, au collègue Farooq Khan.

–C'est Youssaf Zameen de Kandahar dit-il, c'est le président de la chambre de commerce de Kandahar, ajouta-t-il.

–C'est très aimable de ta part d'être venu représenter les hommes d'affaires de ton pays dans cette réunion. Nous apprécions beaucoup, lui dit Moudjahid.

–Professeur Moudjahid, en tant que mon frère, je voudrais vous demander une faveur, implora Youssaf Zameen. Mon ami et frère Nasseem Gul possède une grande compagnie de transport international et quelques sociétés industrielles ici à Karachi. Il aimerait vous inviter à dîner avec votre collègue Farooq Khan, à une heure qui vous conviendrait au cours de la soirée. Moudjahid se tourna vers son collègue et l'interrogea du regard.

–En principe, moi je suis d'accord, il reste à demander l'avis de mon collègue, dit-il.

–Je suis parfaitement d'accord, déclara Farooq Khan. Je ne peux pas refuser l'invitation d'un frère.

–À quelle heure serez-vous disponible ? Demanda un Nasseem Gul, très souriant. Moudjahid regarda sa montre. Il était déjà dix huit heures.

–Mettons à vingt heures, dit-il.

–Nous viendrons vous chercher, vous en profiterez pour faire un tour et pour voir la nuit de Karachi, déclara Nasseem en les remerciant. Comme la visite était improvisée, les deux ministres prirent soin d'informer le président Mohammadzaï et le ministre des affaires étrangères, en demandant, à ce dernier, d'informer à son tour l'ambassadeur Ayub Wali Khan, pour prendre certaine dispositions de sécurité. À 20 heures précises, une Cadillac noire s'immobilisa à l'entrée de l'hôtel Sheraton. Assis à côté de son chauffeur, Youssaf Zameen en sortit, tout souriant. Il se présenta à la réception, et déclara qu'il avait rendez-vous avec les deux ministres, Moudjahid et Farooq Khan. Le réceptionniste vérifia dans son ordinateur, et confirma qu'il était prévenu de la visite. Il prit son téléphone et appela la chambre de Moudjahid. Deux minutes plus tard, les deux ministres sortirent de l'ascenseur. Youssaf Zameen se dirigea vers eux et les amena à la Cadillac toujours garée à l'entrée de l'hôtel. Il ouvrit lui-même la portière arrière, installa les deux ministres, tandis que lui reprenait sa place à côté du chauffeur.

À peine le portail franchi, Moudjahid remarqua qu'une voiture les suivait de près. Il se demanda s'il s'agissait d'une couverture des services secrets pakistanais ou de la garde privée de Nasseem Gul qui, visiblement, avait des raisons et des moyens de s'entourer d'une protection rapprochée. La Cadillac fut aussitôt engloutie au milieu d'une circulation encore dense à travers les rues de Karachi. Quinze minutes plus tard, la voiture s'arrêta devant l'hôtel Mingora, un luxueux hôtel construit au cœur du Sohrab Goth, le fief historique des Pashtouns de Karachi. Ils furent accueillis par un Nasseem Gul enthousiaste, qui les entraîna aussitôt vers un restaurant privé réservé aux invités de marque, où le dîner devait être servi. Les deux ministres afghans étaient à peine installés qu'ils virent trois hommes en uniforme militaire faire irruption dans la pièce, à partir d'une porte dérobée. Abdullah Moudjahid, qui avait vu les photos des membres du comité, reconnut du premier coup d'œil, l'homme d'affaires nommé Ameer Gillani, qu'il avait rencontré à Kandahar, mais il portait cette fois-ci, ses étoiles de brigadier-général. Il fut en partie tranquillisé. Nasseem Gul fit aussitôt les présentations, en commençant par les deux ministres afghans.

–Le professeur Abdullah Moudjahid, déclara Nasseem Gul en le prenant affectueusement par le bras, c'est le ministre de l'industrie et de beaucoup d'autres choses encore dans le gouvernement de Kaboul.

–Farooq Khan, continua Nasseem, c'est le ministre des finances dans le même gouvernement à Kaboul. Il se tourna ensuite vers les militaires, et fit les présentations.

–Lieutenant-général Mahmoud Melat, aujourd'hui retraité. C'est le conseiller politique et militaire du mouvement insurrectionnel qui se bat contre le gouvernement de Kaboul.

. –Brigadier-général Gulam Shamshat, c'est le coordinateur des opérations militaires sur l'ensemble du champ de bataille. Ses amis l'appellent simplement Sham.

–Moi je préfère l'appeler Ameer Gillani, dit Moudjahid, en riant.

–C'est son nom dans les milieux d'affaires, car il est aussi doué pour les affaires, déclara Nasseem sans se laisser démonter. Le troisième homme, c'est le commandant Daïdullah Musa Qala, ministre de la défense du mouvement et chargé des opérations dans toute la zone du sud et de l'est. Daïdullah tendit la main aux deux ministres.

–Même si l'histoire a fait que les deux généraux aient fait toute leur carrière au sein de l'Armée Pakistanaise, ils sont tous deux Pashtouns comme vous et moi, et leurs parents viennent d'Afghanistan, déclara Nasseem Gul, avec gravité. Sentez-vous comme chez vous, et mangez avec bon appétit.

Nasseem Gul toucha simplement sur un bouton, et un dîner princier, arrosé d'un thé aromatisé, fut aussitôt servi. Pendant le dîner, Nasseem Gul se contenta de demander les nouvelles du pays de ses ancêtres, des glaciers de l'Hindou Koush aux plaines de la rivière Kaboul. Abdullah demanda à son tour quelques informations à propos de cette ville de Karachi qu'il connaissait mal.

–C'est la plus belle ville du monde où tout est possible, assura Nasseem Gul. C'est notre New York. Que les bénédictions d'Allah viennent toujours sur cette ville. À elle seule, elle abrite plus de trois millions de Pashtouns. Tout ce district de Sohrab Goth ne parle que Pashto. Que faut-il demander de plus à Allah ? Une fois le dîner terminé, Nasseem Gul entraîna ses invités dans un salon privé qui était même muni d'un mini-bar pour que des clients étrangers puissent satisfaire leurs goûts et désirs.

–C'est le signe de notre tolérance et de notre respect de la diversité, dans toute la ville de Karachi. Même les chrétiens et les juifs ont leurs églises et leurs synagogues, déclara Nasseem Gul.

–La tolérance est une bonne chose, reconnut Moudjahid. Elle désamorce les tensions et permet la cohabitation harmonieuse des différences. Sans la tolérance et la complémentarité, la paix entre les habitants d'un pays et même entre les nations, serait tout simplement impossible, ajouta-t-il.

–Merci mon frère Moudjahid, d'en venir là et de parler de paix, c'est pourquoi nous vous avons invités ici. Et c'est pourquoi vous êtes sans doute venus à Karachi, à Lahore, à Islamabad ou à Kandahar il y a un mois, déclara Nasseem.

–C'est tout à fait exact, reconnut Moudjahid soudain intéressé.

–Maintenant parlons de paix, parlons des futures négociations que notre mouvement a demandées pour mettre fin à la guerre au moment où les troupes du Général Sayyed Zazaï et de Rahman Haq s'apprêtaient à écraser nos militants du Paktika et de Paktia et briser à jamais le rêve d'avoir un jour un pays pashtoun, un pays exclusivement Pakhtunkhawa, conclut Nasseem avec douleur.

–Je vous écoute, déclara Moudjahid avec le plus grand respect.

–Professeur Moudjahid, commença le lieutenant-général Mahmoud Melat, je vous félicite d'abord pour l'ensemble du travail que vous avez réalisé depuis votre arrivée à Kaboul. Je devrais vous condamner pour avoir été le principal artisan de notre défaite, mais je vous félicite. Jamais nous n'aurions cru qu'il y a une force au monde capable de nous faire plier et de nous mettre à genoux. Sans même savoir utiliser un fusil, vous l'avez fait. Par vos idées et vos théories d'éducation politique, par vos Projets de Réformes et de Restructuration Militaire, vous avez réussi à transformer l'armée afghane en une machine victorieuse et à nous supplanter dans le cœur de la population. Et l'armée de Kaboul, longtemps tenue en échec, est devenue subitement capable de nous chasser de nos positions, jusqu'à nous pousser dans nos derniers retranchements. Vous avez réussi là où les avions et les blindés avaient échoué. Je vous félicite pour cela. Vous avez su gagner la guerre contre l'insurrection, il vous reste à gagner la guerre de la paix. Je vous souhaite bonne chance. Inch'Allah.

–Inch'Allah, lieutenant-général Melat, je vous remercie à mon tour pour votre sincérité. Je vous dirai simplement qu'un homme seul ne peut rien gagner. J'ai trouvé à Kaboul des hommes formidables, des hommes comme le président Mohammadzaï, comme mon collègue ici présent, Farooq Khan, comme le général Zazaï, et beaucoup d'autres. La liste serait longue. La guerre de la paix, nous la gagnerons avec vous tous. Je ne suis pas venu briser le rêve de la Pakhtunkhawa, je suis venu aider à le réaliser dans la tolérance, dans la fraternité, dans la complémentarité, dans l'amour et l'harmonie.

Moudjahid vit Nasseem Gul sortir un mouchoir de sa poche et essuyer les larmes qui coulaient dans ses yeux. Tout le monde poussa un soupir.

–Professeur Moudjahid, commença le général Shamshat, je vous ai rencontré chez notre ami Zameen à Kandahar. Je suppose que vous ne me connaissiez pas encore à cette date, même si vous m'aviez identifié sans doute après. J'étais en tournée pour évaluer la situation sur le terrain. Je rentrais même de Kaboul. Quand vous avez eu le culot d'entrer seul dans cette maison à Kandahar, je n'ai pas été surpris. Il n'y avait que vous pour oser faire ça. Nous avons suivi toutes vos initiatives depuis le début, depuis votre première rencontre avec le président Mohammadzaï. Nous avons eu le tort de vous sous-estimer. Nous aurions dû vous arrêter, mais nous ne l'avons pas fait. Nous aurions pu vous tuer, cela ne coûtait pas cher, beaucoup de nos camarades sont morts et ils sont oubliés. Nous aurions pu vous forcer à retourner d'où vous veniez, mais le comité a voulu voir jusqu'où pouvaient mener vos théories, jusqu'où pouvait aller le fils d'Ibrahim Moudjahid. Quand nous avons pris conscience de l'ampleur du danger, c'était trop tard.

En même temps, l'affection que les gens qui ont connu votre père gardent envers vous, vous a sauvé la vie. C'est grâce au souvenir de votre père que les commandos ont hésité, et n'ont pas exécuté leur mission. Ils avaient été chargés de vous écarter, lorsque la menace que vous représentiez était évidente. Allah n'a pas voulu votre mort. À un moment donné, il est devenu même évident que votre mort ne servirait à rien, sinon à faire de vous un martyr et à renforcer le président Mohammadzai, car le ver était déjà dans le fruit. Vous aviez déjà gravement miné le terrain avec l'ensemble de vos Projets de réformes. Le peuple afghan croit que vous avez été envoyé par le Prophète pour le sortir de ses malheurs. Et vous gardez encore le sens de l'honneur pashtoun. À vous maintenant de gagner la guerre de la paix. Inch'Allah.

–Inch'Allah, répondirent tous ensemble comme dans une prière.

–Professeur Moudjahid, reprit le général Shamshat, vous allez bientôt retourner à Kaboul, pour préparer les négociations de paix. Il faut que vous sachiez une chose. Pour avoir résisté à l'occupation coloniale et impérialiste du 19ème siècle, notre pays a toujours fait l'objet de convoitise. C'est pourquoi les puissances coloniales l'ont découpé en morceaux pour l'affaiblir, en créant des frontières imaginaires ou artificielles. Et ils ont condamné notre peuple, coupé en deux, à errer partout. Cette seule ville de Karachi abrite plus de trois millions de Pashtouns. Je ne parle pas de Rawalpindi ou de Peshawar. En faisant cette guerre, nous avions un rêve. Nous avions l'intention de reconquérir et de reconstituer le pays de notre peuple pashtoun, de reconstituer la terre des Pashtouns, la Pakhtunkhawa. C'est ce rêve que vous avez brisé.

J'ai combattu les soviétiques en tant qu'officier aux côtés des Moudjahiddines du peuple. Nous avons vaincu les Russes malgré leur brutalité. Ils sont rentrés chez eux. Pour nous, c'était le moment rêvé de reconquérir la Pakhtunkhawa. Et notre allié a commis l'erreur d'attirer sur nous des bombes américaines. Peut-être que nous n'avons pas su assumer nos responsabilités, en abandonnant la gestion du pays aux amateurs. Nous avons laissé passer une chance historique, celle de reconquérir la terre de nos ancêtres. Nous avons commis une erreur qui, visiblement, ne pardonne pas.

Vous apportez aujourd'hui une autre façon de réaliser ce rêve. Nous acceptons de déposer les armes pour vous donner une chance. N'humiliez pas nos combattants. Ils n'ont pas été vaincus car les Pashtouns sont invincibles. Sinon nous ne serions pas ici maintenant. Partout où nous sommes allés, nous sommes restés debout. S'ils acceptent le cessez-le-feu, c'est pour donner une chance à notre peuple. Traitez-les avec dignité. Ils ont un sens de l'honneur et ils le respectent. Nous voulons le maximum possible au sein du nouveau gouvernement, pour garantir la sécurité de nos hommes et leur intégration sociale dans la dignité. Allez trouver des postes dignes de leur rang au commandant Daïdullah et à ses compagnons. L'héroïsme et l'esprit de sacrifice de notre commandant n'ont pas de limites. Je vous remercie.

L'émotion était très forte. Le général Shamshat avait laissé parler son cœur. Même le commandant Daïdullah, pourtant endurci par des années de guérilla, avait les larmes aux yeux.

Farooq Khan, le ministre des finances, ne trouvait rien à dire. C'était trop fort pour lui.

Il ne s'attendait pas à ce qui lui arrivait ce soir. Nasseem Gul qui, jusqu'ici, gardait le silence, prit enfin la parole, comme pour clôturer la séance.

–Professeur Moudjahid, tous nos frères ici présents et d'autres, qui ne sont pas ici, ont consenti beaucoup de sacrifices depuis les dix ans de guerre. Ils n'ont pas tous les moyens que j'ai, mais ils ont parfois sacrifié jusqu'à leur dernier centime pour soutenir notre cause. Notre peuple a faim. Vous avez soulevé l'espoir d'un développement économique que notre pays n'a jamais connu.

Allez concrétiser vos promesses, nous répondrons aux appels d'offres. Je voudrais faire profiter à mon peuple le savoir-faire de mes industries. La balle est désormais dans votre camp. Notre frère Zameen vous accompagnera jusqu'à votre hôtel. Il garantit votre sécurité. Il est en outre mandaté pour me représenter auprès du gouvernement de Kaboul, en attendant d'ouvrir un bureau officiel, conclut Nasseem Gul.

Ému jusqu'aux larmes, Abdullah Moudjahid demanda lui aussi la parole.

–Je voudrais dire merci à vous tous pour nos échanges de ce soir. Je remercie Nasseem Gul pour son invitation, pour son accueil, et notre frère Zameen sans qui cette rencontre n'aurait pas été possible. J'ai compris votre message.

En vous engageant dans cette guerre, vous aviez un but, des objectifs, le bien-être de votre peuple. Ensemble, nous allons réaliser ces objectifs.

Bientôt les négociations commenceront pour sortir de la guerre et bâtir un pays nouveau. Nous viendrons avec un esprit ouvert, mais il y a des choses qui ne sont pas négociables, comme l'éducation des filles ou l'émancipation des femmes. Ne venez pas nous dire qu'une femme doit quitter la maison de son mari uniquement pour se rendre à la mosquée. La femme afghane a prouvé qu'elle peut faire plus et mieux. Ma femme dirige une usine et je n'ai jamais eu à me plaindre. Ne venez pas nous dire de surveiller la longueur de la barbe des gens, ou combien de fois tel ou tel a prié par jour. Nous nous battrons pour donner l'éducation au peuple, pour que chacun puisse développer sa liberté de conscience dans le respect des autres et du Coran. Nous nous battrons pour sortir notre peuple de la pauvreté, car il a lui aussi, droit de vivre dans la dignité. Je vous promets que je ne trahirai pas notre peuple. Je vous remercie.

–Zameen peut vous conduire maintenant à votre hôtel, déclara Nasseem Gul. Le pacte de respect mutuel et de loyauté réciproque pour lequel la rencontre fut organisée était conclu. Les deux ministres dirent au revoir et sortirent de l'hôtel Mingora.

Avant d'entrer chacun dans sa chambre à l'hôtel Sheraton, Farooq Khan, le ministre des Finances se tourna vers Moudjahid.

–Professeur Moudjahid, commença-t-il, vous êtes mon collègue au gouvernement, et vous êtes mon grand frère dans la vie. Je vous remercie pour tout ce que nous avons fait ensemble ce soir. Quand je pense à tout ce qui s'est passé depuis notre arrivée au Pakistan, j'ai de la peine à y croire. Je me crois comme dans un rêve. Jamais je n'aurais crû qu'une rencontre comme celle de ce soir soit possible. Si j'avais su avec qui nous avions rendez-vous, je n'aurais pas osé m'y rendre. Et pourtant, ce fut si beau. Je suis content d'avoir été témoin de tout ça. Merci pour tout, conclut-il.

–Nous ne sommes tous que des êtres humains, et frères les uns des autres, déclara simplement Moudjahid. Ils se souhaitèrent une bonne nuit. Avant de se coucher, le professeur Moudjahid appela le président Mohammadzaï, en l'assurant que tout s'était bien passé. Il appela ensuite l'ambassadeur Ayub Wali Khan, et l'assura à son tour, qu'il n'avait rien à craindre.

Informée de la déclaration unilatérale de cessez-le-feu par les insurgés, et de l'ouverture prochaine des négociations de paix, Marie-Anne fit tout son possible pour obtenir le maximum d'informations sur ce dossier. Elle appela le bureau du ministre Moudjahid et apprit qu'il était en voyage au Pakistan. Elle prit alors son courage à deux mains et appela le ministère de la défense. Elle n'avait rien à craindre puisque le général Sayyed Zazaï la connaissait déjà. Le ministre de la défense lui confirma la demande de cessez-le-feu transmise par le Comité de coordination de l'insurrection, signée du ministre de la défense des insurgés, qui commandait en même temps, les opérations dans la région du sud et de l'est. La demande de cessez-le-feu a été acceptée par le gouvernement, lui confirma le ministre de la défense.

–Les négociations en vue d'un accord de paix globale s'ouvriront bientôt, lui dit-il. Mais il y a encore beaucoup de zones d'ombre.

–Que savez-vous de ce ministre de la défense des insurgés ? Lui demanda Marie-Anne.

–Ce n'est pas encore le moment d'en parler aux journalistes, le dossier est encore très sensible, un seul mot mal interprété peut causer des dégâts.

–Savez-vous où je peux le rencontrer ? Demanda encore la journaliste.

–Attendez l'arrivée du ministre Moudjahid, qui est parti en voyage au Pakistan. Contactez-le dès qu'il sera de retour à Kaboul. Il en saura certainement davantage. Marie-Anne le remercia et raccrocha. C'était déjà important pour elle de savoir que Moudjahid était au Pakistan.

–C'est probablement en rapport avec ce dossier, se dit-elle. En apprenant le retour du professeur Moudjahid, le lendemain soir, elle l'appela pour savoir s'il savait quelque chose à propos du commandant de l'insurrection, qui avait signé la demande de cessez-le-feu.

–Oui, je sais quelque chose de lui, c'est le commandant Daïdullah Musa Qala. On le décrit comme quelqu'un dont le courage n'a pas de limites.

–Comment puis-je le rencontrer ? Demanda-t-elle.

–C'est peut-être possible, mais je ne garantis rien. Si je peux établir un contact, je t'appelle. Marie-Anne raccrocha sans grand espoir. Moudjahid appela à son tour son ami Youssaf Zameen, lui parla de la question, et lui demanda d'organiser la rencontre dans le plus grand secret. Il l'assura qu'il n'y avait rien à craindre, ni pour lui-même, ni pour le commandant Daïdullah.

–Cela peut servir la cause de la paix, assura Moudjahid.

Trois jours plus tard, alors qu'elle avait cessé d'y croire, Marie-Anne reçut l'appel du professeur Moudjahid. Il lui demanda de sauter dans le premier avion pour Kandahar, et lui donna un numéro de téléphone à appeler dès qu'elle serait sur place. Le cœur battant, la journaliste partit à bord d'un avion de la Force internationale, et se rendit à Kandahar, en laissant simplement un message à Steve Bossin. Abdullah Moudjahid l'avait assurée qu'elle ne courrait aucun risque. Elle se fia à lui. Elle arriva à Kandahar à 17 heures locales, une heure avant le coucher du soleil. La main tremblante, elle appela le numéro de téléphone à partir de Kandahar Palace, où elle était descendue. Ce fut une voix d'homme qui répondit. Elle annonça qui elle est, de la part de qui, et l'objet de son appel.

–Nous pouvons t'aider à rencontrer le commandant, mais il faudra attendre. Nous ne savons pas où il est exactement. Nous transmettons ton message, dès qu'il sera accessible, tiens toi prête, on va t'appeler. Es-tu prête à le rencontrer quelle que soit l'heure du jour ou de la nuit, lui demanda l'homme. Pour des raisons de sécurité, il ne s'expose pas, ajouta-t-il.

–Pour ma propre sécurité, je ne voudrais pas m'exposer non plus, répondit Marie-Anne.

–Nous garantissons ta sécurité, Madame, à partir du moment où tu as été envoyée par notre frère Moudjahid, et que tu parles avec moi, tu n'as plus rien à craindre.

–Je ne vous connais même pas, dit-elle.

–C'est sans importance. Ça ne vous servirait à rien de me connaître.

–D'accord, j'accepte de le rencontrer, quelle que soit l'heure de votre appel, puisque vous garantissez ma sécurité. Je vous fais confiance.

–Ne quittez pas votre hôtel, dit-il en raccrochant. Marie-Anne déposa elle aussi le combiné. Elle se rendit compte que sa main tremblait. Des gouttes de sueur perlaient sur son front. Elle avait subitement peur de se présenter au rendez-vous. Elle regretta d'être venue à Kandahar, d'avoir pris tant de risques, sans aucune protection, sans même avertir Steve Bossin. Le souvenir de Bernard, qui avait été tué en Afghanistan, par passion du métier, lui revint en mémoire. Elle appela la femme capitaine de l'Armée canadienne à sa base, près de l'aéroport et lui parla brièvement de l'affaire.

–Je dois rencontrer un dirigeant important de l'insurrection lui dit-elle. Est-ce que tu peux venir ici à l'hôtel ? Moi je ne peux pas bouger en attendant le rendez-vous. L'officier de l'armée canadienne demanda un ordre de mission à ses supérieurs pour aller faire une patrouille et partit voir sa compatriote au Kandahar Palace. Marie-Anne l'attendait à la réception. Elle lui parla en peu de mots, de l'objet de son rendez-vous, et l'officier de l'armé canadienne fut surpris d'entendre une histoire aussi rocambolesque.

–Toi, tu vas rencontrer un haut dirigeant de l'insurrection ?

–Oui, on peut m'appeler d'une minute à l'autre.

–Est-ce que tu sais où se fera la rencontre ?

–Non, je ne sais rien du tout. Je dépends entièrement de la personne à laquelle m'a recommandée un ministre du gouvernement qui a eu probablement des contacts avec ces milieux. Il rentrait du Pakistan.

–C'est très risqué n'est ce pas ? Tu peux te faire enlever et tu seras utilisée comme un moyen de pression contre nous, avec peu de chances de te retrouver vivante.

–Je suis consciente de tout cela, c'est le risque du métier, répondit Marie-Anne.

–Je comprends. Ce qui me fait de la peine, c'est que je ne sais même pas comment te protéger. Le fait de savoir que tu vas te jeter dans la gueule du loup sans que je puisse intervenir me gêne, lui dit l'officier.

–Si je reçois un appel, et que je me rends à ce rendez-vous, très probablement en dehors de la ville, voici le numéro de la personne supposée établir le contact. Vérifiez au près de l'hôtel si je suis de retour. Si jusqu'à demain matin je n'ai pas donné signe de vie, c'est que je ne serais plus une personne libre. Informez Kaboul. Elle avait à peine achevé ses paroles que le téléphone sonna dans sa chambre.

–Madame Marie-Anne Dufourg ?

–Oui c'est moi.

–La personne que tu désires rencontrer vient de nous appeler. Elle est prête à te recevoir. Dans 30 minutes, une jeep Mitsubishi de couleur noire s'arrêtera devant l'entrée de l'hôtel. Tiens toi à cette place, juste en face de l'entrée. Le conducteur sortira de la voiture et viendra vers toi. Il demandera si tu es Marie-Anne. Il s'appelle Habib. Montez dans la voiture, il te conduira au lieu de rendez-vous. Tu viendras seule, tu n'as rien à craindre assura l'homme au téléphone.

–C'est entendu, répondit automatiquement Marie-Anne. Elle répéta ensuite le message à sa compatriote.

–Tu n'as pas peur d'y aller ? Demanda l'officier.

–J'ai peur bien sûr de me retrouver seule avec un Habib qui doit être lui-même un combattant de l'insurrection, mais c'est trop tard maintenant. Je ne peux que me fier à l'homme qui m'a recommandée, et qui m'a donné ce contact.

–Est-ce que je peux connaître la personne qui t'a donné le numéro de téléphone à Kaboul, pour que nous sachions par où commencer des recherches au cas où tu ne reviendrais pas ? Elle lui tendit un morceau de papier sur lequel était noté le nom de la personne de référence. Elle se prépara ensuite pour aller attendre le nommé Habib.

–Je reviendrai, Inch'Allah.

–Inch'Allah, répondit l'officier canadienne. Cinq minutes plus tard, Marie-Anne vit arriver une jeep Mitsubishi noire par faitement anonyme. Le conducteur sortit de la jeep, se dirigea vers elle et lui demanda dans un bon anglais, si elle s'appelait Marie-Anne.

–Oui, dit-elle le cœur serré. Et toi qui es-tu ?

–Mon nom est Habib, dit-il. Mon patron m'a demandé de venir vous chercher. Vous pouvez monter dans la voiture. Marie-Anne eut le sentiment que cet homme, qui ne la tutoyait pas, avait probablement une certaine éducation. Elle monta péniblement dans la voiture et remarqua qu'il y avait un autre passager sur le siège arrière. –Attachez solidement la ceinture de sécurité, la route n'est pa en très bon état, lui dit l'homme de derrière. Vous n'avez rien à craindre. Détendez-vous, vous êtes en très bonnes mains, ajouta-t-il d'une voix rassurante. La voiture s'enfonça dans la nuit. Deux heures plus tard, après avoir parcouru environ cinquante kilomètres en direction des montagnes de l'est, la voiture pénétra dans une petite agglomération sans électricité, se faufila entre des ruelles non éclairées, pour s'arrêter finalement devant une maison de belle apparence, comparativement à celles qui l'entouraient.

Elle vit des hommes en uniforme militaire, fusils AK-47 en bandoulière, et comprit qu'elle se trouvait à la résidence d'un commandant militaire. Les hommes encerclaient la maison. On la fit ensuite entrer dans une grande pièce éclairée par une lampe à pétrole. Une fois à l'intérieur, elle croisa le regard dur émergeant d'un visage sans âge, couvert par une barbe noire bien soignée. L'homme portait un costume traditionnel.

–Je vous souhaite la bienvenue au Paktika, Madame, je suis le commandant Daïdullah Musa Qala, l'homme que vous avez demandé à rencontrer. L'homme qui était assis sur le siège arrière de la voiture entra à son tour et assista à l'entretien.

Une fois le thé servi, tous les gardes du corps sortirent de la pièce. Marie-Anne resta seule en présence des deux hauts dirigeants du mouvement insurrectionnel qui avait causé tant de pertes aux armées de la Force internationale. C'était la première fois que le commandant Daïdullah accordait une interview à un journaliste originaire d'un pays occidental. Seul un journaliste d'une chaîne de télévision qatarie avait eu ce privilège un an auparavant. Marie-Anne déroula ses appareils d'enregistrement et commença l'interview. Elle eut l'occasion de poser toutes les questions concernant la guerre menée depuis dix ans, la demande d'un cessez-le-feu qui serait suivi de négociations de paix et les revendications majeures du mouvement insurrectionnel. Le commandant Daïdullah était un homme d'une grande éloquence, même si ses réponses puisaient davantage ses références dans le Coran que dans les manuels de sociologie ou d'économie politique. La journaliste canadienne apprit que le commandant avait été formé à l'université de Tous les

Savoirs Vertueux de Peshawar. Après deux heures d'entretien, elle ferma ses appareils et remercia le chef de l'insurrection afghane, en lui souhaitant bonne chance.

Elle sortit de la pièce et retourna s'asseoir dans la jeep Mitsubishi, qui était garée toujours dans la cour de la maison. L'homme dont elle ne savait toujours pas le nom, mais qui jouissait visiblement d'un grand respect au sein du mouvement, reprit lui aussi sa place à l'arrière de la voiture. Le voyage de retour à Kandahar fut plus rapide et moins angoissé.

À trois heures du matin, Marie Anne franchissait la porte d'entrée du Kandahar Palace et la jeep Mitsubishi poursuivit son chemin. Aussitôt entrée à l'intérieur de l'hôtel, Marie-Anne prit le téléphone et appela sa compatriote pour lui dire qu'elle était revenue saine et sauve. Elle partit se coucher.

En voyant ce reportage, publié d'abord dans le quotidien montréalais, puis reproduit dans toute la presse nord-américaine, l'opinion générale fut convaincue que le processus de paix annoncé au pays de l'Hindou Koush était irréversible. En lisant le reportage de Marie-Anne, photos à l'appui, même les armées sur place en Afghanistan reconnurent que la fin de la guerre était imminente. La journaliste fut invitée au quartier général de la Force internationale et reçut une médaille de l'OTAN, pour ses efforts en faveur de la paix. La direction du journal l'invita à passer une semaine de repos à Montréal, en attendant l'ouverture des négociations.

Pendant que le gouvernement Mohammadzaï s'engageait dans les négociations de paix, tout en poursuivant son programme de réformes, et en renforçant ses positions sur le terrain, le professeur Moudjahid se concentrait sur un autre dossier.

En acceptant la proposition de cessez-le-feu, le ministre de la défense, le général Sayyed Zazaï, ne faisait pas entièrement confiance aux insurgés. Il profitait de ce répit pour approfondir l'éducation politique dans la région non encore stabilisée, et pour intensifier le déploiement de ses troupes, en vue d'un éventuel assaut final, au cas où les insurgés feraient volte-face et reprendraient les hostilités. Même le général Rahman Haq, le chef d'état-major, maintenait la pression et restait campé dans son quartier général près de Ghaznî, au beau milieu de la ligne de front. Le professeur Moudjahid, quant à lui, avait besoin de régler un autre dossier qui lui tenait à cœur, avant le remaniement ministériel qui suivrait la signature de l'accord de paix. Il n'était même pas sûr de faire partie du futur gouvernement. Le président Mohammadzaï pouvait en décider autrement.

Le ministre Moudjahid voulait faire un voyage à Téhéran. Il voulait harmoniser les relations entre l'Iran et son pays, ensuite négocier la construction d'une ligne de chemin de fer ou d'un axe routier ultra-moderne reliant le port iranien de Bandar-e-Abbas à la ville de Zaranj à l'ouest de l'Afghanistan. Doublée d'un chemin de fer, la route serait ensuite reliée à Kandahar au sud, et à Shindand et à Herat au nord. L'important axe routier permettrait à son pays de renforcer ses échanges avec son voisin iranien, et d'accéder au Golfe Persique en brisant sa dépendance envers les ports pakistanais de Karachi et de Gwadar. Le projet faisait partie des priorités de son pays après la fin de la guerre contre l'insurrection. Il tenait absolument à désenclaver l'Afghanistan par tous les moyens, à élargir son ouverture sur l'extérieur, pour accélérer l'entrée du pays dans la modernité. Une fois la guerre terminée, le professeur Moudjahid voyait son pays jouer un rôle de stabilisateur dans la région. En prenant connaissance du projet de création de la Pakhtunkhawa, il avait compris que son voisin du sud, c'est-à-dire le Pays de l'Indus, était sous une pression démographique explosive. Il cherchait un tuyau d'échappement vers le nord, vers son pays. Sa population, dont la croissance se poursuivait à un rythme inquiétant, était une bombe à retardement et une menace contre la paix régionale et mondiale. Son voisin de l'ouest cherchait désespérément de son côté à se doter d'une arme nucléaire, pendant qu'il atteignait à son tour la limite d'une population économiquement gérable. Sa marge de manœuvre était étroite. Pour le professeur Moudjahid, le retard dans le développement de l'Afghanistan déséquilibrait la pression osmotique régionale, et créait un vide déstabilisateur. Le développement de son pays s'imposait comme une urgence, pour devenir un interlocuteur respecté, et pour équilibrer les forces et antagonismes régionaux. C'est pourquoi l'harmonisation des relations de son pays avec Téhéran s'imposait, pour briser l'isolement dont souffrait son voisin dans la région, et pour effacer son image de paria belliqueux acculé à la défensive.

La construction du chemin de fer reliant le port iranien de Bandar-é Abbas à l'ouest de l'Afghanistan sera un autre ciment de l'unité, une autre pièce de l'Aman Ittihad.

Les négociations de paix entre le gouvernement de Kaboul et le Mouvement insurrectionnel s'ouvrirent dans la ville de Karachi, sous la médiation pakistanaise.

Trois mois plus tard, un accord de paix globale mettant fin à une guerre qui durait depuis dix ans fut signé à l'hôtel Mingora, dans le quartier pashtoun de Sohrab Goth , à Karachi. Le commandant Daïdullah Musa Qala, avec quelques-uns de ses compagnons, entrèrent au gouvernement de Kaboul. Les troupes de la Force internationale, dont la mission était terminée, poussèrent un grand soupir de soulagement.

Dès la signature de l'Accord de paix, le président Mohammad-zaï, dont le Plan de paix entrait désormais dans l'histoire, fut cité de plus en plus, parmi les prétendants les plus sérieux au Prix Nobel de la Paix.

FIN